人生三書

唐君毅先生之《人生之體驗》、《人生之體驗續篇》

及《道德自我之建立》之會通

黎煒彥題八歲

黎景鎏 著

書名題名者簡介

　　煒彥自小隨張峰老師臨習隸書《張遷碑》、《衡山碑》，八歲小小年紀，已能於紙墨筆硯上展現其聰慧，寫出一手好書法，贏得國內「第四屆南粵杯廣東省青少年書法大賽」優秀獎，並於二零二零年贏得陳村鎮中小學書畫大賽一等獎、順德區中小學書畫大賽特等獎等，以及於二零二二年第二十六屆全國中小學生繪畫書法作品比賽榮獲書法類一等獎。最難能可貴者乃是她情歸中國文化，她於毫毛運轉中多載入哲學之名言睿語，例如見下圖她書寫的《孟子・告子下》其中一段：

她今天年少，對唐君毅先生毫不熟悉，但當知道他是中國新儒學之巨擘，而《人生三書》正好書寫其思想時，她要為該書題名。

　　見煒彥為自己之理想，矢志不渝，所以讓她題字，旨在鼓勵她日後立志，要像唐先生一樣肩扛中國文化理想，使之發揚光大，緊守儒家之道德精神，做一個堂堂正正的中國人，因為國家日後正需要她這一代之精英。

世界無窮願無盡

海天寥廓立多時

吾緣何而悲？悲之乃所以愛之，盼望人間相
知而無間，同情而不隔，永愛而長存。

梁序

——為黎景鎏先生《人生三書》説些引讀話

黎景鎏先生出版他第四本書《人生三書》，之前的三本書，他都要我寫些話，這本書也不例外。我讀了他的書稿，感覺到他寫此書時，神情是飛揚的，精神是奮發的，筆調是蕭穆的，我看到他在激勵自己，同時在激勵他人。

一・《人生之體驗》

我知道景鎏在青年時讀過這三本書，這三本書對他發生過激奮的作用。他這幾年在我們的書院開了有關此三書的課程，將他感悟到、體悟到的，在教室向來聽者詳細講述。

《人生之體驗》與《人生之體驗續篇》是唐君毅先生的最原始的道德生命中吐露出來的說話，尤其是前一本書，一切說話都如空谷中足音。兩書出版後，人們讀了，都認為是在為迷惘中的人們撥開心頭上的迷霧，尤其是為充滿理想而迷失了人生方向的青年。此書是一盞在沉沉的黑夜裏為人照亮道路的明燈。我記得自己第一次讀《人生之體驗》第一節「生活之肯定」之導言，開頭幾句話就令人一震，好像給我的人生打開了一道大門。對於「人生的目的」，他說了五個層次：

> 人生的目的，不外乎由自己了解自己，而實現真實的自己，所以人首應使自己心靈光輝，在自己生命之流本身映照，以求發人生的真理。
>
> 其次便當有內心的寧靜，或現實世界宛若有一距離，由是而自日常的苦痛煩惱中超拔，而感一種內心的幸福。

再進一層，便是由此確立自我之重要，知如何建立信仰與工作之方向，自強不息的開闊自己之理想，豐富生活的內容。

　　再進一層，便是在人與人之生活中，人類文化中，體驗各種的價值。

　　最後，歸於對最平凡之日常，都能使人實現一種價值，如是而後有對生活之真正肯定。

　　「人生的目的」如上說，若問對人生要關注的到底是些什麼？這對青年來說，那是模糊的。但對此不說清楚，就不會有深切的自覺。故說了「人生的目的」之後，唐先生接着就簡述「人生的智慧」，他將關連及人生命感受的孤獨、安定、失望、煩惱、懊悔、悲哀、痛苦、快樂、幸福、信仰、羨妒、留戀、疾病、謙恭、相信人、寬恕人、了解人、以及人之間之隔膜、語言、愛情、離別、男女之愛、婚姻，以及名譽心、理想之追求等等，一一列舉並加論說。這使人自覺到要關注的到底是什麼，思想不再籠統。所有這些，唐先生說時，都出於獨語與自白，這是自己與自己的對話，是生命內部的自我開闢，沒有沾着塵俗之氣。

　　上面所說唐先生《人生之體驗》一書中所說的精義，黎景鎏先生都有深刻的領受與體會。他將他的體會寫在他書的第二篇，此由章節的標題可見，比如說及心靈之無善惡，心靈之真善美，人間一切罪惡錯誤都是消極的存在，討論及男女之愛、名譽心與權位，又論及人之生活自我之確立，不羨妒，以努力及勇氣來開拓自我的理想價值。凡此都在發揮《人生之體驗》一書中說及的道理。

二 · 《道德自我的建立》

此書與《人生的體驗》為同一時期之作。唐先生說此書在提撕人的精神。他說他寫此書時，心境是這樣的：

> 只緣我自己，時不免精神不安，頗少天君泰然、海闊
> 天空的景象。常念一切精神之不安，皆由陷於現實自我，
> 不能自拔。而我若干年來思想之結果，已使我深信有形上
> 界之真實自我。

《道德自我的建立》一書寫成未出版，唐先生說他每當感心中有所不安，思想生活有矛盾時，便將自己所寫的讀讀，對自己也有所感發，有所激勵。他說他寫此書時，確實想做到自己支配自己，變化自己，改造自己，此是出於一種相當真切的道德意識。

對於唐先生親切感到的「道德意識」，景鎏應也是親切感到的。他將此在其書的第一篇深入闡釋。將此「道德意識」顯明出來就是人的「道德自我」或「心本體」，景鎏依此為中心觀念來將人生三書會通。其書千言萬語，都如唐先生所說，在提醒人：「你有此道德自我，你可憑此道德自我而自覺的自己支配自己。人能自覺的自己支配自己，即表示他是自由的，可以為自己的行為負絕對的責任。」

就因為「道德自我」能朗顯出來，故而在《人生之體驗》一書中說的「人生的智慧」、「真理」、「自信」、「信人」、「樂觀」、「快樂」、「幸福」、「愛人」、「敬人」、「名譽心」等等，便有另一層的解釋。在「道德之實踐」一節就有下列的話：

> 愛真理而追求之，是一種道德行為，因為愛真理是要

超越已有意見之限制，而攝取事理之本質，破除自己原認識之有限範圍之行為。

　　樂天安命是一種道德心理，因樂天安命是對於自然而來的遭際，都能歡欣虔誠的接受，體驗其意義與價值，而意却小己之存在。

三‧《人生之體驗續篇》

　　《人生之體驗續篇》共七篇文章，是《人生之體驗》出版後約二十年所寫。唐先生說此《續篇》是他人生經歷了許多艱難，見過許多人生罪惡與悲劇後所寫，與前書比較，即可見《續篇》更能正視人生之反面，並由反面來看正面，知道人生之路實多曲折、艱難、罪惡與悲劇，要將它轉化，不要讓它來阻礙自己之上達之機。

　　唐先生對於此「向上之機」是言之深切的。他說，他此七篇文，皆在指明：一般人之求人生向上者，所嚮往之理想、向上之行程、及向上所依心性，都處處與一向下而沉墜之幾相與伴隨，亦常不免於似是而非者之相幻惑。因而人真欲求人生向上，就必須對此沉墜之幾與似是而非之相，有一如實知並慎加警覺。人通常都要經歷這一過程，以沉重的心情來負擔它，才能透過它，才成就人生之向上而超升。

　　對於唐先生所說的人生歷程要經過幾番轉折，才能有真正的一機向上。景鎏在其書第三篇詳細論述，只要看其書之諸章標題就很清楚了。他以「心靈」一觀念為中心，既說「心靈」間互照交流，又說「心靈」之凝聚與開發，人在俗情世間面對着的虛妄困厄及如何由之以超升，並細言人生之顛倒與復位，人生立志之重要，及人

之純粹的精神的活動。他最後歸結，指出道德之本質在自己支配自己，能如此就表示他有自由，能為自由一切行為負責任。這些話也是《道德自我之建立》一書言之殷殷的。

　　上面把唐君毅先生所著《人生三書》的大意，及景鎏對此「三書」的疏釋與會通略略作了介紹。景鎏的性情是儒者的性情，他的生命情懷與思想和唐先生相契。他的這一本書可說是儒者情懷之一個表達。我期望讀者讀此書時也有同一種情懷的興起。

梁瑞明

二零二一年十一月十七日

王序

　　景鋆兄治學勤奮，兩年前著書會通儒家與道家之哲學。今又寫成《人生三書》，會通唐君毅老師的三本書：《人生之體驗》、《人生之體驗續篇》與《道德自我之建立》。他對三本書有豐富而且入微的體會。他選這三本書，誠有慧識。這三本書是唐老師人生路上的體驗心得，一步一反省，層層深入，進入心靈與神靈融和的境界。唐老師直指人心之說，親切諄諄，真是陽光煦煦，暖人身心。景鋆兄善於會通這三本書之處有下述六方面：

　　首先，善於闡釋唐老師之說，如以下一段說人的心靈大概分兩種，一種人的心靈樸厚，一種人的心靈穎秀。樸厚者宜多開拓心懷，以免拘謹凝滯；穎秀者宜多內斂心懷，以免放肆恣縱；結果失去樸厚者與穎秀者的優長：

　　　　唐先生說：「心靈之開發不易，心靈之凝聚尤難。大率質地樸厚者，心靈最待開發；而天資穎秀者，其心靈最須凝聚。否則質地之樸厚，或歸於智慧之閉塞；而天資之穎秀，難免於聰明之浮露，而歸於精神之凝聚。」（《人生之體驗續篇》）人「心靈」之閉塞與流蕩，非源於人自然生命中所受之限制，是人之心靈內部之罪惡而成。人「心靈」之「開發」與「凝聚」，乃相依相輔相成。「心靈」若「開發」復「開發」而無「凝聚」，則成流蕩貌。相反，心靈若「凝聚」復「凝聚」而無「開發」，則成閉塞相。兩者若限於一端之用，使之相離，即「開發」的心靈失了「凝聚」所依，而閉塞之心靈失了「開發」之所憑，則心靈生命，終歸會窒息而亡，這見於人之故步自封、不知變通。……例如男女飲食，人之大欲存焉，但縱一己之欲如男女之慾等而不

知收斂，則會造成「心靈」之流蕩，這對個人、對家庭、對社會都會造成莫大之損害。若我們之「心靈」陷於「凝聚」，不懂「開發」，則流於思想封閉、執著、自以為是，故步自封，從而顛倒價值，例如視錢財如命，為私利而犧牲他人，最終導致整個人格之墮落。（本書第三篇：「心靈」發用篇——第二章：「心靈」之凝聚與開發——4.心靈之閉塞與流蕩相之因與緣）

其次，能選出「三書」重點進行詮釋，如以下一段說人的心靈可以破除自己的有限，一步一步破除有限，趨向無限，以臻「至真、至美、至善、完全與無限」的境界。心靈境界步步漸進至神靈境界，這是唐老師融通儒、道、佛與基督教的根據：

唐先生說：「心靈」即所謂「神」，它「具備我們可以要求的一切價值理想之全部」，「是至真、至美、至善、完全與無限」。另一方面，當我們對它有絕對的信仰時，我們再來看世界，「將覺一切有限之上，都有『無限』籠罩着，在滲透於其中。」（《道德自我之建立》）然則，它如何在實際事物中展現自己？於此，唐先生說無限之「心靈」須從破除我有限之身上開展過來，因為「它之無限，目的要使我不限，我之不限，即見它的無限。」（《道德自我之建立》）要「破除有限」就是「心靈」的本質。（本書第二篇：「心靈」的價值、意義、方向及本質——第三章「心靈」之本質——2.1「心靈」的無限滲貫於有限而使有限化除）

其三，在唐老師三書啟迪下，興發了具體的助人事例，以說明「盡己心、盡他心」之義；更由具體的事引申至其極，歸結於唐老師之至情至性的偉大理想：「人類之社會，方可化為愛之社會」：

在日常生活中見助養學童或捐助科技醫學之研發就是很好的例子。當受助養者學有所成，造福社會時，此「盡他心」之望，將轉化成崇仰讚歎之感謝，最後終見「其以中國人為一人，天下為一家之仁心，如天地之無不覆載，本其至誠惻怛之情，發而為情，顯而為事業，皆沛然莫之能禦。」（《人生之體驗》）由此，「人類之社會，方可化為愛之社會，愛之德，充於人心，發為愛光，光光相攝，萬古無疆。」（《人生之體驗》）（本書第三篇：「心靈」發用篇——第一章：「心靈」間之相照交流及同情共感——1.4「盡己心、盡他心」）

其四，能貫通三書，如從《道德自我之建立》的「我即是神之化身」，說明「神之化身」是「真、善、美」的永恆，融合至《人生之體驗》的「『神』具備我們可以要求的一切價值理想之全部」。唐老師對「我」的本性與「神性」有極深體會：

唐先生說：「我只要一覺，他便在。從今我對於現實世界之一切生滅，當不復重視，因為我了解我心之本體確確實實是現實世界之主宰，我即是神之化身。」（《道德自我之建立》）它以道德理性主宰了現實世界，而這所謂「神之化身」，就是直指它「真、善、美」恆一不變之性質。這「『神』具備我們可以要求的一切價值理想之全部，他是至真至美至善至完全與無限。」（《人生之體驗》）同時，這「神性」的「要求」，要將我「真善美」之本質實現於現實世界中。所以，這當前之現實世界是真實的，更是美善的，無復虛妄了。它所謂的虛妄性，只是從時間之流中事物生滅過程之幻覺而已。（本書第二篇：「心靈」的價值、意義、方向及本質——第三章：「心靈」之本質——3.2 對現實世界之從否定到肯定——3.2.4 我恆常真實至圓滿無缺之「心靈」能相互感通交融而肯定

了善之真實性及世界之真實性）

　　其五，更從三書貫通至三書之外的《青年與學問》，如下面一段說人在青少年宜立志，立志不在於名利權位的獲取，而在於心靈境界的開拓。世上數十年的名利權位，恍似浮雲過太空；然而心靈境界的提升開拓，可以無盡無限。

> 　　唐先生說：「少年、青年之向上心是否能繼續，必須有待後天之立志工夫。……而人之立志之事，則純為個人之事……環境教育等之幫助，不通過個人之覺悟，亦莫大有用。」（《人生之體驗續篇》）此「覺悟」是念念不輟之「自覺」，去提挈滋養自己之「心志」，使之苗長無礙。此「志」是志於道，志於挺立不屈之人格，志於道德自我之建立。以道德理性抗衡流俗世間財貨名位之誘惑，經得起生活上之困頓貧賤，富足與名位，不會「貧賤則懾於飢寒，富貴則流於逸樂」。唐先生在《青年與學問》引諸葛武侯與其子侄書說：「夫志當存高遠，去凝滯。忍屈伸，去細碎使庶幾之志，揭然有所存，惻然有所感。」而諸葛武侯所說之「庶幾之志」，就是「道德理性」、「悱惻之情」、「不安之情」、「不忍之心」，即孟子所謂人之「異乎禽獸者幾希」。而此「悱惻之情」經常自然流露而出，人只怕不反省，一反省即悟見。（第三篇：「心靈」發用篇——第五章：要超拔俗情世間，人須立志——3.青年向上之心志與其墮落）

　　其六，又更從三書，貫通至三書之外的《生命存在與心靈境界》，談到三個最高的心靈境界：「天德流行境」、「歸向一神境」、「我法二空境」。唐老師指出，基督教等一神教「有其存在之必然性」。

唐先生在《生命存在與心靈境界》一書的第三部論超主觀客觀境，即謂人之心靈有「歸向一神境」，「我法二空境」和「天德流行境」。「歸向一神境」是信仰大能大智大愛之上帝，此皆由於人未能超脫自於我時空之限制，在大限前感無奈無助，便克制其倨傲，以求一大神靈之救贖；在生活中，當人陷於苦難困頓，無力自拔時，便乞憐於一神靈之恩典，祈求拯救，所以一神教有其存在之必然性。（第一篇：唐先生的思想概論──第二章：唐君毅先生之人文精神──2.2 宗教信仰與道德意識）

這段提到唐老師所說基督教的「歸向一神境」，佛教的「我法二空境」和儒家的「天德流行境」。唐老師最後的巨著《生命存在與心靈境界》指出基督教與佛教「為人所當有」，都各有其最高的心靈境界。他融和儒、道、佛與基督教（也包含其他一神教），唐老師說其書是「攝此二型宗教思想（案：基督教與佛教）之說，以發展此中國傳統思想之論也。吾之為上述之會通儒與二宗教思想之論，實具苦心。」上文已說「心靈境界步步漸進至神靈境界，這是唐老師融通儒、道、佛與基督教的根據」。唐老師會通諸宗教的苦心必不唐捐，他的誠願大信，將幫助種種宗教觀其通存其異，放下爭執，進而對世界和平作出貢獻。

讀者可以從閱讀《人生之體驗》、《人生之體驗續篇》與《道德自我之建立》這人生三書開始，進而讀《生命存在與心靈境界》，體會唐老師的心靈境界，最後知心靈境界之永恆不盡、無邊無垠，豈不善哉！

王培光
新亞研究所榮譽教授

自序

　　唐君毅之《人生之體驗》、《人生之體驗續篇》及《道德自我之建立》三書，是「存在之思索」，三書帶着我思索人生存在之意義及價值。先生說「三書」涵蘊了他對道德之自覺，指出了人生之方向，對自己之激勵，提出了人在俗情世間所面對之艱難、困厄、陷溺、虛妄及毀譽中自我超升之道，要人在陷溺中自覺過來。讀他三書，有如前輩對我一步一訓誨，走進一段心路歷程，於平凡生活中，體會每一事物背後深藏積極之意義。於是，自己將一生曾經歷過及現在正經歷的一再回味細嚐，見一切飲食男女，人生事業，那不單是生活上之事物，更是價值之實現。科學哲學實現真，文學藝術實現美，道德教育實現善，宗教實現神聖。這一啟發，使我洞識了必須以價值觀念，來支配我的生活，來引發精神向上之力量。

　　古人說：「反身而誠，樂莫大焉。」（《孟子·盡心上》）近月來，每天當晨運走上小山頭上，沐浴於旭日光輝下，四野寧靜，鳥語清風，頓覺心懷舒放，自足於其中，人生於此夫復何求？在百無掛慮下，仰望穹蒼，白雲舒卷，藍天麗日；俯視鬱蔥，隨風起舞。孤獨中察覺天地蘊藏着無限美意，快樂滿足就蘊涵其中，體驗了煩惱多從情思物慾中走過來。而此刻這自足自滿之感，均來自內心之寧靜，由此見其清虛靈明、潔淨不駁。於此，我深信先生之說，價值人生由我而立。但唐先生又說，人不能自足於獨樂中，因為人之心靈，必須與世間相呼相吸，相感相通。而人存在之意義亦須在這狂濤之世間中去歷練過來，方可完全體驗人生各方面之意義和價值，將自我理想完全實現過來。

　　現實世界看來都是醜惡的，反乎價值的，但我們卻不能疏離此

流俗世間而活。因為一切價值不是抽象的概念，必須見於現實生活之中，即是說，價值須向現實之生活中去發掘，在一切罪惡的事物中去體現。於人生中，不如意事十常八九，一二難得。我們很多時流落於俗情世間，經常面對種種艱難、困厄、陷溺、虛妄及價值顛倒，在此困境中要開拓自己之價值理想，是一大艱難。我曾嚮往於老莊無為逍遙之境界，欲捨掉扛在肩上之世間包袱；亦拜服佛家思想，冀盼能不住於生滅無定之娑婆世間裏，還我一生輕鬆。很多對現世間悲觀的人，見一切事物生滅相繼，人類中有價值之事物會隨幻滅而逝去，它永不能為今天具意義及價值之事物所取代，人生由此永遠懷着缺憾而見現實世界是虛妄不真實，甚至冷酷無情。

但我們對此往往心有不甘，總執著要這現實世界之一切價值是恆常真實不變的，要我們對身外一切美善之事物要求恆一不變。縱使世間事，總在「成、住、敗、滅」之循環中，但這執著「恆一完美不變」之觀念是清楚的烙印在我們意識之中，揮之不去。所以，「三書」是啟示錄，它要我肯定這觀念，並對此執著及趨赴，它更使我認識到它必有其超越現實世界一切生滅事物以上之根源，唐先生說，這就是我們之「心靈」。這「心靈」可以超然自覺，破除自我形軀及身外一切事物之有限，通向無限。而無限於本義上必涵蘊絕對之真善美，而至善者，亦必涵蓄善善惡惡之本質，所以它同時亦是一切道德價值與理想之全部。反躬自問，當我犯惡行不義而感懊悔時，這忐忑不安之情，不就是來自它的回應，叫我從懊悔中遷善改過過來？這一切來自「一念之自覺」。更在日常生活中，人與人相處間，有情有義有愛，如對親子之關懷、父母之孝敬、朋輩之忠信，往往至死不渝。讀唐先生之書，深信這生命之光輝，總會蓋過罪惡之黑暗，流俗世間之缺憾總有一天會彌補過來，因為所有苦

惡錯，皆是現實世間的虛影而已。人只要回復本來之性，擴而充之就行了。這對人間積極正面之回應，就是細讀三書時之所得。

　　要將美好之理想價值安放於世間裏，須順隨「心靈」之指引，即是：須從自我做起，因為只要自我「一念自覺」，即可超拔現實世間，通於一切之善，從而體現了最高之理想人格，使我心、他心相互映照，成了善之交流、美之迴響、真之體驗，實現了理想人格及世界之終極要求。

目錄

第一篇

唐先生的思想概論

第一章
唐君毅先生之「人生三書」與其生平及性情

　　唐端正先生撰寫《唐君毅傳略》，重點介紹唐君毅先生「圓而神之慧見，溫柔敦厚的性情、家國天下惻怛之心懷」，展現先生之道德精神，才情氣質，方便讀者在閱讀《人生之體驗》、《人生之體驗續篇》及《道德自我之建立》三書時，有更親切之體會。本書參考該書寫成。

　　唐君毅先生的父親是唐迪風，是清代末科秀才。性情剛直不阿。母親陳大任女士，直情逕行，賢良淑德，甘於清苦，教子甚嚴。

　　先生少時穎悟非常，常有希賢慕聖之志，很早就確立了以弘揚文化事業為己任的理想。先生稚小心靈，恆對宇宙有一蒼茫之感。他八歲時，聽父親講世界末日的故事而憂心忡忡，從而再問「世界上是否有一不會毀壞的東西」；而這悲涼之感，帶着對人類憤悱惻怛之情，並貫徹其一生。但唐先生蓄聚此情而轉化為「為天地立心，為生民立命」的動力，他於《人生之體驗》說：「對人生之疑猜與悲涼之感，實為逼人求所以肯定人生之道之動力，及奮發剛健精神之泉源。樂觀恆建於悲觀，人生之智慧，恆起自對人生無明一面之感嘆。」

　　迪風公的老師歐陽竟無曾要求唐先生進支那內學院，做他

的弟子；同樣的，在抗戰期間，一次唐先生拜訪熊十力先生，熊先生要唐先生與他住在一起，鑽研學問。唐先生都婉拒。這一切出於他的悲心宏願，是在那大時代裏，不囿於一家思想，而要博採眾家，納百川而歸於海，要「為往聖繼絕學，為萬世開太平」。他早年為學，先從西方哲學入手，後因個人生命之體悟，遂歸宗儒家。

自此，他畢生致力於中國人文精神之重建，為建立一個道德理想主義的人文世界而殫精竭慮，筆耕不輟。先生有云：「孔子十五而志於學，吾今忽忽年相若，孔子十七道中庸，吾又何能妄自菲薄……孔子雖生知，我今良知又何缺？聖賢可學在人為，何論天賦優還劣？」

1922 年左右，先生受新文化運動影響，以跪拜為奇恥大辱，其後回鄉祭祀，亦不跪拜，直至迪風公逝世，始悟對先人跪拜乃出於情之不容已。於陳太夫人逝世時，先生居廟十日，亦對廟中法界眾生神位一一禮拜。這悱惻之情，先生直感為生命中之「真誠惻怛之仁體」。先生十餘歲以來，其哲學思辯亦向此一仁體悲心而趨，這並非為滿足個人之理智興趣，而是遙指一無煩惱的生命理想之境，求共昭此仁體悲心以匡世。

1916 年，先生二十七歲後，忽覺此宇宙人生之真理，應為普遍而永恆，亦應為人人所能見，深覺一切有情生命終歸可消除一切障礙而覺悟此真理而成聖成賢。先生此一覺悟，在南京玄武湖得之，此為先生畢生學問之轉捩點。先生回憶當時情

景有云：「吾一人行湖時，見城牆上陽光佈滿，有如一切有情生命，皆一一成聖成佛於無盡光輝之中，當時感一大歡喜。」（《人生之體驗》）先生對「陽光」之「歡喜」，乃基於他本人對人生有許多無限悲憫情懷，見「城牆上陽光佈滿」，此灑落四周之「陽光」使他感到人心之善性普遍恆一，在宇宙間成就道德理想世界，如璀璨光輝覆蓋每一角落，催發每一生命美善之性。由此念天地悠悠，感天地生生之德，活潑盎然，充滿生機，一切都是美好。

先生在北平時，一夕在大學廣場上於觀看播映中山先生生前之紀錄片時，忽念今昔志士仁人，在此廣宇悠宙中，鞠躬盡瘁，以成仁取義，問何故如此？於十九歲在南京讀中央大學時，巧遇月蝕，當孩子們敲擊土瓶鐵罐，意欲驅趕食月之天狗時，先生忽覺童稚之「惻隱之情」，彌綸天地之間，有無限之感動。又迪風公嘗與先生於船上同宿一宵，翌晨，當迪風先生登岸要離開之一剎那，先生忽然觸發離情之嘆，更悲古往今來，人間離別之苦而有大感觸，堅信此真情實感乃出於生命之「真誠惻怛之仁體」。由此可見，其初感哲學問題，非由客觀思維獲取之知識而得，而是由生命所真實流露的惻怛之情之興發。而此「仁體」亦是他日後鍥而不捨的對象。

1938 年，先生認識謝廷光女士。他向她真誠的表述了自己的理想。他說要實現理想，但仍要現實扶持，而他又不屈求於現實環境，這矛盾衝突，為他自己帶來極大之苦痛。他相信偉

大的靈魂，需用苦痛來滋養。他隨時為自己之理想犧牲一切，為天地留正氣，以見理想之崇高。他曾在給廷光之一封信中說：「我們的人格可以下降，亦可以上升，我們可以入地獄，也可以升天堂，人應當以自己來規範自己，人可以自己改造自己，這是人性之無比尊嚴。……人切須自己造他自己的命運。」（《致廷光書》）

他認識了廷光，實在是兩個精神之渴望相知，他們以相互了解及感動，以真情之交往來打開自己的心門，在由信之交往中，常見他展現一種客觀態度，將愛情放在個人之上：「我希望你能獲得一你真愛而且愛你的男子，我相信如果你還見了這樣的人而傾心愛他，你將覺得你精神有所皈依，你將不復覺人生旅途之荒涼寂寞了。我說這話不一定指我自己。」、「數年以後不知誰是你的伴侶，誰是我伴？十年以後也許我們都兒女成行，那時再相看一笑，一切往事已漠然。」（《致廷光書》）儒家的「義命觀」也可放在這裏了解。可以愛誰，跟誰一起，屬命，不為我左右；但如何去愛，該怎樣去愛，屬義，是我分內之事，是我應盡之責任，這是從愛及義以盡命之道德精神。

1939 年，先生宿壁山青木關教育部，以一小神殿作寢室，臥於神龕之中側，望屋柱而思。一夕松風無韻，素月流輝，槐影滿窗，先生倚枕不寐，顧影蕭然，忽覺「人生之無常，時間之殘忍，愛之日趨於消亡，人生所自苦」，悲愴之感交迭於心，「更覺此宇宙為無盡之冷酷與荒涼之宇宙」，他當下盡抒

對人生之疑猜，覺此宇宙充滿殘酷與荒涼，乃悲不自勝，「悲人生之芒也，悲宇宙之荒涼冷酷也」。先生低問靜閴之虛空從何而來？身心之聯繫從何而有？生從何處來？死往何處去？更甚者，他感覺在過去與現在之無量世中，皆不會有同一之我，故我之一生，乃惟一無二，故命定絕對孤寂之一生，「人皆有其特殊之身心，是人無不絕對孤獨寂寞也」，就像橫佈四散於無際之星星，周邊為黑夜所充塞，唯幸有星光相照，此星光者乃「愛也、同情也、了解也」。故當先生悲宇宙之荒涼冷酷時，乃問「吾緣何而悲？悲之乃所以愛之，盼望人間相知而無間，同情而不隔，永愛而長存」。

先生對儒家有極精闢之見。他說：佛學視世界為無常，無常故苦，故求解脫、得涅槃為圭臬。但先生認為儒家不視宇宙世間為「法界緣起」，感覺萬法具現眼前，既真且實。佛家以「空」觀蕩除世人由世間知識與無明而來的執著，以破執見真如本體之「空」性。但先生體察了人在塵網中，劫數可能無盡，苦海可能無邊，但人可在苦難中奮鬥，將生命之莊嚴與可貴昭顯出來。生命正面之昭顯，同時正見萬物之「本體」，但這「本體」非「空性」，而是紊亂罪惡人生中的一點靈光。從主觀而言，它是自我之「心靈」、「心之本體」，是「惻怛之仁體」，是美善之本源。此「心本體性」亦為世間一切事物釋出了善的價值，由此先生肯定了一切世界事物具有其價值意義，即：人之言行舉措及一切文化活動，文明科技均統屬於一道德自我，

而為其分殊之表現。客觀而言，它是天地之「本體」，是道德真機潛運於宇宙萬物之生生不息中，如觀宇宙天地，見「四時行，百物生」，萬物相生相濟，大序大和，大禮大樂。其「生生」之義展示了善必求繼，宇宙之所以必須恆久，亦體現於一切根於善者亦必相繼不息（生命所展現的本來，是由隱而顯，由顯而隱，有創始，有終成，這是萬物之「生生不息」，同時亦是善之顯示。因為事物之創始而歸終結，可以讓他物承時繼起，這裏見天地禮讓之德在其中。同時，他物得其時空分位以生，能夠健康成長，可見義德之昭顯。事物之始終相繼，可以說是自我生命之超越，使後來者得以繼起，生生不息，這是天地大智之德。故從天地之生生無斷，見宇宙天地間原來亦蘊含了道德意義）。故此，人犯惡行，只因一念之陷溺，但亦會因一念之自覺而使人生道德復位，歸於正道。

　　1944 年，唐先生寫成了《道德自我之建立》，在書中處處表現出先生在生命中的原始性情及所固有的「真誠惻怛之仁體」（下稱「仁體」）。當時，中華民族與文化淪於浩劫，他從純粹智的思辨中走出來，直感體驗人的生命存在，昭露生命中本有的「仁體」（「心之本體」）以救世。這樣，在書中，先生一面在他悲情的導引下，沉入對道德自我或道德理性的思辨及體認中，闡明此「真誠惻怛之仁體」，道德自我的尊嚴性及超越性，從而展示了人生德性之自覺及存在的意義，指出這「超越的現實自我，於當下一念中自覺的自己支配自己，以建

立道德自我中心」。

他思想的成熟始於《道德自我之建立》，在書中，唐先生深入體悟人生精神活動的超越性和道德生活的自律性，見他堅定地探尋內在而超越的「心之本體」與道德自我的信念。與之同時或隨後的還有《人生之體驗》、《心物與人生》、《文化意識與道德理性》及《人生之體驗續篇》諸書，這些著作均以道德自我的省察和人生哲理的揭示為主題，「不把人生道德之問題只化為一純思辯之所對，而用思想去照明我們自己之具體的人生之存在，展露其欲決定理想意志行為之方向時，所感之困惑、疑迷，及試加以銷化等的思索」。這一「存在的思索」揭示了道德自我的超越性、絕對性和人生體驗的實踐性、自主性。

《道德自我之建立》分三部分闡述了：

（一）道德生活之心理，本質及可能性；

（二）道德自我之根源即「仁體」之至真至善之本性；

（三）這「仁體」乃充內形外之精神實體，價值根源。它超現實世界，而又表現於現實世界裏，衍發於宇宙世間一切的事事物物中。這裏見之於世間之事均涵攝精神價值。但美善之人性往往在「一念之陷溺」中而有罪惡苦痛。唐先生強調，人只要「一念之自覺……遂知人之有其內在而復超越的心之本體或道德自我」而「復位」。由此，先生清晰地闡明了德行的本

源即在人的「道德自我」或「仁體」上，人由此方可以傲視天地宇宙而建立自我道德理想。

先生稱其著作是「為己」之作，他說：「我此書寫作形式之一切缺點，都是由於它是為己而非為人，……所以有其不可替代之價值。因為我深信道德的問題；道德生活，永遠是內在的生活；道德命令，永遠是自己對自己下命令，自己求支配自己，變化自己，改造自己」。所以「為己」者，乃指本書是先生為自己所寫，不為名、不為利或好勝之私；同時，亦涵蘊了先生對道德之自覺，對自己之激勵，他說：「我寫此書時，至少自己是確想支配自己、變化自己、改造自己，我相信其是出於一種相當真切的道德意識」。道德行為之真義必須真誠出於自我成己成物的道德理想，方可在生活中感困惑疑迷時，或陷溺於現實世界時，能興發一念之自覺，使人生復位，建立道德自我，以成己立己。

也是 1944 年，唐先生的《人生之體驗》出版了，該書直陳人生理趣。這部著作用詩意的語言述說其人生哲學思想。在書中，他奠下了「道德心靈」的不同面面觀，超越理境與現實生命的體驗融合，正如他自己所言：「一方面上開天門，使理境下降；一方面俯瞰塵寰，對我自己與一切現實存在的人，時而不勝其同情惻憫，時而又不勝其虔敬禮讚」（《人生之體驗》）。所以，先生在書中，根據他所感受的真實人生裏，從生活體驗中，不斷以悲憫之情，指出每一事事物物背後均深藏

積極的意義，說明人於平凡生命中可實現一種價值理想。例如，先生以一種「靜觀自我」的方式，來直接體會人間生活之真實性，諸如寧靜、安定、失望、煩惱、懊悔、苦痛、信仰、羨妒、留戀、衝突、寬恕、滿足等；又，在「凝視」中見靈性之生活，在默默生息，於最平凡之事理中，認識最深邃的意義；當體認「悲哀」在人生中無可避免時，則「當放開懷抱迎接它」，因「從真實的悲哀所流的淚珠，看出的世界，也格外的晶瑩」；在「孤獨」中，更見「心靈」之光輝，縱橫四射，照亮四周。

當我們肯定外在世界及自我存在之價值時，唐先生指出這一切皆是自我「心靈」所作出之肯定。他在《人生之體驗》一書中說：「人生之目的，不外由自己了解自己，而實現真實的自己。所以人首應使自己心靈光輝，在自己生命之流本身映照，以求發現人生真理。其之便當有內心的寧靜，與現實世界，宛若有一距離，由是而自日常的苦痛煩惱中超拔，而感一種內在的幸福。再進一層，便是由此確立自我之重要，知如何建立信仰與工作之方向，自強不息的開闢自己的理想，豐富生命的內容。再進一層，便是在人與人之生活中，人類文化中，體驗各種不同之價值。最後歸於最平凡之日常生活中，都能使之實現一種價值，如是而後有對生活之真正肯定。」

本書往下由人生之體驗轉化出「心靈」之體驗及其發展，更由此而開出科學、文化、藝術、哲學之價值。可以說，唐先生一生的學問，奠基於此，亦立足於此已。

在現實生活裏，人往往受無邊困擾，而人生之路有着無數荊棘，步步艱難。在艱難險阻中，人之精神會退墮下沉，難以自拔。所以在流俗世間裏，人往往誤認罪惡為當然的存在，於是容易喪失對理想的追求，放棄奮進之努力。唐先生於此書裏，要我們撥開雲霧見青天，教人直接體會生命中的清風明月、鬱鬱黃花。他注意到許多現實生活中的鬱悶心境，每一種心境使人帶出悲觀失落之感受。先生以工作及理想為例子，舉出日以繼夜之工作與理想衝突等，使人消極、疲憊以及無奈。但若能體驗工作意義者，會從工作中不斷擴大充實自己之生命，從這自強不息之精神裏，可以開拓無窮盡之價值世界，體驗生活上多姿多彩之內容。至於理想與現實人生之衝突，可在當下之反省中，滿足於眼下最好之生活旨趣及理想，其餘的隨後按部就班，逐一實現，即可解決理想與現實之矛盾，從而步步拓展無窮的自己。

1954-61 年間，唐先生寫《人生之體驗續篇》。時先生已近五十歲，因時局變化而棲息香港。經過苦難，經過困厄，先生對人生負面的陷溺有真切之體會。人之心靈欲超升而不能超升，反而為魔所障；人不是不要進步，但進步之途中卻滿佈危機，往往一失足便深陷泥沼裏。曾子臨終所謂「如臨深淵，如履薄冰」，唐先生對之深有所感，所以《續篇》的語氣亦較為沈鬱凝重，反覆詠嘆，如秋來風雨，使人讀後不能平息。但同時，先生在書中，以扣人心弦的文字，對人類的悲劇，發出了

悲憫之情懷，用以撫慰在人生道路上徘徊無告的孤苦靈魂，希望藉一言片語，激發自勵向上之心志，「人生一切事，皆無絕對的難易。只要人真正精進自強，一切難皆成易。反之，只要懈怠懶散，一切易皆成難。這話是我們之永遠安慰，亦足資我們永遠的慄懼」。 如果說《人生之體驗》是正面的開闢了人生理想，則《續篇》便是對人生的苦罪一力承擔。先生於《續篇》中，一再強調對真善美之追求須不畏「致曲」之過程，方能越過一切障礙，跨過罪惡，精神方能提升，使顛倒人生「復位」。

人在「現實世界」裏，往往受束縛，這是宇宙人生一件無可奈何之事。但我們之「精神生命」卻可超越此「現實世界」以外，不受其限制與決定。此所以唐君毅先生肯定自己之人生可以從「流俗世間」中超拔之可能，這亦即是：「轉化人生上達之阻礙之反面事物，以歸於人生正道」，故人人均可「立德」，不需俯仰於「現實世界」。這是說，「立德」與否，不在上帝，不在他人，乃在於己。這與西方之宗教道德觀不同，耶穌之道德人格只能為我們所企望，但不為我們所企及。但在唐先生而言，我之成為一我，當使我成聖成賢，這「自覺精神活動求實現理想於客觀環境及自我生命中」，而這「自覺」是使人「立志成道」及「人生之復位」之可能根據。

上述三書指出人要是自覺實現這道德理想，完成「道德自我」，就須先體證我之「道德心靈」，因它是一切至善與道德判斷之本源，含攝一切道德價值，是道德實踐之最終依據。但

此「道德心靈」往往容易受「氣質生命」之欲求所蒙蔽，使人容易受俗情世間之牽累而陷溺於情慾之誘惑及價值之顛倒。所以唐君毅先生於三書中指出當人生下滑時，若能「當下一念自覺」，則「道德心靈」當下湧現，隨即開出一道德價值之世界，從流俗世間的陷溺中超拔出來，使潛藏的「道德自我」完全呈現，行所當行之事，使其無限美善之自性得以「復位」，完成道德人格，從而實現一個真、善、美俱備的價值世界、真實人生及完美之文化活動。

1949 年，與錢賓四、張丕介、崔書琴、謝幼偉、程兆熊、劉尚一諸先生在香港創亞洲文商學院，由錢先生為院長。一九五零年改為新亞書院，遷到深水埗桂林街。

1958 年，先生五十歲，與張君勱、牟宗三、徐復觀諸先生聯名發表一文化宣言，題為《中國文化與世界》，副題「我們對中國學術研究及中國文化與世界文化前途之共同認識」。該文承認「中國歷史文化中，缺乏西方近代之民主制度之建立，與西方之科學，及現代之各種實用技術」，但強調研究中國學術文化者須肯定中國文化之生命存在，使中國人在自覺成為一道德的主體之外，兼自覺為一政治的主體、認識的主體及實用技術活動的主體。中國需要真正之民主建國，須接受西方或世界之文化，使中國民族之客觀的精神生命有更高之發展。

1961 年，先生發表《中華民族之花果飄零》一文，謂我國僑胞在東南亞各地之政治社會地位，正處處遭受史無前例之打

擊。華夏子孫，紛紛四處散走，表示中國社會政治、文化與人心，已失去一凝攝自固的力量，「如一園中大樹之崩倒，而花果飄零，遂隨風吹散；只有在他人園林之下，托蔭避日，以求苟全」，文章引發不少迴響。後又有《花果飄零及靈根自植》及《海外中華兒女之發心》，指出「一切民族之自救……必須由自拔於奴隸意識而作為自作主宰人之始」、「故無論其飄零何處，亦皆能自植靈根……其有朝一日風雲際會時，共負再造中華，使中國人之人文世界花繁葉茂，于當今之世界之大任者也」。這正與新亞校歌「艱險我奮進，困乏我多情」相對照。他要中國人對自己的文化與學術之自尊自重，自信自守之道，希望國人能一念自覺，當下發心，「自植靈根」，「再造中華」，「使中國人之人文世界，花繁葉茂」，「使中國在二十一世紀，成為人的文化之中國，而世界人士之共同努力，則可使二十一世紀，成為一真正的人的世紀。」其復興中華文化之理想與信念，於其著作和一生行止之中，隨處流露。

　　1964 年，先生五十五歲，二月二十六日，先生慈母陳太夫人病逝蘇州。先生哀極痛。先生比論耶、佛、儒對死者之態度云：「依基督教義，父母死後，息勞歸主，乃死者之幸，故生者亦為之樂而不應生悲，生悲乃生者自覺失怙恃之私情，非為死者計之公情也。吾回念數十年來，種種對吾母未能盡孝之事，負疚無已，此求贖過之情，豈私情乎？基督徒於父母死後一經彌撒，即足慰情，正證其情之不深不厚。故慰情之道，乃

若此輕而易矣。佛家初由感生死事大而發心，佛經有《報父母恩經》，首記釋迦對白骨而拜，謂此為無量劫之父母。佛經又記釋地藏王菩薩初為女，而其母以大罪入地獄，發心成道，即永住地獄救眾生。又目蓮破地獄救母的故事。盂蘭節追薦亡魂，僧尼雖立居三寶之一，亦為死者上香作廬，不同彼牧師神父之代表上帝，更不對死者為禮，尤使吾感於心。儒家祭禮，終身不已，七七亦不能限之。祭祀之外，尤重繼志述事，《孝經》言立身揚名，以顯父母。吾於死者之一念之誠中，既自知此念由明徹幽，令死者生前之心志與性情，雖逝而未嘗不存，而隨吾之哀念，以由幽而還入於明，此吾華聖教之精義之所在。」

　　人生受命限之苦困，看似無由紓解。佛家要我們如實觀有情生命為一大無明，要為有情眾生生發一大智慧，不單破除一己之執障，更要對眾生之貪、瞋、癡、慢生起慈心悲情，發宏願以救渡之。而基督教則要我們將自己之罪惡與過錯，在上帝面前敞開，要求救贖。更指出人要從死亡中將靈魂解脫出來，方能歸宿於上帝之懷抱裏，才可以將自我之生命價值實現出來。但唐先生指出，人生縱艱難處處，卻可在人心之一念中，打破陰霾而照見朗朗青天，這「心中一念」就是「心中一點靈明之顯發」，是「仁」之呈現，是人與人真情實感之互通，相互提攜關懷之根據。這是愛之表現，橫向可以利澤群生，縱向可以情通千古，出入明幽。這是唐先生一生之所寄，也是《人生三書》所要表達之情懷。

　　1976 年，先生六十七歲，患上肺癌。1978 年 2 月 2 日逝世，享年六十九歲。一位為中國文化、人類理想而勞瘁一生之大儒，葬於台北觀音山朝陽墓園。

第二章
唐君毅先生之人文精神

1. 唐先生論文化精神與道德意識

　　唐先生認為文化即人之精神活動之表現或創造，而所謂精神活動，乃是由自覺心靈顯發而出的理想（唐先生之「自覺心靈」，在「三書」中有多方面之表達，如「心本體」、「心靈」、「道德心」、「道德自我」、「道德意識」，「精神生命」、「道德理性」，大家意義相同無異，均指人之形上道德本體，或孔孟所言之「仁心」或「良知」、「存心」，與「現實自我」、「自然生命」或「氣質生命」相對。它們在本文裏經常交錯使用，所指一事也），並以實現此理想目的為價值之取向。他說：「人類一切文化活動，均統屬於一道德自我或精神自我、超越自我，而為其分殊之表現。」（《道德自我之建立》）意指這精神價值不單體現於自我心靈本身中，更超化現實「氣質生命」之我，成就理想之我。唐先生將此精神理想活動名之為道德理想，它是帶有主宰性，要將自我理想之精神活動，實現於客觀外在之場所，使現實得以表現自我之理想。

　　唐君毅先生是人文主義者，倡文化宇宙意識。其實，一直以來，此乃中國傳統文化所獨闢，儒家孔孟成德之教所彰顯。它要人通過道德實踐，以人文價值鑿去自然之紋理，將人之自

然生命轉化為人文德性生命。它和哲學，宗教和科學不同，哲學是知解性的、以思辨來分析各領域的原理，分知識論、形而上學、倫理學等不同範疇，但卻不是實踐的，故常使人覺得流於空論和戲言。它也和宗教宇宙不同，宗教指向絕對，將人之心思專注於外在絕對之神靈，將人之能力廢除，倒懸人道於神道，神道明晰而自己之生命卻晦暗昏黑。它與科學的宇宙不同，科學只崇尚理智邏輯推理，追求專門知識，對宇宙萬物及人生社會只求客觀分析了解，對人缺乏整體性和主體性的體悟，未能洞悉「道德自我」，更不了解人本身「天生具備實現天賦道德觀念的能力」，有不學而具善善惡惡之本能。

要認識知識世界，可通過西方的知識論，但知識論使人圈住於所知的現實世界裏。而人的理想世界，不能從知識世界探知，須從我們的性情、情意及「仁德理性」而生出。唐先生說，理想不是一個可觀照的對象。要生起理想的性情，須情不容已地將理想轉化成為動力。我們對理想不但要有認知它的「知」，更要有喜好這個理想的「情」，和使理想轉化為現實的「意」。我們在知善知惡的同時，更要好善惡惡，並實現它於生活裏，故「知情意」是同時產生的。我們體認「仁德理性」，在於心能感物而生怵惕之情，而非懸空體認本心之「虛靈明覺」。仁之顯，在於接物，使仁顯於物，才是「仁德理性」的正面要求，才可以將「道德自我」導引而出。

唐君毅是具理想的人文主義者，他站在人的整體、人的

主體上去善化人生，將自然一切價值化。他承傳儒家之教，一切價值理想都本於「仁心」，是良知善性及一切價值理想的根源。唐先生在他最後的遺著《生命存在與心靈境界》一書的自序中云：

> 「吾寫此書，常念在心以自勵者，則為《中庸》之二段語：『君子之道，本諸身，徵諸庶民，建諸天地而不悖，考諸三王而不繆，質諸鬼神而無疑，百世以俟聖人而不惑。』」

《中庸》所講的「本」，就是指我們的「本心、仁心」，即以自我「本心」為身體力行之依據。人之良知善性，由這個「本」而來，世間一切善善皆由此「本」而出，所以方有「建諸天地而不悖，考諸三王而不繆，質諸鬼神而無疑，百世以俟聖人而不惑」（所以君子治理天下，先從本心上修養自身的德行，從老百姓那裏得到確認。參考夏、商、周三代先王的仁政加以考察而發現是正確的，立於天地間與天地之理相合而不違背，質問於鬼神幽靈而證明確實無疑，百世以後待到聖人來驗證也沒有什麼不理解的地方）。唐先生說，這一切出於道德理性，而這「理性」就是這「本心、仁心」，它是道德之源，是一切文化的根。因此，唐先生理想的人文世界，是本諸身體力行、根於良心理性。他在《理想的人文世界》一文中說：

> 「人文的世界，人不僅是人，而且必須自覺他是人，異於禽獸、異於物。人異於禽獸，主要在其心。故人文世界的人，必重心的哲學。宗教生活之必須人文的世界中之人，可以相信

有神……建立一神靈之世界，即可以使我們不致只以物的世界、自然的世界為托命之所，即可以平衡我們之精神之物化、自然化，而背離人文之趨向。」（《人文精神之重建》）

先秦儒家孟子說，人異於禽獸者「幾希」，這「幾希」就是四端之心（惻隱之心、辭讓之心、是非之心、羞惡之心），亦是人本具之「道德自我」，可循「盡心、知性」之途觸之、識之、感之。儒家由此而說人之性情，言我性之善。儒家要人隨順此性，率之、盡之，才可「明德，新民，止於至善」。唐先生認為人「本心、本性」之善，即是：人本有之「道德意識」，有其形上根源，這即是「天」，它是一超越於主觀心靈與客觀世界之上之一大「道德實體」。此一「道德實體」所要實現之價值理想，除了使人取得無限之價值人格之圓滿外，亦要對現世人間的價值理想，必一一求其實現，即「立己立人，達己達人」，才感生命之充實飽滿，得以成就人格世界、德性世界。

所以無論邏輯、知識、道德、宗教，均須由人之主觀「道德心靈」統合一致才有意義，這即是說將人之「心靈」充量發展，才可開出理想之人文世界。唐先生認為其中包括「立三極、開三界、存三祭」。他於 1967 年 8 月 17 日《日記》載：

「晨起念我二十年來所論以告世者，可以立三極（太極、人極、皇極）、開三界（人格世界、人倫世界、人文世界），存三祭（祭天、祭祖宗、祭聖賢）盡之。」

　　於「三極」而言，「極」者乃至盡至圓滿之義。故「太極」乃相當於「天道」，代表絕對精神，即「天」，是宇宙之創生之大德，道德創造之機；「人極」相對「人道」，代表「道德理性」之充盈，成就了聖賢仁人君子；「皇極」相當於「王道」，包括將價值體現於人文世界。而「三界」之人格世界，乃承「天」而立極，是「太極」見於「人極」之表現，是人修身盡德之功夫、成就內聖之道，是「天道」見於「人道」，由此「人道」即「天道」。人倫世界乃「人極」顯現為「皇極」之初階，能將個人之道德精神顯發而出，遵行社會中人與人禮教所定立之君臣、父子、夫婦、朋友及尊卑長幼之關係；而人文世界乃「皇極」之大成，即處處見道德彰顯其中，道道是天德流行，是「道德本體」之充內形外。從「三祭」者而言，「祭天地」要一心遙契於「太極」、「天道」，於義理而言，是為了完成人格，事事能率性而行，從本心而出，無一處不見仁義道德；「祭祖宗」要情通上下古今，除了慎終追遠外，更有鞏固家族裏父子、夫婦、兄弟、叔伯親愛之義，直樹人倫之本；「祭聖賢」乃法古今之完人，使人文化成於天下。由此，「三祭」立，然後「天，人，性命」相貫通，不特使「太極」，「人極」大成於「皇極」，更使人格世界、人倫世界大成於人文世界，使「天，人，性命」皆得以客觀化。這是唐先生所弘揚之「天人合一」的人文精神。在他的人文世界中，民主科學以至藝術宗教，都不是至高無上的，只有人格世界，才是頂天立地。一切人文創造，從人格來說，當須回歸到自我道德完成

之人格世界而見「人極」之所立，即順人善善惡惡之本性，率之、盡之，行之以求至於其極。所以，人類一切文化創造，均由人之道德理想而起。理想世界和知識世界不同，要認識知識世界，可通過西方的知識論而得到。人的理想人文世界，不能從知識世界生起，須從我們的性情中出，從我們的道德理性，心靈生命中出。

唐先生說，「道德理性」與「道德自我」是一體的兩面。「道德理性」主宰文化意識。一切人類文化，應是人心追求真善美等價值的精神表現，因而亦是「道德理性」的外在表現。在唐先生看來，人類的一切文化活動，如上所述之求財貨的經濟活動，求權力的政治活動，求知識之真的科學活動，求美的藝術活動，應統屬於「道德理性」內，方有其價值及意義。於此，唐先生說：「道德之實踐，內在於個人人格。文化之表現，則在超越個人之客觀社會。然而，一不顯於多，本不顯於末，理想不現實化，內在個人者，不顯為超越個人者，則道德自我不能成就他自己。而人如不自覺各種文化活動，所形成之社會文化之諸領域，皆統屬於人之道德自我，逐末而忘本，泥多而廢一，則將徒見文明之現實之千差萬別，而不能反溯其所以形成之精神理想，而見其貫通；徒知客觀社會之超越個人，而不知客觀社會亦內在於個人之道德自我、精神自我，則人文世界將日益趨於分裂和離散，人之人格精神將日趨於外在化世俗化。」

　　道德之善善惡惡，是自我道德意識之表現，所以當它涵蘊於文化活動中時，即見自我美善之道德人格外顯於自我活動及身外事物中。但一般人總以一時的個人成就作為一生的奮鬥目標，縱使其目標不耽於眼前玩樂，其高瞻遠矚亦不過是要名成利就，這個人功業與唐先生所言之「使社會上一切當有的事業，俱得成就」有別。這「當有」一詞，是以考慮「應當」為前題，含極強之道德意義，於此沒有你、我之事的區分，只要是應當成就的，便應盡一己之力使之成就，這是由個人「道德自我」而衍生出來的大仁大義之精神。　所以，在社會國家之政治來說，沒有這道德文化意識，就不能將個人理性置放於政治上、建國上、體制上。

　　要使一個文化有其價值意義，須成就「當有」之事，否則這文化只強調物質文明之進步，遷就個人氣質生命之習性。在沒有價值意識之文化所鑄造而成之社會裏，往往表現出愚昧無知、極度自私、見利忘義之氛圍。在經濟活動中，只限於累積財富；在政治活動中，只見攬取權力；在科學哲學的活動中，只冀在純理邏輯推衍中求得真理；在文學藝術之活動中，只沉溺於美感之求取，使自我情緒得以宣洩；在宗教活動中，只在自求超昇，不理現世人間，只望天道而棄人道。於此，唐先生說，當一切沒有文化理想，只有文化表現，如政經上成就霸業，科技上成就文明，在文學藝術上昇華自己之情懷，卻遺世獨立，「不知客觀社會亦內在於個人之道德自我、精神自我」，

使「人文世界將日益趨於分裂和離散，人之人格精神將日趨於外在化世俗化」，文化表現縱興盛於一時，但不能繼後於永世。戰國時孟子反對捨「仁義」而重「利」，故孟子見梁惠王，惠王問「叟！不遠千里而來亦將有以利吾國乎」，孟子而答曰：「王何必曰利，亦有仁義而已矣」，「仁義」就是「道德自我」之彰顯，「精神生命」之流露。在政經上，假若人人均「懷利以相接」，人就變得不顧廉恥，互相傾軋而天下大亂。重「仁義」之道德精神，就是「使社會上一切當有的事業，俱得成就」，更是「形成社會文化諸領域」之重要元素。

2. 人之「知性主體」須融合「道德意識」方可成就有意義之文化

人之「道德意識」來自「道德理性」，即唐先生在「三書」中所指的「心本體」，一方面見它是善善惡惡之道德實踐主體。它自發要求道德價值之實現，以成聖成賢，完成自己之德性人格為目標。人於「道德理性」中行仁踐義以正身，同時亦外通於家國天下，以開務成物，利濟天下，這「內聖外王」之道德實踐，是儒家成德之教，亦是中華民族文化生命之常道，是永恆價值的安身立命之道。但這「道德意識」靈活適變，當其發用顯於人之「良知」之外用時，亦可開出「知性主體」之「認知心」來認知事物，成就知識。這「知性主體」，不同於「道德意識」，它是高度的科學心智，成就許多實用性的知識和技術。當它與現象界事物相對相接時，可將自己轉化為「認

知心」。但「知性主體」只能解決現象界所遇到的「實然」問題，成就科技文明，而不能負起「應然」之道德判斷。所以開創人文世界、建立人文精神這責任，非「知性主體」所能單獨承擔，因為「知性主體」無法使文化價值獲得安立。要使文化生命獲得安頓，須落在「道德意識」這文化生命的「定常之主」上。由此，「知性主體」須從知性層回歸到德性層，即：人文、政治及科學各知識系統須統攝於「道德意識」中，方有真實之成就。所以，當「知性主體」從接觸現象界之事物中而知物、宰物為我所用時，「道德意識」便會即時湧現它自己，呈現它乃善善惡惡之本來之性，這就是「道德意識」之呈現。由此，人方可運用知識以成就善的價值，例如於政治上之政治人物，須以真誠謙卑辭讓之禮、無妄惻隱慈悲之仁去調制為政者之權力慾，即以文化道德力量，作為政治活動之工具，才可以滌除其征服支配他人之權力意志，不會以特權階級獨霸政權。所以孔孟一生竭力以仁義來說服當時之君主，要他們自覺自律地以此道德修養來調適其無限之權力意志。在社會方面，只有真正之道德文化力量，方可監督政治，影響政治及提高政治。在俗情世間中，人以道德意識方可「致良知」於事事物物中，使事事物物皆得其正，皆得其成。這裏見人文精神須包融於道德意識裏，方可體現其真善美之價值。

2.1 政治體制與道德意識

民主精神是當前西方人強調的，但它仍需依賴「道識意識」

貫徹其具體之選舉制度中，方可將本有之價值自由地、合理地伸展開來。否則，所謂「民主、自由」就很容易會出亂子，例如出現「暴民政治」（一種政治形態，為一群狂熱和激情，缺乏理性的群眾所主導）、「金權政治」（由擁有財富的人所統治或控制的社會）等。人活在群體裏，要和諧共處，需要有一共同目標。當人可以在國家政治上，自由發聲，並於「個人個性之伸展」上，大家都有參與作主的權利，伸延到社會公眾之事理，國家政治的事理上去。由此，大家需要協調，共謀策略，「民主」意識由此而起。換言之，民主應該是在「人之自覺地為一政治實踐之存在，並依此而決定其生活方向」這一個原則下，而表現出來的價值理性，這亦是一「道德意識」。所以，民主政體是相應「處理公共事務」而「自覺」地設立的一合情、合理、合法的框子。這一切在道德意識之自覺下伸延了人之自由、保證了公平之選舉、建立了合理之政體。所以自由民主之意義及精神需建立於道德觀念上。個人之道德是「道德意識」之直接披露，而民主政體是「價值理性」之間接表現。故此，民主政體之為首者須有其才德，方能守着這政體所定之軌迹，如選舉之安排、依法進退得宜、權利之分配、義務之承擔、公民之責任、個人自由之肯定等。換言之，民主政體是「價值理性」之表現。為民主政體奮鬥的人，他必須遵從自我之「道德意識」，自覺地遵守這個政體所定之軌迹，按大家之意願，推舉「有德有能」之士為執政者，而他自己不必定要取得行政權，一切按選賢與能之方向而去便成。在中國民國初期，民主政體

之失敗，乃因當權者沒有「理性之民主政體」這種意識與德性，不依循民主政體所定的軌道而致。

在傳統中國文化裏，不突出民主，卻強調要有聖王出，以聖心統領萬民。所以，依中國傳統文化而言，「治道」顯於「君主之德」及「宰相之德」及其價值理想。在歷代之演變，朝代之更迭裏，見政權之生命，必依一種為民請命，安民保民之道德意識及價值理想。它授與政權以光明，然後此政權方可綿延不倒；否則此政權只是一團混沌黑暗，朝野內外，昏亂無明，終為未來之光明所取代。總而言之，政治於不同之文化中，有不同之形態，但其本義在於領導者需要有「以不忍人之心，行不忍人之政」之清雪情操。所以中國儘管開不出自由民主之治，但在聖君賢相之管治下，人民同樣享有國泰民安之幸福。這是最高之政治原則，為政者於施政上須彌綸「道德意識」。所以，不論西方之民主政體，抑或中國聖君賢相之體制，均以國泰民安為鵠的，這是一切政治科學所要達至之最終及最高之目標，而這一切須為道德意識所貫徹其中，方有所成。

2.2 宗教信仰與道德意識

唐先生在《生命存在與心靈境界》一書的第三部論超主觀客觀境，即謂人之心靈有「歸向一神境」，「我法二空境」和「天德流行境」。「歸向一神境」是信仰大能大智大愛之上帝，此皆由於人未能超脫自於我時空之限制，在大限前感無奈無助，便克制其倨傲，以求一大神靈之救贖；在生活中，當人陷於苦

難困頓，無力自拔時，便乞憐於一神靈之恩典，祈求拯救，所以一神教有其存在之必然性。在佛教裏，認為人藉感官所得之外境乃虛幻不實，是本體「空境」藉緣起而有，但隨「緣起、緣散」而見事事物物乃生滅不息，建於空境中之虛幻而已，根本是「空實無華，病者妄執」（《圓覺經》）。所以，佛要我們直下如實見萬境之真義——「性空緣起，緣起性空」，觀照「諸行無常，諸法無我」，破除了「法、我」二執，方能見如來藏「本體」，由此破無名、脫生死海。於此方見宇宙真理，人生之真實處，沒有了煩惱妄想，體悟清淨心。唐先生於「天德流行境」中，肯定人世間之實有，於實在之具體人生裏，恆見「實然」與「應然」相對，善與不善之對立，但不知凡此一切之相對，率皆統一於「大實感」中。此一「大實感」，即「中華民族文化生命之常道」所主張之善善惡惡之「本心、本性、良知」，即唐先生所言之人之「道德自我」或「心本體」。此「本心、本性、良知」乃至誠不息，本身足以扭轉乾坤的樞紐。唐先生認為人在宗教信仰中，肯定了宇宙性神聖心體之實有，從而建立「一神論」。但人在信仰上，須出於真誠，而此真誠須由自我之心性而出、而見，是禮敬膜拜上帝之心，即是：當人在此禮敬崇拜中，再反省自察時，則見此至善美之神靈乃出於吾人具普遍性之「良知」與「仁性」。以此，「良知」與「仁性」一方面可具體地向外、向上引導人以宗教之虔誠祈禱上達天心，更可於反索自心見此道德美善亦在自心處，或如佛家體證自我之清淨心，體悟「常、樂、我、淨」之境界。

在西方基督教裏，上帝外在而超越，是至善全能之神，是人膜拜之對象。所以人對神之祈禱是求恩賜，這是個人與神之溝通交往。而回報恩典，亦是透過禱告來答謝。在西方宗教上，個人之道德修養是人世間之規範，是俗世之事。人不能單靠德行而歸付於神，投入祂之懷抱，與祂情慧相通，而必靠絕對之信仰，是人對神之完全服膺，投以「信、望、愛」，才能卸罪得救。

中國人亦有信仰，但他們所信奉之神，與基督教不同，原因是他們將人與人交往之道德精神付之予對神靈之敬奉中，將生活上體驗到的孝、悌、忠、信、禮、義、廉、恥等德目之根源處凝鑄成精神之寄託，此根源處即人之「本心、本性」。換言之，生命之圓滿不求見於來世或天上，而在於現世之踐仁行義，完成人格上，這是「盡心成性」以成就生命之信仰，唐先生於此說：

「吾終不信安身立命之地，必須求之於一特殊宗教。人有種種宗教信仰，尚須由此信仰本身之自覺，生一自信，自信吾人之本心本性，即能發生具備或同一或通於此信仰中所信之超越的神靈，為一切莊嚴神聖之信仰之根所在。」（《中國之宗教精神與形上信仰》）

這哲學思維使中國人不似其他宗教憑空祈求神力降臨，而是「自求多福」，展示了生命之圓滿毋須依賴外力，而是回溯自家尋求安頓，即是：內省自心，率性而行，以德行來完成生

命之意義。在民間，一般人多以「德福相照」之精神借卜筮來蠡測神靈之意向。而這「神靈」非超越之外在大能者，而是個人之生命安頓之所。而當所求者與「神靈」的意向相悖時，人在道德上自有忐忑不安之感，知需要日後努力修德，以「不忍之心」、「不安之情」來改變凶運，相信德盛自得神庇祐。故此在中國人來說，修德即是以道德行事向「神靈」祈禱，而這實在無異於「自我反省」，行所當行之事而矣。當這思維進一步發展下去時，則發展了「盡人事聽天命」之思想，即是：盡個人修德之行，來轉移天命。中國人報答神之恩賜，則有祭祀之舉。皇帝代民祭祀天地，是報答天地好生之德；平民祭祀祖宗，是報答父母祖先養育之恩；學子祭祀聖賢，是報答聖賢設教之德，這一切出自本心之感恩圖報。中國人更認為，能盡心行祭祀之禮，自能感天地動鬼神。這裏見中國人以對人之態度以事神，故有「未能事人，焉能事鬼」（《論語》），「天視自我民視，天聽自我民聽」（《尚書・泰誓》）之說。在人與人之交往中，即修己以交賢，見賢思齊，盡孝以事父母，盡忠以報國，有恩必報，這方是人所當為，亦人道見天道。

佛教雖然要人破執障，唯「佛心」潛隱深藏，而「一神教」則以神靈為唯一之超越者，但兩者皆未能直下「自覺」吾人當下之生命中，見一能感通其所遇之境，及上通於天道天德，橫遍於天地萬物，感萬物與我為一之「本心本性」，唐先生說，儒家不同於宗教，人若真依於內心之真情實感，則見一善善惡

惡、至善生命之源，充內形外以成其德業，更在當下「人、我」間相互感通中見真情之交流，超越及破除主客之隔閡，使「人、我」融合為一，由此一心通他心，見他人之喜樂憂苦，而同時亦自感喜樂憂苦。倫理生活在這真情實感中大家能互感對方之情義，又互相還報，以成恩義，使情義互相反映。而此情懷由家裏孝悌父母兄弟開始，循序以忠信延及社會國家天下，「親親而仁民，仁民而愛物」，逐一層層展開。聖賢之德，在於能感受他人人格之德而愛之敬之，更以德行回應他人人格之德，使古今四海仁人之德，相報而相繫，以成就此德性世界。「一神教」雖有上達高明之旨，但其智未曾透析人之道德人格而見其德性；佛教言普渡眾生，其視古今四海之人格，皆未出三界之執障眾生（三界指欲界、色界、無色界，三界眾生，隨業受報而流轉遷化，回復交替，沉淪生死海）。所以唐先生說，中國儒家以人之德純亦不已，故不復見古今四海之一切有德之人格其生命精神之有所隔閡。這彰顯了人之「道德意識」縱橫相通，上通千古聖賢，橫涉志士仁人，以賢德樹立於天地間，更予人安身立命之所，將人間化成了天堂。

3. 人文活動滲以「道德意識」開展了人生價值

當談及人文理想時，唐先生說：人文及文化既是人之精神活動之表現，均在自我精神生命或道德心靈活動中，即：外在一切自然生命或社會情境，均全統攝於此精神活動中，意指：「文化之概念，同為一綜攝主客內外之相對，心與物，心

與生命，生命與物，個人與社會之相對之一概念。」（《文化意識與道德理性》），而「人文世界之成立，一方即統攝人文世界於道德自我，精神自我主宰之下。」（《文化意識與道德理性》），即是說：「唯在充量的依內在於人之仁心，以超越的涵蓋自然與人生，並普遍化此仁心，以觀自然與人生，兼實現之於自然與人生而成人文。」（《道德自我之建立》），例如中國人對自然之感悟，將「道德精神」貫通於其中時，開出了獨特之文化，由此成就了獨特之道德人生哲學。這見於「中國先哲之自然觀，為視萬物皆含德性，且人對自然又直接感通……故中國人恆能直接於自然中識其美善，而見身之德，若與人德相呼應」（《中國文化之精神價值》）。唐先生說：「中國哲人之觀自然，一方面觀美，一方面見人心之德性寓於其中。所以君子觀天，則於其運轉不同不窮，見自強不息之德焉；觀乎地，而見其廣大無疆，見博厚載物之德焉，見澤而思水之潤澤萬物之德焉，見火而思其光明普照之德。」（《中國文化之精神價值》）。在中國園林之建築上，將蝶舞花間，雲浮山上，風過松林，萍浮水面，月灑高臺融入建築裏，人在屋內亦人在自然中，這人物相忘相濡，人與自然互不相勝而互存互依，相擁相傍之境，這除了見自然之美善外，更見物我融和與一種與世無爭之文化及生命價值意識。從人生上言，老子見川原交錯於野，於水中觀柔弱謙下之德；孔子觀水流瀉無息，不舍晝夜，放乎四海，如性德之流行。詩人見松、竹、梅，喻為歲寒三友，因愛其不與萬卉百花爭榮，於困厄之境中能獨善其身。又，當

觀松柏滲以道德精神時，見其直上直下，表現出無求於外之態；而菊獨傲於秋煞中，若巖巖君子面對千夫所指而不縮。西哲叔本華在狂風暴雨閃電打雷下，見自然界之壯美，體驗到當人之精神生命匯聚此自然界無盡之力時，其魄力自會超拔於生命之艱難險阻，直感道德理性寓於自然之獨特文化精神。當藝術、文學文化蘊涵「道德意識」而開展時，更見生命價值之取向，例如宋代理學家程明道在心理氣象上有隱逸閒適的一面，他曾說：「雲淡風輕近午天，傍花隨柳過前川，時人不識余心樂，將謂偷閒學少年」（《春日偶成》），這種閒適之樂直下就是一種生命價值取向，不與世俗相爭。當他再說「靜觀萬物皆自得」，簡直是對生之禮讚，相應着《易經》裏之「天地之大德曰生」，鑄造了中國哲學「生」與「德行」相通之義理，體證了天地「大仁大德」之意義，進入了另一更深層次之生命價值。再者，中國人對藝術家還要求人格之完美。文徵明說：「人品不高，用墨無法。」中國人寫畫後，要附上一段詩詞，因為他所表現的是一個意境或道德理想，這詩畫同道，可見於下列宋高宗之〈蓬窗睡起〉畫中之遠山近水，安逸寧靜，將心中之舒坦與宇宙自然之閒適相互交融下歷歷寫出。畫旁再提詩一首：「誰云漁父是愚公，一葉為家萬慮空，輕破浪，細迎風，睡起蓬窗日正中。」一首加插的詩，就像刀鑿，把畫中漁讀耕樵的天機之樂，把逍遙於天地間之生命高逸境界點點琢磨出來，這與世無爭之樂，直由自我「道德意識」而出。

這道德與儒家之「行仁踐義」不同，善善者即是隨順自然，不為而為之逍遙自在。同時，在科學、哲學等中若缺乏心靈向上之精神，道德價值理想之實現，則會失其本有之意義，淪為產業上事物而矣，唐先生於此說：「如吾人真相信作科學哲學之活動之心，唯以求真理為目的，故不受道德評價為超善惡無善惡者，亦必引至科學哲學之文化，與整個人生之道德生活脫節之罪惡。故吾人必須指出科學哲學之活動，在究竟義上之不能孤立，實與其他之文化活動，乃同根於吾人之道德理性，亦當同受一道德自我之主宰，而可在不同情形下，分別表現道德價值者。」（《文化意識與道德理性》）

由此，此「道德意識」是精神的、先驗的、自足的，不但具有引導人類有意識地超越「現實自我」的功能，而且也能涵攝於人類人文世界的種種活動裏，使之切合某種道德理想與價值。唐先生說：「每一文化活動、文化意識，皆依吾人之理性而生，由吾人之自我發出。故每一文化活動均表現出自我自身之價值或道德價值。」（《文化意識與道德理性》）由此可見，唐先生之道德哲學不單只涉及精神修養與道德行為兩方面，他還把視野擴闊到整個人文世界，自然世界裏，希望藉此建立一個充滿高尚理想與道德價值的生活環境。

這中國傳統之文化意識，重精神生命、倫理道德、人格價值，凡此皆為唐先生所依、所重、所推展，認為人類一切文化活動都統屬於「道德意識」或「道德自我」裏，這是創造文化

及具備文化意識的自我。這「道德自我」使我們在經濟運用財物上實現了權責無私之大公分配；在科哲上闡釋清楚思想上之種種觀念與客觀事物之關係不應沾上主觀偏頗之謬見；在文學藝術上，以真情實感開出了自我理想之境界，更將之寄託於形色世界裏，見善美之彰顯；在宗教活動中，見苦罪乃出於自我陷溺於情慾之蠻流下，而生起去欲求安之決心，更興發人間悲天憫人之情懷以度人，此種種皆表現了自覺之道德活動，以求自我之道德美善表現於各文化活動中。

第三章
唐君毅先生之「道德自我」與中國儒家道統

　　唐先生之「道德自我」是他「心靈」論的思想中心（唐先生於其他地方將「心靈」等同於「心本體」），建基於他對人的「仁心本性」的深刻體驗，認識到人的生活並非滿足人「氣質生命」之欲求，而是要表現本有之道德價值及理想。而「心靈」論之中心處，肯定了人之「道德自我」或「道德意識」的超越存在，藉此實現自身之道德理想追求及向上精神。

　　「本體」即是終極之存在，它不是以某種具體形式而存在，而是超越宇宙間事事物物之上的存在本身。世間具體的存在形式是相對的，有生滅始終的。但「本體」卻是普遍的、絕對的、永恆的。在邏輯上說，是宇宙一切具體事物之本原。哲學家通過它來說明宇宙人生之終極意義，及尋覓人生安身立命之所。

　　中國儒家將道德倫理提升到形而上之層面來闡釋，以「天、心、性」作為道德之根源，例如《中庸》所言之「天命之謂性，率性之謂道」，孔子之「天生德於予，桓魋其如予何」，孟子之「盡心、知性、知天」等將道德上之行仁踐義歸於「天」之必要我們如此如此不可。唐先生承中國儒家之道統，將人之「心靈」，視為「道德自我」之「本體」，成「心之本體」，系統地開出了道德盡其在我之人文哲學之主張。

唐先生承中國儒家道統對「心本體」之體會有其獨特的地方。所謂獨特處，在於它與西方哲人追尋「本體」之路向不同，從而於道德之實踐意義上，有很大之岐異。所以在了解唐先生之「道德自我」與中國儒家道統前，有需要將東西兩方對「本體」之追尋路向作一了解，這樣對唐先生以下所言之「道德自我」有更明確之掌握。

1. 東西方對本體之追尋所走的不同路向

1.1 西方對本體之追尋 —— 從理性出發將主體與客體分開

本體論問題是哲學史上一個古老而常新的問題。早在古代哲學的初始期，先哲們就已提出並深入探討了本體論問題，千百年來哲學家總是根據所處時代的文化精神，運用各自的思維框架和思維方法，對本體論問題作出各種解釋。但於客觀上，本體具有非實證性和否定性；於主觀上，本體是人的一種主觀的超越先驗的存在。哲學家通過本體論達到對人存在的終極意義。具體而言，這基於我們之目的和理想，使人生有一安頓之所。

「本體」如上所述，是一個超越的存在，是人無法用感官來把握的，即是：不能用感性之活動達於超越之存在。在西方哲學中，古希臘的先哲們在提出了最早的哲學本體論範疇「終極本源」之後，他們基本上都是以人與世界、主體與客體的統一為其追尋「本源」的出發點。例如古希臘哲者泰勒斯說：「宇

宙的起源是水」，對其他的按這思想發展下來，有的說「火」，有人說「氣」，莫衷一是，但他們都是由主體向外在的宇宙自然尋求事物之「本體」。到蘇格拉底，將前人探討宇宙之終極原理轉移到追索人生之終極意義上。他通過理性之反省，依思想上之普遍概念，探討事物之規範的原理，從而劃分了永恆之觀念世界與感官世界，肯定了人可憑着靈魂奔向真理，得到生命之終極價值。繼後之柏拉圖，他擺脫了具體事物之束縛，提出了「理型」作為變化之世間萬物的最後依據。到亞里士多德，他以抽象之思考，對宇宙萬物的「第一因」作為探討對象。這種種「本體」之追尋（即柏拉圖至善之「理型」，亞里士多德之「第一因」），均是以主體之理性思維來確立客觀「本體」之意義。當「本體」應用到人生幸福善行時，亦是經過人之理性思考，從具體經驗中所獲取之知識而達至，正如蘇格拉底所說「知識就是德行」，柏拉圖從觀念界分享出來的宇宙架構來建立之「理想國」等。

近代西方哲學仍是從認識主體出發，根據主體認識的確證性來確立本體。從笛卡兒的「我思故我在」開始，近代西方本體論哲學便沿用認識論來建立本體論這方向發展，例如「唯心論」秉持「精神」是「本體」的基本觀點，「物質」須依賴「精神」而存在；而「唯物論」則認為世界萬物的本體是「物質」，世界是由「物質」所構成的，「精神」只是人腦這種「物質」發揮的功能。所以唯物論者梅里葉（1664-1729）說：「物

質是本身存在的，實際上它是萬物的始因。」直到康德的批判哲學出來，把認識主體之內在結構重新解釋，指出人透過「感性之先天範疇、想像、知性之先天範疇、理性之統合能力」只能認識外界存在於時空之事物，由此認識主體無法確證本體存在，這才動搖了西方對傳統歷來探討本體之方式。雖然後來之費希特、謝林和黑格爾批評康德，但於方法上仍堅持近代西方哲學的傳統路線，依靠理性認識主體來尋求「本體」。所以縱使黑格爾將主體和客體統一起來，但仍出現了「絕對精神」客觀本體的產生。

現代西方本體論哲學雖然揚棄了近代西方哲學的本體追尋方式，揚棄了主客二者之對立，回歸到二者的統一中，即：既不單從客體出發、也不單從主體出發去追尋本體，而是直覺主體本身就自我存在之本體，並以這狀態及基礎作為世界的本體，例如：

a. 叔本華的「意志」

叔氏認為在我們的天性裏，有一種持續不斷、永不滿足的原始生命力，他稱之為「意志」，人的每一器官都是意志的產物，它們產生盲目的欲望。痛苦就是意志欲望不能達到滿足的結果，所以當意志達到目標時，我們便得到快樂與幸福。叔本華認為：人生永遠在欲望與滿足的輪軸上旋轉，我們不會因為欲望得到滿足而停止，因為人在短暫地滿足之後，立刻開始感覺空虛而無聊，於是又再次產生欲求，以逃避可怕的無聊感。

人生就在此痛苦與滿足中流轉。

b. 尼采的「權力意志」

尼采認為現世界一方面是充滿苦難的，它不是如我們希冀的理想世界；另一方面，理想的世界本應為彼岸的天國，但自從上帝已死，理想的世界亦隨我們對上帝的信心一起瓦解。結果我們既沒有了值得期盼的彼岸，現世又只有苦難，剩下來的就是「虛無」的絕望。

尼采的「權力意志」所指的是表現在人心理層面中之欲望衝動上。他所說的「權力」當是生命本質散發出來的一種能量，是一種自我超越的內在驅力；對於「意志」，他則借鑒叔本華筆下的意志，在本質上是盲目而無止境的生命原動力。它是諸事物形成的根據、動力，而人也受這種衝動的驅使，要成為主人，與敵對者對抗，滿足對勝力之渴求。但生命原本依據於無息之欲望上，而欲望意味着欠缺，欠缺又意味着痛苦。故此，人生就在此痛苦中不斷衝創克服艱難困阻，才可以一再地得到滿足。人就在這滿足與失落之過程中，得到了力量感，並促進了自我成長和自我超越。由此，人的生命是一種衝動、衝力、創造力，或者說是一種不斷自我表現、自我創造、自我擴張的傾向，生命的這種傾向就是生命的願望、意志，要釋放、改善、增長生命力本身的意志。這「權力意志」是宇宙萬物所共有的釋放和擴張自己力量的欲望，進行創造的欲望，佔有、支配他物的力量。

尼采提出要重新估價一切價值也正是基於對人生的能動性、創造性的一種肯定，因為重估意味着重建，而重建正意味着人的奮發有為。由此，人給自己創造一個有意義的世界，也就給自己人生以意義。

c.沙特的「存在本體論」

沙氏把人的存在視為本體，他以「無神論」為前提，通過揭示出「自在」和「自為」的樣態區分出了物與人的各自存在的特性，從而得出了人是「存在先於本質」這哲學的基本原理，並把存在哲學定義為一種人道主義哲學，人具備着主觀性和超越性的存在。說他具有主觀性是因為人永遠只能在人的世界中來觀望世界；說他具有超越性是因為人起初就是虛無，需要不斷超出自身，不斷獲得自身來塑造自己，從而獲得存在的意義。人需於本身之存在而見其真實性。人的存在直接地指向將來，這是由人之「自由」和「希望」而來，它們是人的基本的生存方式，是人的生存的本體論結構，是人存在的一部分，它總是在現在中孕育，從現在朝向一個未來的目標，要我們在現刻中設法實現此目標，縱使失敗，仍不失為人存在的本質。「失敗感」縱使令我們感到絕望，但它並不是希望的否定，它只是「希望」的具體目標沒有實現所引起而已。人之本質既含蘊「希望」，人須對未來抱有信心，因為「希望」使人開創將來的衝創力，步步豐富自己存在之意義。在面對「處境」之困阻下，我們也能夠通過我們的「自由」的絕對性和主觀的態度將我們

的外在性虛無化，即是：只要我活着，我就能自由地向着自我設計之目標邁進，把握機遇，通過不斷地選擇和行動，自由地造就出自己的各種規定性並不停的超越它們，從而賦予我們的生命以極高價值和豐富的意義。

他們對本體論的探討不同於傳統的方式，他們對本體論的「詮釋」是以個人生命的體驗為核心，表達了對人本身生命的關懷。他們所體驗的人生已不是一抽象之理，而是真實具體的生命存在。他們把本體還原於現象之中，視本體的無限滲貫於有限中去。而所有這些可歸結於一點，把本體的追尋與人生的探求合二為一，去尋找一條有意義之「人生之路」。

1.2 中國儒家對本體之追尋——以道德實踐使主體與本體相融 （天人合一）

中國本體論哲學大都以主客合一，即「天人合一」的方式去認識「本體」，而且主要是從道德實踐的進路而不是從認識論的思維去把握「本體」。原始儒家哲學認為「天」是終極根源，生化之本，雖然「天」是超越的，但「天」不似西方之上帝，離開人而能存在的。創化的「本體」與人可相互感通。因此，要達到人與「天」的相融合一，只有通過道德的自我完善和自覺實踐方可。所以，儒家之本體論，緊貼人生而展開。「本體」不是身外之物，而是與人之「心、性」。由此而說「天道」即「人道」、「人道」即「天道」。「本體」在中國儒家裏不是玄思，不能像西方般僅依賴人之理性思維而得，而是要訴諸

道德實踐，並通過這一實踐體驗，方可達至超驗之道德「本體」並與之合一，由孔子直下見孟子及宋明理學均隨此思路而行。

　　儒家自孔子以來以「仁」作為至善的價值來涵攝忠、信、孝、悌、仁、愛、恭等德目，強調在日用倫常之中須實踐道德修養，以體現完美的人格，證悟人生存在的意義與價值。孔子雖然在《論語》中沒有明確指出其道德實踐的形而上基礎，但是他所謂「天」的概念，實在已蘊涵了形上的思想，並以之為道德實踐之基礎，如孔子見天地之流行不息，生育萬物，曰：「天何言哉！四時行焉，百物生焉；天何言哉！」（《論語‧陽貨‧17.19》）在這裏，四時的循環不息，都與「天」關聯起來。但孔子對「天」只作出「默而識之」之體驗，所以他說：「不怨天，不尤人，下學而上達，知我者其天乎！」（《論語‧憲問‧14.35》），直覺感受「天」之實在性，而不在於理性經驗的分析。

　　孟子繼孔子之後，提出了「心」、「性」觀，強調道德是先驗地內在於人「性」之中，而這種道德性能夠通過「心」呈現出來，即其所謂「惻隱之心，仁之端也；羞惡之心，義之端也；辭讓之心，禮之端也；是非之心，智之端也」（《孟子‧公孫丑上‧3.6》），這就是牟先生所說的「仁義內在，性由心顯」，亦是孟子之所言「君子所性，仁義禮智根於心」及「盡其心者（徹底的擴充「仁義禮智四端之心」），知其性也（人有「四端之心」之「思善」之動機，孟子以此來論斷人性為善，

再由人性為善而肯定人性之本源——「天道」亦善也）」。
這推斷不同於一般在經驗界中，依「客觀事實」進行之推理，
而是對立於經驗界中之超驗界所作的一種主觀性之直感體悟。
「知其性，則知天矣（見心性之美善而知此乃天之所賦予，是
自我道德善美之根源）」、「存其心，養其性，所以事天也
（「天」是一道德法則，廣泛地涵蓋了家庭、社會、乃至政治
上的一切最高秩序。這富有道德意義之「天」，人必須通過道
德理性的自覺，從事道德修養方可重新契接上，即：以「事
天」，「率性而行，以順為正」，使自我德性完成，方能與「天」
情慧相通）。」（《孟子・盡心上・13.1》）。由此，道德實
踐才有本體依據，及其普遍性與絕對性。

　　明代王陽明（1472-1528）更是據此以闡發人與天地萬物
為一體的「心外無物」之說，進而肯定「良知即是天理」，人
能「致良知」就能呈現「天理」，則萬事萬物將被遍照無遺，
一片澄明。孔學主求「仁」，「仁心」之存於中者，「明睿澄
然而絕繫，惻隱油然而無緣，憂樂不違，動靜匪二」（熊十力
《體用篇》）。依熊先生的看法，「仁心本不限定在我之一身，
實遍在乎天地萬物」，由此說明「仁心」就是宇宙本體。人若
能體悟這宇宙本體並「隨感而興發」，就能「常於一己之外知
有人倫」。簡而言之，「仁心」是「本體」，道德實踐是一種
現象，而「本體」與現象是融洽無間。由此，「仁心」為道德
實踐提供了形而上的根據，道德實踐則呈現「仁心」周流全體

的功能。（熊十力《讀經示要》）

　　由此，從客觀超越面說，「天」所指者乃「宇宙萬物生生不息之本體」；從主觀內在方面說，「天理」意指「仁心」，在儒家的內聖成德之教中，主觀內在面和客觀超越面，是通而為一的。中庸所謂「天命之謂性」，是「天命」、「天道下貫而為性」，這是說「天」超越而內在。而孔子所謂「下學而上達」，《易傳》所謂與「天地合其德」，以及孟子所謂「盡其心者，知其性也，知其性則知天矣」，則表示通過自覺的道德實踐，可以體現「天道」、「天德」超越外在同時亦內存於我。所以我能與「天」合一，這是由內在而超越，這是「人而天」，是「下而上」；由超越而內在，是「天而人」，是「上而下」。在這往返來回中，不但看到儒家「天人關係」之和諧不隔，而且亦透顯出「天道仁心」相貫通的義理。宋儒所要完成的這個「即心即性即天」的「心、性、天」通而為一的義理模型，為唐先生的道德理論立下根基。

　　孔、孟以降的儒者，如陸象山，王陽明他們依據「仁心即性」之義，以發展人與天地為一體的「心無外物」之說，認為「心」、「性」與「天理」，名異而實同，故此在通天理，明本心，詞雖異而意義不二。既是「心即理」（道德律則），人可感悟形而上的本體「天理、心、性」而自覺自律、自發命令，這是「良知」自然的條理，更是「天理」自然之序。因此道德倫理不僅僅是存在於感官經驗世界中的一種社會現象而已，而

有其道德「本體」之依據。唐先生與上述儒家一樣，他依「心靈」之超越性及形而上學的理路來闡釋其道德哲學。

中國傳統儒家之「天、心、性」到唐先生即成「心靈」或「心本體」，是「道德自我」、道德之本源，道德實自我建立所由之依據。

2. 唐先生「道德自我」之「自覺心」

唐先生說，「使社會上一切當有的事業，俱得成就」，但人如何決定那些事是「應當」成就？而判斷「應當」的能力從哪裏來？

唐先生對「道德自我」這樣說：「道德生活，是自範自己、支配自己」，而「人要自覺的自己支配自己，必須將外馳之態度收回來，以用之於自身」，即：「道德生活所想支配的，則即是我自己」，這「是一自覺之活動，你自覺此時自定之命令，你自覺可作可不作，自覺你能作你所該作，自覺你所以認為該作之理由。」（《道德自我之建立》），而「自覺性」乃直感人之生活應以此方得成就「人為之人之生活」。由此，我們方可以說：「道德生活，為自覺的自己支配自己之生活」，是人純粹的求自律之生活，是自我道德意識之彰顯。

孔子早已有「為仁由己」之「立人達人為其在我」之主張。當時孔子所倡之「仁」，已將其繫於「主體道德價值」處，即一切道德行為由自我而出。孔子之思路，皆從人本具有「同情

共感」之「內心」有所「安或不安」處發出，這正是唐先生所言之「道德意識」，這是「人行自己之應當意識對自己所下之命令」。以我們當「感該作而作」時，就是當下「自覺心」所自定自主之活動，這活動是價值自身之決定。由此見，興發道德意識，行當行之事，是當下自己絕對的自由，不是套入外設的行為規範之框框而已。

唐先生將這「自覺心」確立於形上之依據上，即「心本體」上。此「心本體」是恆常、超越之道德心，超離它所對之生滅現象界。唐先生於《道德自我之建立》一書中反覆對辯，步步將世間演化為「形上心本體實踐道德而存在之現實世界」，即是「心本體」彰顯及體現自身道德理想價值之場所，是「形下之身體及物質世界，即所表現形上之心靈」。而這「形上之心靈」是自己實踐道德修養的主體，是「道德自我」。

2.1 「道德自我」之絕對自由性

人之「道德自我」能自我建立，主要在於「自我之絕對自由性」，唐先生說：「過去已過去，未來尚未來，你現在是自由的，你未來如何，待你自己去決定；然後才能改造支配你過去的自己，使之成為一新創造的自己。」(《道德自我之建立》)人有時雖為煩惱所擾亂，處事對物，往往不能自主，受外物牽掛及束縛。但唐先生說：請細想，一切苦悶煩惱，均為我「道德自我」以外之「所對」，不是「道德自我」本有之事。故此，當自我反問：「誰在束縛我？」時，發覺束縛我者，非我自己，

而是我「道德自我」以外之事物，由此我當即可排除之。唐先生於是說，這「道德自我」當下「自覺」清明時，即發覺自由仍在自己之掌握中。自己過去感覺失去之自由，由此「自覺」而當下即恢復過來。我們若時時刻刻能夠以此念之，即覺「當下自由之感，則成為超越一切時間的自由之感」。於是，人可以回到自己之過去，可以覺今是而昨非，可以把握現在，面對將來，以自我之絕對自由創造自己、改變自己，最終可以無盡伸展自己之道德理想。無可否認，現實的我，有着獨特的性格、習慣，及知、情、意等心理結構，但是這些性格及心理結構，對於自己的「道德自我」，並無必然之聯繫及關係，亦不為「道德自我」所知。所知者，只是我自己決定我自己之行為，並須為此負上絕對之責任。當下此刻，人之「自覺」性是絕對自由的。由此，人才能「自覺」自己有創造自己未來之自由之可能。唐先生說，當人對上述有所「自覺」時，人可以開展自己之道德生活了。

在文天祥之〈正氣歌〉中，壯懷激烈地寫出了「道德自我」之巖巖正氣，志士仁人雖在牢獄鬼火中，在馬廄裏與獸同食，或最終更受鼎鑊之刑，或成溝壑之脊，卻見操守氣節閃爍着光芒，一一垂留青史，成維繫三綱四維之擎天大柱，道義顯揚之根本，其中寫有：「在齊太史簡，在晉董狐筆；在秦張良椎，在漢蘇武節；為嚴將軍頭，為嵇侍中血；為張睢陽齒，為顏常山舌；或為遼東帽，清操厲冰雪；或為出師表，鬼神泣壯烈；

或為渡江楫，慷慨吞胡羯；或為擊賊笏，逆豎頭破烈；是氣所磅薄，凜烈萬古存。當其貫日月，生死安足論。地維賴以立，天柱賴以尊。」（在齊國有太史的簡冊，在晉國有董狐的直筆；在秦國有張良的鐵椎；在漢朝有蘇武的符節；是將軍嚴顏不屈的頭顱，是侍中稽紹噴灑的鮮血；是睢陽城張巡咬碎的牙齒，是常山顏杲卿鈎出的斷舌；或者是遼東管寧頭上黑色的帽子，清高的節操像冰清雪潔；或者是諸葛亮草擬的〈出師表〉，壯懷激烈令鬼神都感動哭泣；或者是祖逖江心誓師的船槳，慷慨激昂誓把胡羯一舉吞滅；或者是段秀實擊賊的笏板，打得叛逆的壞蛋頭破額裂；這種剛正之氣浩蕩無邊，可歌可畏流傳千秋萬年。）這裏顯示了「道德自我」之絕對自由性，能義之當為而為，為成仁取義而捨身去命，甘願犧牲「自然生命」，挺立莊嚴的道德價值理想。

在春秋時代，「世衰道微，邪說暴行有作，臣弒其君者有之，子弒其父者有之。孔子懼，作春秋。春秋，天子之事也」。在戰國時代，「聖王不作，諸侯放恣，處士橫議，楊朱墨翟之言，盈天下，天下之言，不歸楊則歸墨」。孟子要實行王道，於現實情境下，他必須剛毅不屈，積健雄奇，昂揚奮發地展現「道德自我」之力量去激濁揚清，如此方可挺立彰顯自我之道德精神主體及文化生命，所謂泰山巖巖，所謂浩然之氣，均從這道德精神主體豁然而出。所以孟子之生命有異於孔子之溫潤文化生命，他要徹裏徹外，鼓盪「至大至剛」之「浩然之氣」，

興發此「配義與道」,「集義所生」之「氣」,將其「道德自我」直循天地之正理,使之流行無礙。由此他才可以貫上通下的闢楊墨,賤縱橫,斥許行,而在「吾豈好辯哉」一章裏,更見其「我不為誰為」之光輝朗朗,「精神生命」之熠熠生輝。

從這些例子中,「道德自我」處處掣肘於現實環境,但它在絕對之自由下仍可處處破繭而出,伸張自己之理性價值,更不惜犧牲形軀之氣質生命,見「殺身成仁,捨生取義」,彰顯「仁義」之價值理想。

唐先生說,人必須以價值觀念,去支配自己之生活,這需要「道德自我」之彰顯。所以,人「道德自我」之隱晦,理想價值之喪失,人之陷墮,在於人之「道德自我」已蔽其自覺性及去其自由,隨順「流俗世間」並陷溺於其中而引致。

2.2「道德自我」之自我的建立——義之當為而為

從存在價值觀點視之,「道德自我」存在價值最高,因為它有自覺實現理想之活動。「道德自我」存在價值雖高,但它無法離開它價值較低之自然生命,而「自然生命」也不得不依賴比它價值更低之物質身體。人活在於感性世界裏,為物慾所牽引拉扯,容易陷溺於名利權力之追求中而犯罪為惡,成「現實自我」。但唐先生認為,此種種惡行終究是虛妄的、不真實的,更是無常的。人必有其生存更高之目的,唐先生說:「人生之目的,唯在作你所認為該作者,這是指導你生活之最高原

理」（《道德自我之建立》）。這是「義之當為而為」，是當下「道德自我」所自定自主之活動。這活動與「因要作什麼而作什麼」不同。「義之當為而為」的價值就在其自身，「是一自覺之活動，你自覺此時自定之命令，你自覺可作可不作，自覺你能作你所該作，自覺你所以認為該作之理由」（《道德自我之建立》）。這可見於孟子以下所說：

「所以謂人皆有不忍人之心者，今人乍見孺子將入於井，皆有怵惕惻隱之心——非所以內交於孺子之父母也，非所以要譽於鄉黨朋友也，而惡其聲而然也。」（《孟子·公孫丑上·6》）

但常人於現實生活、自然生命裏，往往以「因要作什麼而作什麼」作為人生目的，這順從流俗社會之規範而作之行徑，唐先生直斥為虛妄。他說：人須「立乎其大」來豐富廣大日後之生命形式以去人生之虛妄。在現實世間裏，我們往往有生活之目標，並相信此目標於日後會帶給我們更豐富廣大之生活。但唐先生說，這「相信」只是盲目的信仰，是我「自然生命」向前開拓之衝動所致，例如要日後生活安定美好，便須努力奮鬥，以完成個人之目標。唐先生說，我們在俗情世間中所設定之目標，人生之種種活動，於是隨時間步步拓展，向前走去，毋須涵蘊道德意義，一切只是滿足個人要成就功業之私念。但道德活動，卻實現於當下，念念自覺，刻刻反省，「做你所當做的」。這當下之自覺，毋須先定目標，亦不能為將來先定目標，因為我們的未來，一切仍未經驗，況且世事難料，難以掌

握，所以實際上不入我們意料必然之中，或呈現在我們道德自覺裏，一切只順應流俗社會之價值觀，來建立我們廣大豐富的生活而已。但唐先生說，這是一種虛妄，因為這是順應外在環境之規範，已不期然地將你絕對之自由解革了，將你的「道德意識」遮撥起來，不能夠有「感該作而作」之「義之當為而為」之活動了，而真正之人生目標也沒有了。唐先生於《道德之自我建立》篇總結說：「作你所該作的，這就是人生目的之討論之最後一句話。加增這一句話之認識，反復把這一句話，用之於你自己之生活上，就是你生活之唯一最高指導原理，只要你反省，你有許多認為該作而未作的，呈現於你自己之前，問題只在你去作，你不須再問什麼是你該作的。」

2.3 要「義之當為而為」，須「先立乎其大」

在現實環境裏，人更往往在情思物慾之推動下，為求目的，不擇手段，甚至為惡。唐先生說，人之所以為惡，是因其外在偶然性之因素所造成的，惡行並不能去掉自我本有的「道德自我」的自覺，它只是為「現實自我」（氣質生命）所蒙蔽，因此不能發揮其主宰的作用。正因為這樣，惡人卻可以在一剎那之「自覺」中有改過自新的意識。人的行善避惡，完全就是人「道德自我」之顯露；也亦因為人性這種傾向，而使人能夠超越自己的每一現狀，更能不斷地超升，不斷地完美自身，精神生命亦由此而建立，生命之圓滿亦由此而完成。

唐先生在《人生之體驗續篇》裏肯定人可以從「流俗世間」

中超拔出來之可能，俾以「轉化人生之上達……，以歸於人生正道」。此所謂「人生之上達」，要在對已成之現實人生，不斷求超升。而此超升，對外而言，亦即將自己之人生，由平日所周旋應對之流俗社會中超拔出來，上達於「真實世界」（道德世界），而有「真實之人生」。但要上達「真實世界」，步步艱難，這是宇宙人生一件無可奈何之事。唐先生說，儒家對此形氣生命之情思物慾未有多作分解，只視其為非天理之自然，故其着力點不在一一加以拔除，而在正面疏導，要「道德自我」之光明顯露出來，由此，「自然生命」之種種人欲自會趨於銷解。遠在先秦階段，孟子就明顯地重視存養的功夫。所謂「存其心，養其性」，與後世宋明講的「存天理，去人欲」的意旨相通，是一句道德修養上的說話。在《孟子》一書裏，公都子問曰：「鈞是人也，或從其大體，或從其小體，何也？」孟子答曰：「耳目之官不思（感官沒有道德自覺之能力），而蔽於物（受外物之蒙蔽）；物交物，則引（感官與外物相互接觸而使「精神生命」拉扯向下陷溺於情慾中）之而已矣。心（「心」於此處可指精神生命）之官則思（能自我反省），思則得之（從自我反省中則見仁義禮智之端皆在我），不思則不得也（不作自我反省則難有所見）。此天之所與我者（《中庸》云：「天命之謂性，率性之謂道」）。先立乎其大者（先立定那自我道德本心），則其小者不能奪也（那小體的耳目之類就不能奪移心志了）。此為大人而已矣。」（《孟子·告子上·15》）孟子有大人與小人之別，但大家都同具這靈昭不昧的仁

心本然之性，而其昭靈不昧是自然而然的，是自明的，故《大學》稱之為「明德」。世間流為小人者，皆因其「視、聽、言、動」完全順着私欲而表現（孔子說：非禮勿視，非禮勿聽，非禮勿言，非禮勿動），使其靈昭不昧之性不能時時顯現，所以道德之踐行，首要「立乎其大者」，即是恢復先天本然的仁心善性，即唐先生所言要「道德自我之光明顯露出來」。所以孟子言「存心養性，擴充四端」，亦只是開發此道德之源。存得此心，則明得此理，於是隨事而措宜。當惻隱羞惡，自然能惻隱羞惡，能好其善而惡其惡，是其是而非其非。這關鍵在於會否能真明其本心，是否真能「立乎其大者」。本心不明，大體不立，則不知何時當惻隱，何時當羞惡，也不知何者為善，何者為是，又如何能好善以成其善？所以，當生命陷入昏昧，人之「道德自我（即大體）」便容易被外物所牽引，而無法興起「仁義禮智」之道德情操（孟子以「四端之心」闡釋此「精神生命」），這就是「本心」受到了遮撥而不見彰顯，不能夠「義之當為而為」了。由此，生命被物慾所支配主宰，不能有道德之明覺。但一刻之自覺，「本心」便顯揚出來。故「先立乎其大者」之「立」者，就是指後天的功夫以保存其靈明不昧，是孟子之「求放心」，《中庸》之「慎獨」，程明道之「識仁」，胡五峰之「識仁之體」，陸象山之「復本心」，唐先生之「一念之自覺」。

在中國，有「立德、立功、立言三不朽」之說。然「立功、

立言」須有際遇、條件，或隨順「現實世界」之規格而得。只有「立德」，不為條件際遇所限，所限者乃自己能否「先立乎其大」，率「自我道德理性」而行。然而此「性」皆內在於我中，人人均可順之而行並呈現於道德行為上，故每一個人均可「立德」，不需俯仰於「現實世界」之價值中。我立德與否，不在上帝，不在他人，乃在於己。 堯舜之道德人格，為人人所企望。此道德生命之完成，是堯舜自己所成、所得者，但亦為人人所能完成。此所謂「人人皆可為堯舜」，即你我均可「言堯之言，行堯之行，斯亦堯而矣」這與西方之宗教道德觀不同，他律精神有異。

基督教之耶穌為救贖世人，犧牲自己上十字架，此道德人格可為我們所企望，但不為我們所企及，我們均不能成為耶穌，不能上同於上帝，只能成為他的信徒，這與中國人主張之「自覺精神活動求實現理想於客觀環境及自我生命中」有極大之歧異處。唐先生整個道德哲學觀是基於這種內在於人生命中本有的道德理念，即是人之「道德自我」。而這「道德自我」相應於孟子所言之「存心」，一切仁、義、禮、智均由它而出，非由外鑠我也。所以「以仁存心，以禮存心」就是「義之當為而為」，是道德品格之完成，出於「先立乎其大」，自我「精神生命」之上提，「道德自我」之開顯。

第二篇

「心靈」的價值、
意義、方向及本質

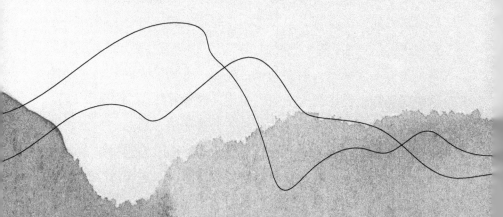

第一章
「心靈」在生活中所表現之價值及意義

　　唐先生在《人生之體驗》及《人生之體驗續篇》二書中，用「心靈」以昭顯「道德自我」之精神，指出它實源於人之道德意識。在現實之生活中體驗價值，以自強不息之精神去掃除人生上達之障礙及實現自我之價值。在《自我道德之建立》一書裏，用上了「心本體」一詞，其實二者意義無異。

1.「心靈」之自性須於現實生活裏見

　　人有純粹思辨之「能覺」，人在此「能覺」中看世界，往往限制於自我思想之「自覺力」裏，即是：限制自己於反思「心靈」之境中，縱使有烏托邦、極理想人物國度之見，但這畢竟是超離世間，與現實人生脫離，沒有了真實的自己。所以，唐先生說，人不應限制於純思之「自覺」、「反省」裏，只內見真、善、美價值之意義，須從偏狹之純思「自覺」中走出來，真實地走進客觀世界中去。這除了肯定客觀世界之存在外，更應從中發現自己真實之人生，「使自己心靈光輝，在自己生命之流本身照映，以求發現人生真理」，破除有限之自己，在客觀世界中「自強不息的體驗各種之價值，豐富生活之內容，開闢自己之理想」（《人生之體驗》）。

1.1 於生活中見精神價值

　　唐先生說，人生的一切努力在實現種種價值。而人必須以此價值觀念，支配及豐富自己之生活。所謂價值觀念，就是能夠在全部生活中，可以引發自己精神向上之力量，例如從簡單之飲食男女，到名譽權位財富，皆涵蘊價值於其中。人須依飲食物質以維持生命作為資具，目的是為了實現人生更高級之價值，如成就科技，建設文明社會，造福人類。此外，男女愛慾，不純是求生理上之滿足，其中涵蘊了生命間真情實感之互感互通，心靈相映，相濡以沫以見愛之真諦。同時，生活裏離不開求名要譽，為求他人對自己之功業與人格作出肯定，並能存於他人心中，這裏激勵出人自勉自勵，以「君子自強不息」之精神自求進步，體現出積極不懈，奮勇無息之生命價值。當人進一步使其價值理想置於天地間要他人奉行時，人就要權力之賦予，方可事半功倍。由此，政治活動出現了，亦體現了自由民主之精神。假若人人將此價值理想以大公精神彰顯，便形成了國民公共之意志，這成為了政府組織之使命，亦是政治家所應實現之「民阜物豐，國泰民安」之價值理想。於社會經濟發展上，亦蘊含了一公平價值標準，人人均有平等生存與享受之權利，不能以少數人盡攬物質之享樂而不顧大多數人忍受生活上之匱乏。這一切價值理想均出於人之道德意識，乃由人之「心靈」而來。

1.2 見「心靈」之善善惡惡

唐先生說，人生價值見於我們最平實之人生中，在最簡單之日常生活裏，甚至在人間一切罪惡事物中。在生活裏，人與人之間往往冷酷殘害相對，但仍遮掩不了人間有情有愛，善行不斷。人心中善善惡惡，當善以其身為善，善本身已肯定了它自己；惡亦以其自身為惡而否定了自己，遂而間接地體現了善。由此見愛與善是人生最高之價值體驗，亦是人生寄託之所。所以當悲見世界充滿罪惡時，但同時亦喜見它在步步改善變好中；一若我們在犯罪行錯之當兒興發「一念之自覺」，即時自感慚愧悔咎一樣。假若相信我們能夠從罪惡中翻轉過來，我們亦應對人間美善抱有希望。這誠敬懇切之冀望同時包含了寬恕之道德價值，因為人之所以犯罪行惡，通常出於人後天習性或教育不及所致。故此，我們應以最虔敬之態度寬宥他們，因為人之本心本性是美善的，是可以從罪錯中恢復過來。再者，寬恕乃出於人本有善善惡惡之心，其根本處要使犯罪行錯之人自覺其所行之過錯而感愧咎並遷善過來。因為惡惡亦出於人好善之心，所以人永不會為惡而惡，因為這樣會投射出怨恨，而怨恨產生抗拒爭鬥，與本身善之「心靈」有違。

這善善惡惡就是絕對美善之表現。當我們對良師益友心悅誠服；對歷史上之聖賢豪傑俯首讚歎；對完美之神俯臨娑婆世間拯救群生而對之膜拜禮贊時，往往就在這善善中，無盡之感恩裏，發出無窮之願力，要以這美善本身為歸宿。當這信念

至誠至懇時，人發覺有限之人生應不復困圍於有限之自然生命裏，須超離有限之氣質生命，投入於無限之美善中而變得無限，人生由此方得圓滿。人遂發現自己之存在有無窮之價值意義，而此價值復使人生安住於此。孔子說「仁」直指「心安」時，是說明「心安」者乃「心靈」貞定於自我美善之本性中。這是「心靈」自我價值之彰顯，其中見真情實感，真意流露，人間見真愛，生活見真情。

1.3 見情之交流感通，上通古今，外通萬物

人在家庭、社會生活中，發覺自心與他心於本性上渴求相互了解，但同時亦察覺人與人之間有不可契合之情懷。故此，與世隔絕，會使人有強烈之疏離感，而這疏離感往往引發了生命之悽愴與孤獨。人於是要在群體中求同情共感。在家庭中，父母、兄弟、姊妹大家之生命原為一體，大家能相濡以沫，這惺惺相惜帶着「關懷同情」，沒有隔閡。但當離開家庭，初走入社會時，在陌生之人群中，鮮有契默了解之心，彼此遂有着疏離之感受。所以「心靈」很自然地要打通自我於家庭以外之世界及人群中自感疏離及孤獨之悽愴，由此「心靈」渴求與異性「心心相印」之愛情，這「心有靈犀一點通」之愛情滿足，補償了「心靈」暫別家庭倫理之關愛後，摒除了在陌生之人群中之孤獨感。此外，在事業上與人合作，大家彼此可以交心互通，而這「心靈」與「心靈」無間之契合組合了群體，匯合了上進之精神，成就了事業。因為當人與人之間在共同事業中，

我心與他心能夠聯成一體，發覺生命相通無間。這「共感」之情，打破了彼此之隔閡，感受了「心靈」相通相感之愉悅。這生命之開顯，同時滌除了人與人私心之阻隔。於此，「心靈」顯發了「同情共感」，使他人之苦樂憂喜成了自家之苦樂憂喜。自此，人與人相互間有了體貼、安慰、扶持、愛。在其中，心心相通，大家連結為一，不分彼此。

在哀樂人生中，面對生離死別之際，生命在愛中曾融會為一體而現今遭撕裂時，情何以堪！但在這離別的憶念中，當知自然生命之「生老病死」是人生之無可奈何。但離別後之重會，卻往往涵蘊着更豐富、更深厚之情思愛意。面對死別者，縱在茫茫天地中音容渺然不見，但款款深情卻可將生者與逝者明幽牽繫起來，陰陽相見宛如歷歷在目，叮嚀之語猶縈迴在耳。生者在追思中，往往對逝者有無窮之悔咎，對逝去者總覺有負所託而難過懺悔。這不正是情之彰顯，「心靈」愛善之流露？

唐先生所言之「心靈」，是他道德哲學上最根底處，亦是所有價值之根源處。當人真能去掉私欲私利，將心敞開，便能展現人間至高之道德情懷——愛與關懷，如家庭中倫理之愛：父慈子孝，夫和婦順，兄友弟恭，在外朋友有信等。當人將此愛與關懷擴大，便能愛民族，愛人類，愛一切生命，愛遂彌綸宇宙天地中了。

唐先生的「三書」之價值思想都是以「心靈」作為核心而建構起來的。他在《人生之體驗》一書中，從反觀自我之「心

靈」中，了解到認識到它如何在感通中逐步開展自己，以通於外在之宇宙世界，指出在現實生活中，它有其自覺性，可貫通內外，將自我擴大，及於宇宙，使內外和諧，相互滲和合一，使生命成一價值總體之顯現。

1.4 見崇高之道德感

當處在歷史世界之流裏，見偉大人格之相繼出現，文化創造無有止息時，人對未來圓滿人格之再世以及文化之創造，往往寄以一種無窮的希望和讚歎。就在這希望和讚歎中，人將其感通之情，熱愛文化理想與敬愛人格之心，伸展至無窮。在感觸此道德「心靈」可以伸展至無窮時，同時亦覺得一切價值理想之追求亦無盡無止，在價值理想中處處涵蘊着「真、善、美」。到最後，更發現這「真、善、美」，原在自己「心」中，它們均是自己「心靈」之德，只要不離其虛明清淨，自我人格可以絕對圓滿自足，無待於外。這即是孔子所言之「仁」，孟子所言之「存心」，而唐先生則稱它為「心靈」或「心之本體」，是一切美善道德之源，所以人生本身根本就是美善的。

唐先生說：當我們對自我「心靈」之「真、善、美」作一肯定，並投以一絕對之信仰時，則直感宇宙世界、現實人生均涵蘊覆蓋於「真、善、美」中，於此直覺到有限之世界都滲入於無限裏，一切之有限，由此均有所補足了。但另一方面，現實世界之悲劇感卻真實地顯現於眼前，其中見人間之罪惡錯誤、缺憾與不完全。於此，「心靈」對人間眼前一切之不完美

自會生出一種悲憐傷憫之感。在這悲憫之情懷中，人一方面看到世間無盡的悲情，但另一方面卻透過對自心「真、善、美」之絕對信仰，肯定絕對之樂觀情懷。在這種樂觀與悲憫之交織滲融中，我們自會發心要挽救人世間之一切罪惡錯誤。而這興發之情，就把「神」之工作挑在自己之肩上，要化除人間一切有限與不完全，拯救我所犯的一切罪惡錯誤，及一切有限與不完全，於此成就了我們最偉大最莊嚴之道德努力，亦是我們人生最神聖之工作。當我將這內心之「神」與其高崇之價值理想，以真情實感與他人映照感通，密密相連時，則鑄成了「不忍人之心」，造就了「仁」心，實現了人至高之價值理想，這就是「盡性，成己」（《人生之體驗》），人由此在生活中見崇高之道德感，並體現了「心靈」之道德精神價值。

人須培養此崇高的道德精神價值，方可證知宇宙中生命與生命之間的虔敬與同情及關愛，體現「真、善、美」之價值，由此開闢人類理想之生活，合理之社會組織。這一切當賴人之盡其自心之本性，將自身「心靈」之「真、善、美」價值意義徹盡出來，這就是道德自我之建立。

1.5「心靈」之真愛體現於人間

「愛」是「心靈」大覺之本，是與一切生命相連之繫帶，是無間之感通，牽引着一種對一切生命之無盡關懷與虔敬之情。唐先生說人當培養充拓此惻然至「仁」之本然之性，便體現了「善」，若以此去求「真」與「美」，才能使「真理」不

復只是抽象的公式，冰冷抽象的思維推理；「美」不復為感性之沉溺。從惻惻然的「仁」出發，方可使「真」與「美」之境界落實於世間中，為眾生置一安身立命之所。

　　唐先生說，人有「仁」，所以有愛，所以能愛家、國、天下及一切人；對於禽獸，均會欲其生不忍見其死；對於草木山川，均付諸以情；見宇宙萬物於生生不已中而有缺憾時，則起讚天地化育之心，補自然之不足，而與天地參。再者，仁義並出，人於義極時則會犧牲生命以見其氣節。由此，人於自然生命上，確有一超然之精神價值、精神生命。人常以「愛」帶着虔敬，膜拜他人之崇高理想以及他人尊貴之人格，當他人之人格有高於自己者，指引自己之人格向上時，心即對之崇仰讚歎，感激無盡。可以說，這是「心靈」之提升，向理想之趨赴，人之道德感由此而顯發。因為目睹過去許多偉大之人格及精神生命，他們精進自強，如孔子在杏壇設教，揖讓雍容；耶穌為拯救世人，最後被橫釘十字架上，他們至死不渝地奮力開闢他們的理想世界及價值世界，其高貴生命，偉大人格，要人超越古今，湧身千古上去禮敬他們。他們是「善」的全幅徹露，是「真」與「美」之本體。就在我們禮敬之中，「心靈」亦隨之超昇，要跟隨之、效之、成之。這顯示人之所以能夠在自然的天地萬物上，建立一人文世界之根據，見其無盡的莊嚴、神聖、與偉大。

1.6「心靈」之真善美見人間一切罪惡錯誤是消極的存在

唐先生說，我們的「心靈」會對「真、善、美」有無限崇敬之感。斯時，回頭但見人活在一悲劇世界中，其中充塞着罪惡錯誤、有限與不完全，因而會生起悲憫之情懷。但另一方面，我們既相信我們之「心靈」既真實恆一且至美至善，終會覺得時空之限制，物質與形軀之不完全，現實世界中之罪惡錯誤，生活上衝突與矛盾等皆非真實，只是虛幻之現象，一切人間之苦惡錯將終為「心靈」所否定，而終歸宿於「真、善、美」中，因為「一切罪惡，都是待滌洗的；一切錯誤，都是待糾正的；一切有限，是待破除的；一切不完全，是待補足的」（《人生之體驗》）。

我們往往將「世界之苦與難」與「我心之要否定他們之心願」合觀並長住於苦惡錯之思想中，並對世界各處充滿罪惡、苦痛及錯誤而生起悲觀之想。但唐先生指出，我們對世界之悲觀是可以泯除的，只要我們對世界之苦惡錯，從「心靈」本然之「真、善、美」處出發，以「仁義行」不斷的否定它，則可以見它之虛幻不實。所以，要泯除對世界之悲觀感，必須從自我「心靈」之真實處出發，去「改造我在世界之行為」，以仁義禮智去感染改造之。再者，「心靈」之「不忍人之心」及「不安之情」，以同情共感體現了關懷與愛。由此，人以這悲憫之心於當下即可否定苦惡錯，將世間變為真善樂之場所，對人生悲觀消極之態度亦可以去除了。我們的世界，也因此成為一個

真情實意，以愛交感互通的美境，即是：當我們藉德行不斷去除世界之苦惡錯而實現真善樂時，當下之世界就是真善樂實現之境地，當下之生活充盈着真善樂。由此，原本令人悲觀的世界，不復再有令人悲觀；原本令人悲觀之生活，則變成樂觀並涵有希望了。

再說，現實生活之苦惡錯之能夠被泯除，正因為無限之「心靈」能夠破除有限之「身」而來。於此，唐先生說：「無限之所以是無限，即在它之破除有限。它必有限可破，然後成其無限。於是……善之所以為善，即在它之惡惡，真之所以為真，即在它之非錯，樂之所以是樂，即在它之苦苦，正面之所以是正面，即在它之反反面。正必有可反，而後成其為正，所以正不離反。正不離反，不是因反中有正，卻是因反中無正，所以反反乃歸正。反與正必同時存在，他們是相對。然而正又反反，所以相對者永歸回絕對，只有正是絕對」（《道德自我之建立》）。由此，唐先生說：「我們是不必希望有一無苦惡錯存在之世界。」（《道德自我之建立》）因為「心靈」之真善樂，已涵具了它之反面——苦惡錯。亦正因為有苦惡錯，所以方能證成其為真樂善。所以一切苦惡錯均可視為「心靈」真善樂之前導，只要我們將「苦惡錯永遠繼續生出之歷程」與「真善樂永遠表現之歷程」二者合而觀之，則前者永為後者所否定。由此，苦惡錯根本永遠被否定，而見其非真實性，人生終歸是真善樂表現之場所。

2.「心靈」在生活中對價值之體悟

我們日常之生活交織於平常不過之實際需要、事務及際遇中，其中包括了飲食男女、名譽權位、政治經濟等。但當我們從「心靈」處觀生活上必需之事物時，則發覺生活上一切乃價值理想表現之領域。換言之，一切人生事業，均依我們價值理想而實現，而這一切皆出於「心靈」美善之本身。

2.1 飲食及物質之需要

在日常生活中，我們有崇高之價值理想。但問題是：我們亦具感性氣質之形軀，它經常是人實踐及成就價值理想之障礙，由此是否要學道家莊子之「墮肢體，離形去智」，方可成就自我的價值理想生命境界？孟子於此說：「形色，天性也。惟聖人然後可以踐形。」（《孟子・盡心上》）孟子是說，人要好好善用五官機能，善用飲食，保養好身體，將形軀成為實現更高價值理想之發竅處或資具。所以唐先生說，飲食可以使我存形保體，故所謂罪惡，只是縱飲食之慾而將心靈之價值理想遮撥起來，「飲食本身不是罪惡，罪惡只產生於為低級價值之實現，而淹沒我們高級價值的努力的時候。縱飲食之慾，才是罪惡。」（《人生之體驗》）

基本上說，人為了實現其精神價值，所以不能不需要相當的物質條件以壯身軀。由此，物質是伸延及實現精神價值不可或缺的條件。但是，物質之濫用及匱乏可視為罪惡，足以淹沒

及阻滯人之精神發展。所以，社會經濟需要公平發展分配，使社會上各人在衣食足之情形下發展其精神價值。

2.2 男女之愛

飲食男女，人之大欲存焉。但男女之愛，不應限制於兩性於容色上之慕悅，肉體上及傳宗接代之需要上。要知道男女之愛，涵蘊了兩個「心靈」之滲和融合，目的要達至一種內在之和諧。這兩性之內在和諧，在宇宙中可延綿無盡，這體現於男女相愛而結婚而生育孩子。其子女繼後生育後代，由此子孫相繼不斷，在宇宙中成就了一無窮的和諧系統。唐先生說：「和諧是宇宙之一種美」（《人生之體驗》）。所以，男女之愛情，是兩性「心靈」體現心心相映相照而求和諧之價值，實現了宇宙美之價值。唐先生亦說：「婚姻之要求，乃依於男女之愛要求而永遠繼續，互相構造，而且日趨於深遠，以實現兩人格間最高度和諧」（《人生之體驗》）。所以婚姻制度不是限制，而是貞定男女兩性之關係，使「心靈」相互滲透融和，這是和諧價值自身要求絕對之延續。

唐先生說，人可從婚姻之和諧中超升而尋求其他方向之和諧價值，如民族之和諧、人類之和諧，或其他更高之價值，如文化價值等。所以人獨身而處乃可有其圓滿之人生，因為他將古哲文人思想學說承先啟後，融合於一大價值之系統內。在宗教裏，神父、修女或法師們可在「心靈」上與信仰之絕對價值互相滲和融合而達至一內在之和諧，由此何須待人間伴侶？人

雖在終身孤獨中，仍然可以獲得滿足與安慰。

2.3 名譽心與權位

人要求他人尊敬自己，原初是覺得自己有其可尊可敬之人格，更於內心裏，要求本身之人格價值能表現於他人之心裏並普遍化。但在名譽心之染污下，為要得到他人之認同，人往往改變自己原有之價值觀念，不惜遷就價值更低之事，如奉迎俗世之要求博取讚譽，甚至藉施恩惠於他人而抬舉自己，沽名釣譽。由此，自己之人格價值喪失，求人尊敬之本旨亦不存在，出現了求名譽心甚至犯罪行惡，藉此追求權位聲譽，以私心要人奉行自己認為有價值之意旨等。最後，當人於政治上奪取權力後，要所做之一切見譽於他人，把政治活動視作爭取多數人的順從。這就根本忘記了權位是要人認識自我價值之伸張，一方面有利於世俗人心，另一方面使他人見而效之，或與他人之價值理想相互滲融，成一大和諧，締結成有系統之政治組織，實現「心靈」之要求，趨赴更高之價值理想。

2.4 人於生活中以善善惡惡來實現價值

人活在現實生活裏，往往發現罪惡彌綸天壤間，但人須在罪惡之現實世間裏去看出生活之價值，從而發現美善。凡是善美之事都是「對」的、「應做」的，如敬父母以孝，待子女以慈，對朋友以忠。唐先生認為這「對」及「應做」之觀念，人皆有之。所以我們自性中有「善善惡惡」之感應，覺得做對了，

做了應做的事而欣喜。對偶然犯惡，會覺得不對並感到羞愧。這「善善惡惡」之「心靈自覺」，使人改過遷善，取好捨壞。人見犯惡者，有「惡惡」之情，更會覺得善之未達而起悲憫之情而善待之，不會為「惡惡」而「惡惡」。這是基於人美善之自性。這自性是自我「心靈」本有之道德意識，自覺只要人人盡其自性，將「善善」之心擴大，人間地獄即可變天堂樂土了。

　　人在「善善」中，會對他人謙恭禮敬，因為人之「善善」，使人有着一種強烈的信仰，相信他人亦有此「善善」之心，或此心已實現於他人之人格裏而為我所不及，縱使今天他人人格低微，或犯罪行惡，當知道這一切乃外在因素所致，所以除了對他起一種憐憫寬宥之心外，更深信他人會改過遷善，實現善之可能。這對人之信任，是來自自身愛善美之心，並體驗到這是人人共有之本性。所以在感到自我尊貴之一刻時，同時亦覺他人亦秉有高貴之人格價值，即是每個人都是價值之實現者，均可以通向無盡之美善，及無盡之價值理想。所以我們對他人會謙恭禮敬有加，更會盡力幫助他人實現其無盡之美善及價值理想，以完成其人格。這意義盡見於教育之過程中。在學校，老師看出每一個兒童，都有完成其最高人格發展之可能，但同時兒童也有向壞之趨向，所以老師們須懷着悲憫之愛心，戰戰兢兢，沒有一息之鬆懈，步步將兒童美善之人格導引出來。故此，在日常生活中，與他人見面握手行禮，我們就是要向此種向善之可能表達一種謙恭禮敬，對美善作出肯定之態度，這不

能僅視作社會上之習俗，或禮貌之表達，而是向人美善之本性作出禮敬，亦是引發自己向上追求理想之動力。

3.「心靈」之交感相應

3.1　同情共感顯示了愛的真義

我之善善惡惡，不滿殘暴不仁之現實世界，均自發於這「超越現實之自我」之「心靈」。它至善之本質，表現為仁愛，發用出種種道德行為。在現實世界裏，「心靈」不單見於我之表現中，亦見於他人之表現中。於此，在道德行為中，我們了解到在我中，在他人中，均有一超越之「心靈」在表現着。在道德行為裏，使我之「心靈」能夠與他人之「心靈」相攝相融，遂肯定了「他人的心之本體存在，即由我所置定，他人之心之本體，不外於我心之本體」。

人之能互相關愛，全因「心靈」具交感相通之性質所致。這感通之情，就是孔子所說之「仁」，孟子所說之「惻隱之心」，是世俗人間所言之「愛」。唐先生說：「愛破除了人與人間之距離，破除人與人間各自之自我障壁，使彼此生命之流交互滲透，而各自擴大其生命。」（《人生之體驗》）當父子間「彼此生命之流交互滲透」，大家有了同情共感時，則成了孝慈，而人倫間之孝、悌、忠、信、禮、義、廉、恥亦由此而來。天下間人與人心心相映，可以泯除相互間之隔膜，增進了解，釋出關懷，毋須借助語言為媒介。世間上男女間之愛，透過默

默含情之對望，更勝千言萬語，因為雙方均已「心有靈犀一點通」，其中已含蘊着無盡愛意。

這同情共感之「愛」包含了一切人間溫暖，真情實感。其中最真摯有力的見於父母對子女的愛，最諄懇可貴的子女對父母之愛，最深長雋永的兄弟姊妹之愛，最細密曲折的夫婦之愛，最複雜豐富的朋友之愛。於愛中，感受最傷痛難忍的是生離死別，這是情之失落，愛之捨離。但生離仍有可見之一日，離別愈久，情愛更深，但死別卻叫人撕心裂肺，因為再會無期。在再會無期中，面對茫茫天地，音容渺渺，同時帶着對死者生前未盡關懷及責任未完之深咎。由此反省，人自會對尚在之親人，甚至家國，表現出更深切的關愛，更要盡人生應盡之責任。唐先生說：「這時是你道德的自我開始真正呈露的時候。」（《人生之體驗》）這時，愛不單惠及家人，更可以擴大至家庭以外之社會、民族，及天下一切人類，在生的或已辭世的。對辭世者，包括親朋戚友，或歷史上之聖賢豪傑，均同時為我們膜拜禮敬讚歎學習之對象，所以我們表稱孔子為萬世師表，因為他自身透顯出愛之本質，折服於其所創造之仁愛之文化，並從其價值文化中，看出生命價值理想來，更以此來充實自己之生命，牽引出自己之生命價值理想。

3.2「心靈」理想價值之實現

唐先生說，當將愛擴張由近親之人至家國天下，再至無邊無疆時，即見愛彌綸宇宙天地了。由此見愛本身之絕對性及

純粹性，不滲和些微「氣質生命」之雜氣與習性，它無私無盡無礙及真實地反映了愛之本質，體悟到愛是天心，是宇宙心，是愛的自身。唐先生說：由此「心靈」已從感性生命所感受到的人倫之愛、人物之愛超升至更高一層，變成宇宙之愛，其至大至深可以使自我為之犧牲。在這裏我們見耶穌上十字架，釋迦出世求「道」之精神了。唐先生說，對這種至崇高之愛，我們會讚歎崇敬稽首禮拜，甚至伏地感激流涕。所以我們崇拜上帝，禮拜佛陀，視他們為愛的本身，具備了至高價值之人格。人於是拜服於上帝或佛陀面前，體悟到無限與完全及至真、至善、至美之境界。當有限有缺憾之我住於無限之美善時，人不復再有限及有缺憾了，因為他已體會了完全及無限了。人之「心靈」超升至此，已完全超越俗情世間、情慾自我及有限缺憾之人生，而人生所趨求之理想價值亦實現出來了。

第二章
「心靈」確立自我生命之取向及價值

1.「心靈」具內省自覺理性之能力，並以此建立自我生命之價值

　　唐先生說：人生之智慧不在外求，而是從生命中反省自我「心靈」而見，像綠野上之牛，在靜靜之反芻中，細嚼出宇宙人生的意義來。人在這「心靈」光輝裏，映照出自己之生命來，由此而發現人生之真理；更從內心之寧靜中，能夠在社會之繁囂裏超脫俗情之擺佈，確立自我信仰之方向，開闢自我之理想，豐富自我生活之內容，並在生活中，體會各種價值和意義。就以心物相滲和為例，「心靈」可以將物質性之宇宙作為對象而加以研發，成就科學，按自己之理想，重塑宇宙。這裏看到「心靈」的慧力，要賦予宇宙世界新的意義，拓展人類文明之雄心。它驅使了區區兩手，據宇宙於懷抱中，要人類活得更方便，更精彩，更美好。物質世界之聲色影音，亦可藉藝術家之手，成為精神之工具，渲染精神之色彩，穿破物質之障礙，具體地將精神之價值理想表現出來，如將簡單的七音，組織成聲潮澎湃之音樂；單純的五色，變成光影互滲之圖畫；樸素之沙石，堆積成高聳雲霄，矗立於大地之建築。

　　「心靈」在寧靜中，能清晰內省，見自己之思緒有其安定

之處。由此，「心靈」在默默生息，精神在充實自己。由此見在孤燈獨影下能與古為友，與天地為朋，與無窮相接；在凝視事物時，更能於平凡事物中，認識其深遠之意義。

「心靈」愛真理。但要體會真理，它須要澡雪清靜，因寧靜方可致遠。它認識到真理不是冰冷的思辨能力所可以觸及，需滲融於溫潤之生活中，方可得其真實。真理當套入機械之邏輯系統裏，但在推理枷板之緊鎖下，往往失其意義。它反而在孤言獨句中，與其他「心靈」相互輝映，各自成一真理中心，大家在層層映照下，滲貫無窮，相互融攝而為一。我們可以在東西方哲人於各自追求之真理中，對不同之美善有所慧見，提出了理想之生活。例如在東方有佛陀、中國有孔孟、老子，西方有耶穌。這些哲人自覺到自身之「心靈」裏見宇宙人生之真理。他們對此縱使有不一之體會，但對人生有所洞見，並提出了不同的人生價值路向。以中國道家而言，他認為萬物存在之最後依據，是「無」。在「無」中，見無窮之虛空，曠達無垠，由此見人間一切大小、貴賤、夭壽、窮通、得失之相對界限均可消解於此無邊際之渺渺虛空中，而入於無始無終之領域裏，見萬物如一。人在世俗中所堅執的價值，或以為矛盾不相容的看法，都可相融而化解，而不執於一偏之見，成心之困而逍遙自在。佛見人間苦痛重重，叫人以「緣起論」如實觀宇宙人生，悟出「諸法無我，諸行無常」，而開出一條教人如何脫離苦海之「道」。這「道」就是叫人破「法、我二執」，破除生命中

之「妄執」而見宇宙生命之本然——「緣起性空」，由此去除我貪、我瞋、我癡、我慢。儒家不視世間為「法界緣起」，但見萬法俱現眼前，既真且實。佛以「空觀」蕩除世人由妄知而來的執著，以破執而見「真如本體」之「空」性。但儒家認為人在塵網中，劫數可能無盡，苦海可能無邊，但人在苦難中經過奮鬥，可將生命之莊嚴與可貴昭顯出來。生命正面之昭顯，同時正見萬物之「本體」，但這「心靈」非「空性」，而是紊亂罪惡人生中的一點靈光，它是「仁」，在外在客觀之宇宙來說，它是生生之德，使宇宙生生不息，是天地之「道德心」之顯現；在內在主觀之人來說，是人心、人性美善之本源。道家之「心靈」要我們不落入計謀計算、奸詐狡猾之窠臼，跳出窮通夭壽、是非得失之桎梏，在生活上「無為而為，自然而然，逍遙自在」；儒家之「心靈」本性剛正美善，要人率性而行，在生活上「仰不愧於天，俯不詐於人」，堂堂正正屹立於天地間。西方齊克果覺得感性之生活，最後會把人帶到煩悶、憂鬱及絕望中去，因為人之生命於「感性之生命境界」中得不到安頓，在生命之流蕩中產生一種空虛感，感覺生命於得失、有無、成敗、毀譽中被撕裂，對生命有一種「意義失落」之威脅。他要建立一種「神－人」之關係，它超越了感性生命及倫理生命之範疇，是一種熱情的和內在性的信仰。人在這宗教信仰中，可以投入於永恆及無限中，得到真實的自我。當人感覺到在一無所有中，在沉淪及絕望時，憑藉信仰，可以從深淵中躍起，樹立起自己之真實存在，有着一種真實而圓滿之人生。

　　所以，各種學說縱然對「真理」各有不同之表述，所予人者不是知識，而是人生啟示，透露出哲者心靈深處的理境。但他們卻指出生命之方向，要人復返於自己之生命作出探究，追索其存在意義，並對自己之生命作出價值判斷，要自己之生命有一圓滿性。從儒家來說，是要將自己生命美善之性全幅徹盡；從道家來說，是要自己生命復歸虛靜，無為而為，無牽無掛，無累無困；從佛家來說，就是要如實地觀照自己生命之本質，見「緣起性空」。這裏見「心靈」之內省自覺，可從多方面建立自我生命之價值，為生命找出安身立命的依據。

2.「心靈」面對及解決人生之煩惱起落

2.1 失望與煩惱

　　人生不如意事十常八九，若能認清失望之原委，則見一切皆因情慾得不到滿足所至，唐先生說：「失望時，你發覺你所馳逐之物之幻滅」（《人生之體驗》），由此產生煩惱，唐先生說：「你必需戰勝煩惱。煩惱使人生成為黯淡」（《人生之體驗》），解決之辦法是「你只要在當前的事中，找着生命之方向，你必不有煩惱。這方向是可找着的，只要你反觀生命之流，如何瘀積，如何亂流，而加以疏導，他一定會集中於一方的」（《人生之體驗》）。要「疏導」之方法很多，試看道家莊子之「放心」於天地宇宙中，逍遙遊於天下，這不啻是一帖良方妙藥。要達於此，「心靈」須在寧靜安定、虛極靜篤中復歸於「樸」，去掉成心、不執於見，自能遊刃於紛繁之現實社

會中，自由自在、無拘無束、不依賴祈求外在一種超越精神境界。莊子之〈逍遙遊〉正要超脫此人間困累、失望與煩惱，這一種遊於「無何有之鄉，廣漠之野」，是一種超脫之心靈境界，將「心知」之「成見」化除，使「心靈生命」邁入「無待」之境，從而遠離人間之毀譽，超乎榮辱之念。於〈逍遙遊〉裏，莊子指出人可破除人世間之「時與命」及自我「情與欲」之感，使心神澄清，將「有待」轉化到無所依持的境地，使「聲名」、「事功」、「己見」視為虛妄，不以「立功、立名」以累心，而以「無名」、「無功」、「無己」自由地「遊」於天地之外。莊子之學說，於價值人生中，有其獨特處，不與儒家同。莊子認為當「心」至清虛靜穆時，則可蕩除一切「成見」，將「心靈」以「心知神明」自現，能體悟「道」之朗照，不囿於世情，瀟灑脫俗，並能與形骸生命於形色世界中同行並運，對紛繁世事，應付裕如，「緣（順）督（中）以為經（常）」讓無涯的「心知神明」運行於有涯的自然形骸生命中，不見有阻礙，就像循着身背中的督脈運行，適得其中以為常，「無厚入有間」，「遊」於人間世之「間隙」中。由此而可以「保身」，「全生」（保全天性），「養身」（可以涵養精神），「盡年」（《莊子·養生主》）。因為當「心知神明」「遊」於物外時，處物應物，出與人接，無爭其名，而可晦其德。於〈人間世〉裏，說明了「自處之道」在於「無經世之用」中而見「大用」。「心知神明」之至虛斂時，則為「心齋」。若能以「至虛」之「心」應物處事，則無所求，斯時，又有何煩惱？人之有煩惱，由於所

求太多罷了。若對人對事，聽則言，不聽則止，一切無門戶之非入不可，亦無指標之必要完成，任自然而行。以此「喪我」來見物，使「時」與「命」不上心，「情」與「欲」無由起。由此，人可由「成心」之失望煩惱困頓中自覺超拔過來，使萬物如如呈現，不以他人為異己，不以自我為尺度，回到與萬物同一的境界。於此，莊子將偏雜之心靈掃蕩至極虛靈清靜之境，開出之價值人生哲學。

唐先生承認人受「命限」之桎梏，往往無可奈何。但人「知其不可奈何而安之若命」，但將把命「安」於「道義」上，使「命」於困厄中盡從「義之當為而為」，俯仰不負於天地。心正自然德正，德正自然可以昂然企立於天地間，於此對自我人生何有失望落魄之感？這一切是「心靈」在道德意識之提掣下自我超升，這雖與莊子之說有異，但可以超越現實之自我及社會環境之掣肘，而「將心安定下來」（《人生之體驗》），而建立一條自我的道德理想之路。它主要在指出失望與煩惱之起，往往因為眼前之事業或生活有所阻滯窒礙而煩悶鬱躁。在有限之生命裏，萬象之流轉中，對愛慕之執取而落空時，不免落漠，使人之情緒緊鎖於鬱悶中。但「心靈」之開放，可對世間之事事物物，有一適當之取捨，見流轉之事物，「由他來，任他去」，有若風過竹面，一去不留痕迹，則失望煩瑣困擾之事不上心頭了。

2.2 懊悔與悲哀

人往往懊悔自己過去之不是及所犯之過錯。唐先生說,當人承認自己過去所犯之過失時,能在懺悔中於精神上捨掉了自以為是之偏見而作出謙退辭讓,這遷善改過之態度將自己在錯過中超越過來,為自己之人生開闢新的境界,使自己能夠再次傲步前行。唐先生說:「你承認過去之不可挽救,你一方面在精神上似有一種退讓;然而你同時自煩惱中超拔解放,而感另一種精神的勝利。於是你可以開闢新生命於未來。」(《人生之體驗》)

人生中輒見生離死別,不如意之事十常八九,故悲哀無時不已。唐先生說:「要是由此而困窘自己,亦莫能解決!不如把悲哀所流之眼淚,淨化自己之心靈,洗去其他的縈思,看清人生真義,懷着開放的心情來迎接它吧!」故此,當「悲哀來了,你當放開胸懷來迎接它。」(《人生之體驗》)

2.3 苦痛之忍受

在失望與煩惱,懊悔與悲哀中,往往帶着難受之苦痛,它往往鋤挖我們的心,留下慘刻之鋤痕。但唐先生說:「上帝就在你的心田之鋤痕處,灑下他智慧的種子」(《人生之體驗》),要我們在無可奈何之苦痛中播出堅忍,毅力之精神,展示心靈之深度。由此,「苦痛之忍受」有其積極正面之意義了。

2.4 幸福與快樂

開放胸懷，不單使我們放下執著，免除煩惱，更可以淨化「心靈」，滌去妄念繁思，以虛靈面對煩惱之現實世界，入世而出世。這看破紅塵之體驗，自有清淨之快樂與寧靜之幸福生活。這快樂與幸福，不是紅塵滾滾之榮華富貴，功名利祿所能得到；而是無欲無為，虛靜自然，逍遙自在所能享用，是「心靈」之上提，自滿、自足、自我價值完成之飽滿感覺。

這裏見效法道家思想之要道，它要人歸真返璞、無為自然，以「無功、無名、無己、無待」之精神捨掉凡塵俗世之煩擾，去掉功名利祿之操控，而自由自樂於清明天地間，見朗朗乾坤，鬱鬱黃花。人漫浪其中，才了解到「知足者雖貧亦樂，不知足者富亦憂」之真諦，明白到「事能知足心常愜，人到無求品自高」，一種無憂無慮之快樂，這斂退謙讓無爭之智慧，是另一生命境界之展開，薰染着一種恬靜自適、幸福與快樂之生命價值觀。

3.「心靈」在現實生活中自我的確立

唐先生說，生命有其獨特性，自我是獨一無二、不可替代之存在，是一「亙古所未有，萬世之後，所不能再遇」（《人生之體驗》）。由此，人須珍惜其唯一無二之人格及至高無上之價值，並彰顯於曠宇長宙中。

「心靈」須有其最後之歸宿處。人於生活中總有所愛、有

所想、有所要珍惜的東西。同時，對這一切，更希望長存不朽，管它是一件衣服或較之更低微之事物。而對這所愛、所想、所要珍惜的不僅是事物具體的形式，而是為其所包涵之超越的精神價值。例如，一件毛衫，其一針一線蘊藏着亦表露着至親之人之深情厚意，於今衫雖破舊然情意依然。

「心靈」有趨附超越的絕對價值理想之信仰。於此，唐先生說：「因為一切價值，聯繫成一由低至高的層疊，低的價值永遠向上翻抱，而融入更高的價值，信仰就是提升你價值認識由低向高之力量。」（《人生的體驗》）他以工作提出了具體的例子：人活在世間，需要工作，這是實踐其價值理想，亦是實踐自己信仰的去路。工作的價值，不是相對的與人比較，而是絕對的非由自己去實現完成不可之價值本身。於此，人在工作中，開闢了自身之價值及意義，成就了自己，這除了自己之外，無人可以替代的。於此，自己真正的投入了自己之信仰中，而在自我信仰中，確立了自我存在之價值，實現了下列之價值理想：

3.1 不羨妒

人要求充實以確立及成就自己。但是，人於出發點上誤解於功利聲譽要跟他人一樣，擴大自己之所有，享用他人之所得。但人往往在努力下，仍得不到自己所要求時，即起羨妒之心，不知道擴大自己之所有，不等於擴大自己之價值理想。相反，「心靈」於羨妒中會變得更空虛無奈，永遠有所缺失，故

此，人自陷於苦惱之中。由此，人須一方面充實自己，擴充自己，但同時要自己活於價值理想中，方可遠離羨妒之困惑，而自我確立起來，這是「無待」於外、「無依」於境，一切行之所當行，義之當為而為，自見「心靈」於自滿自足中。

3.2 擴大及確立自己之價值理想

人要自己活於價值理想中，必須自強不息，依於無窮之價值境界，投以無盡之努力，鍥而不捨地去實現之、創造之，生活由此才會變得多姿多采，並對生活之意味與價值，有着深刻之體驗。價值充滿於日常生活中，須由我們逐一去探索、發掘，例如在自我人生之拓展裏，人與人相處間，在高尚文化之發展處，甚至卑下醜惡之罪惡事物裏，均可以確立自己之價值存在。這裏，見美善處則肯定之、趨附之，見苦惡錯之負面價值則將之扭轉過來，如聞謊話即見真誠正直之可貴，見貪婪則悟知足正直之需要。它們無不直接間接表現出種種價值來，而價值須從自心去尋覓，肯定，擴大及確立。

3.3 以努力及勇氣來開拓自我理想價值之境界

人於生命之開拓中，逐一開發和實現自己之價值理想，例如自幼見親情，及後見友情及愛情，以及各種生活興趣之培養，美滿家庭之建立，社會上聲譽之確立與擴展，事業之完成等，依次隨着人生之發展而層層開拓，生活之廣度及深度亦隨之而擴大了。唐先生說，這亦是自我「心靈」之擴大。這一切是成

就於精神生命之努力不懈，自強不息，步步向前。人之價值理想，自我尊嚴亦由此日益奠定並確立起來。

相反，當價值理想於當下之努力中仍得不到實現時，人有無奈之哀嘆，不見孔子也有「五十而知天命」之失落嗎？知「命」不在我，但我卻可循義而行，所以見孔子「知天命，不怨天、不尤人」，藉「下學而上達」，以道德正其生命。

要開拓自我理想價值首要承擔責任，而責任中最沉重者為命運。能面對命運而承擔之，曾子喚之為「士」，曰：「士，不可以不弘毅，任重而道遠。仁以為己任，不亦重乎，死而後已，不亦遠乎。」（《論語·泰伯·8.7》）「士」是指有理想抱負之人，他們須有寬弘的目光、堅毅的意志，因為這責任之承擔重大，「至死方休」且路遙艱苦。但這是「下學」之途，是鍥而不捨之奮進努力，是「雖千萬人吾往矣」的理想人格。孔子說自己「五十而知天命」，活了五十年方知承受命限之艱難，理想之難成，但孔子不以此而埋怨上天，怪罪別人，只切切實實地提起擔子，一切按理想邁步前行，由下學人事而上達天命，這是一種知命知天之態度，憑自我精神生命之提升去承擔一切艱苦困難，來開拓自我理想價值之境界。

唐先生說：「只要你真正的努力，若得不著結果，那由外在的環境去負責。只要你能對於你之真正努力，有充分自覺之體味，你將發現，你的理想，已實現於開始努力的一剎那，你的生活興趣，在此一剎那中完全滿足。」（《人生之體驗》）

他所說的「努力」，是要指出人於艱難窮困勞累中，需有堅強
之意志，不屈之精神，在困乏中磨練自己，方可從荊棘中開出
一條自己應走之道路。這有如兩股激流之水，由互相衝激而最
後互相滲融了大家，向一河道暢流而去。這一人生之體驗，必
教一股緩流直達河川來得更有意義。

第三章
「心靈」之本質

1.「心靈」具超越性

1.1 超越「自然生命」之限制，將理想安置於自身之外

唐先生說：「心靈」有「先驗的、自足的，具有引導我們有意識地超越『現實自我』的功能」（《人生之體驗》），現刻所論及的「心靈具超越性」，不外依此義而詳加闡述而已。

唐先生於《人生之體驗》一書裏，處處提及人之「心靈」能超越「自然生命」之限制。人之生存，當然要保存自然生命之健康長壽。但人不單活於「自然生命」中，亦要活在身體以外之自然世界、家國之人群世界、歷史、文化、藝術宗教之世界裏。人在日常生活或「自然生命」裏，往往亦關注到身外之事物，例如滿足了家庭裏之柴米油鹽醬醋茶種種生計後，亦會於閒適時到公園漫步，欣賞園中之繁花美草，或仰望天上豔雲霞彩，或到劇院裏去欣賞戲曲話劇，或關注事業之成就，計量成敗得失，或規行矩步，要在他人心中留下正面之名位價值，或關切家庭中子女之教育、夫妻間之和睦，欣喜與朋友之交流，爭取社會之公義、國家之富強、人類和平安康，發展歷史文化要使之悠長久遠，或在文學哲學中與古往今來之人物交往，或仰視穹蒼祈求，感恩上天神靈保祐等等。這種種生活，顯示出

我們之「心靈」，往往通向我們身體以外之事物，成就我們美好之生活，最後才回頭顧念我們之「自然生命」。故此，此「心靈」具超越性，而更重要者，它可將我們之理想實現於外，使我們之「心靈」走進他人之「心靈」，在其留下讚譽的名聲，在社會上成就了美好聲名，個人生活和睦優閒，愉快浪漫或事業有成等，無不是「心靈」在身外之建構而得。就以一套樓房為例，其構造、間架、形式等就包含了建築師之「心靈」。建築師將其「心靈」之設計及工巧等施於物料上，使之成為一間精美之樓房，將其理想價值實現於有關之物料上。

從這裏推開去，我們便知當前在外之一切文明建設，其實是我們「心靈」之表現，是我們精神生命超越自我，按其理想而調適到現實環境裏。如種種的文明建設，典章制度，生活方式，藝術如詩畫玉石雕刻、文學哲學等，更是文化之表現，皆成於「心靈」之凝鑄。

1.2 超越時空之限制

「心靈」與外物接觸，有異於感官，不限於一時一地，而是能夠超越過去並將過去所曾經歷之一切與現在融合。仰首見白雲而知其乃白雲，因過去曾見白雲，故今時之所感乃融合於過去之所感而有。今見伊人枯槁憔悴而起感懷之嘆，因今天之她已非昔日之豔絕群芳。「心靈」於現在能回到過去，皆因它可以超越時間之限制。再者，它更能超越空間，與他物在感覺經驗中緊密連結起來，例如見斜陽落日，它便跳進彩雲裏，並

陶醉於它的豔麗中；當聽着潺潺水聲，它便沐在溪流裏，與之流轉迴旋低語。於此，唐先生說，心物兩端縱分離相隔，卻可相依而連結成相合之全體。這因為「心靈」能超越驅體所在的當下實際空間，而投進他方之物裏去，並對他物有回應、有感覺。所以，「心靈」可以使我憶起十年前之舊遊而生懷念之情，想起故朋舊友而低聲慨嘆他們之離去；身在工作間，「心靈」卻可以跑進家裏之妻兒去，細聽妻子之叮嚀，逗弄親兒之歡樂，享受他們在你懷裏之溫馨，情境儼如歷歷在目。再者，「心靈」之回想，不但可以超越時空，更可全意顛倒時間空間之自然順序。明天約見之舊友，滲透了過去相互間親切關愛之情，使我期盼不止，要我一叙一醉。今天不亂化一分一毫、目的要他日買一份禮物給至親的人，使伴侶或親友快樂，其雀躍興奮之情懷，正是自己於他日欣然喜見的。

1.3「心靈」自我開展與外在事物感通為一

唐先生說：「心靈」能自我開展，使外物賦情意於自己之生命經驗裏，見萬物與我為一。它之超越性可將外在之形色世界與自己之情懷相互湊泊，例如讀南唐後主李煜詞語：「問君能有幾多愁，恰似一江春水向東流」，自己「纏綿無盡」之愁思發現了江水「東流不斷」，從而覓見了知音，大家相擁為一，共訴情懷，甚至對江水而下淚。這人物情意之交流，使我們進一步見到青山綠水，皆脈脈含情，意境盈盈；聽林鳥啼鳴，不正是我哀情鬱鬱，借鳥啼抒發嗎？豔華怒放，不啻是我之開懷

歡笑；雨滴階前，無疑為我悲哭流淚。由此，宇宙萬物本身，不就是另一個我之自己，抒發着我之情意感懷。所以，見瀑布之奔流，正表現自己健行不息、不屈不撓之意志；火山爆裂，是大地之怒吼，表達了我怒不可遏之情緒；而萬星璀璨之星空，不正是自我莊嚴肅穆的面容？由此，形色的世界，遂成為自己生命的衣裳，頓覺自己生命自身，在形色世界中舞蹈。於是，在形色的世界中，處處發現自己。在宇宙中，處處反映着自己之形迹及精神，萬物與我何曾為二？萬物皆我四體之伸延，精神之寄託，於感情之流露處，正與莊子所言「天地與我並生，萬物與我為一」相互湊泊，雖大家含義有異，但意境卻有異曲同工之妙。

王陽明在《大學問》一文中解說〈大學〉辨「明明德之大義」時，亦闡釋了「心靈」之開展可與「天地為一」。他說：「大人者，以天地萬物為一體也。其視天下猶一家，猶一人焉」。這是隨孟子之說：「萬物皆備於我矣。反身而誠，樂莫大焉」（《孟子・盡心上・4》）（「本心」是仁，其道德性是人之所以為人之理，人倫事物種種德行之依據，亦是宇宙間事物所以存在之終極之理，這裏見宇宙萬事萬物終成創始，周而復始，生生無息之仁德。在人而言，當「本心」呈現自身而生發道德行為時，固然直覺到一切道德均出於吾心，皆完備於我；同時亦會感到宇宙間一切事物更在仁心的涵融感通下一體呈現，不可分離，從而感到萬物與我為一，萬物皆涵蘊於我之仁內，所

以大人者，「有見孺子之入井，而必有怵惕惻隱之心焉，見鳥獸之哀鳴觳觫，而必有不忍之焉，是其仁之與鳥獸而為一體也。鳥獸猶如有知覺者也；見草木之摧折而必有憫恤之心焉，是其仁之與草木而為體也，草木猶有生意者也；見瓦石之毀壞而必有顧惜之心焉，是其與瓦石而為一體也，是其一體之仁也」〔王陽明《大學問》〕。由此認定吾人之體，就是宇宙之體，吾人之性，亦即宇宙之性。吾人應視宇宙為父母，並以事父母之道事之；視天下之人皆如兄弟，視天下之物皆如同類，各以其道事之。所以惟大人能從親親而後仁民，仁民而後愛物的大道，推衍出一種大公無我、汎愛一切的精神，也就是吾人對於宇宙萬物應有的態度。人若能「反身而誠」，反身向內思求，則能體認此理而存養之、擴充之，以至於其究竟的實現。故此，「反身而誠」是成德之學的一種表述方式，是功夫的道路。〕北宋大儒張橫渠亦說：「天地之帥吾其性，天地之塞吾其體。民吾同胞，物吾與也」（〈西銘〉）（於天地間，我藐小如斯，卻混有天地之道於一身，而處於天地之間。吾之心靈，它不但是我之本性，統帥我之形體；更是天地之心，恢宏廣大，涵融天地之事物。它感通之性，使仁德從自身通向身外之家國天下，關愛之情使我與天地合一，視天下之人與我同胞無異，天地間一切事物與我無間。）程明道說得更明白：「仁者渾然與物同體」（〈識仁篇〉），亦秉承上引諸義而說：仁者能自覺本心之善，以仁心作為生命的主宰，推己及人，再由人及物。仁者與物無對，渾然無分，物我內外通而為一，沒有阻隔。具體的

說，即是沒有人我之分，也沒有物我之別；是一種廓然大公的氣象。再切近一點說，即是沒有「一己」之私，沒有人我分屬的界限。

上述所言，正要說明「仁者」者之心靈「昭明不昧」，以感通為性，而不與物對立，所以既不為形骸之私所間隔，亦不作物我內外之分，故能步步向外開展，視天下猶如一家，中國猶如一人，所以說「天下萬物為一體」者，乃是「心靈」本身「感通之情」之不容已，這「大人」心靈之昭顯，有民胞物與之情懷，由此令「心靈」可以感通出去，以超越類界，甚至對異類的鳥獸以至對草木瓦石亦會流露不忍之心，視為一體，所以見「心靈」之自我開展是其極大極廣，無窮無盡。這「感通為性，以物無對」之「心靈」使孟子說：「萬物皆備於我矣。反身而誠，樂莫大焉。」（《孟子·盡心上》），也使王陽明說：「其心之仁本若是其與天地萬物而為一也。」（王陽明《大學問》）

2.「心靈」之破除有限而開展通於無限

2.1 「心靈」的無限滲貫於有限而使有限化除

唐先生說：「心之本體之聯繫於我有限之身體，乃是一事實。由於它之聯繫於我的身體，使我不滿足於身體之封閉性，使我要求破除此封閉性，而求對外界有所認識，而即在此活動中表現它自己。」（《道德自我之建立》）這是「心靈」不甘

拘限於形質之生命裏而要突破超越之，從而開放拓展自己之空間，通向無盡，展現其無限性。由此，「心靈」步步認識外界事物，滲融並顯現自己於其中（例如木匠製作檯子，「心靈」須通過身體與木料接觸，並將意念透過設計、鋸、切割、刨、磨砂、連接、上漆等工序，將平平無奇木板之形狀改造過來，成一件精美可觀賞之物品，其中帶着「心靈」之全部心意；換言之，是「心靈」將自己之生命活現於客觀之世界裏，肢體只不過是按「心靈」之心意把檯子從作業中製造出來。「心靈」無限，因此它於現象界所表現之自己模式也無限。）

　　唐先生首先從我們感覺認識處入手，他發現：我們對外界之感覺認識活動，必須靠形質身軀與外物質力「作用相交會」而後發生。此「相交會」之意義，其實就是「心靈」藉我們之身體，與外物交接時打破彼此物質東西之封閉性，方可徹通於外。對自身來說，當「心靈」透過有形身軀之質力於接觸外物時，將自己釋放出來，但在過程中，體力亦耗費及消磨了不少。所以說心靈之活動與體力之消耗成正比。對「心靈」來說，這是一種無以復加之「欣樂」，因為身體之「能」與現象世界事物之「所」兩端質力限制遭打通了，就在這「身、物」接觸之交點上，「心靈」能夠向外開展出來，從而認識外在事物，開闢外在的世界，協助塑造及成就外間一切文物。於此，唐先生說：「感覺認識活動就是逐漸破除身體之限制之過程，或感覺認識對象在求逐漸顯現之過程。」（《道德自我之建立》）這

「認識對象在求逐漸顯現之過程」就是「心靈」步步認知外界，將知識文物建立起來，使科技文明得以發展。所以，一切文化、科技文明莫不是「心靈」滲融於其中時展現及活現了自己。

於此，唐先生受到了中國傳統哲學的啟迪，認為「心靈」即「心之本體」不是一種純粹的超驗的存在，它既高於萬物，是萬物之本，又與現實事物不可分離，存在於現實事物之中。於此，他把「心之本體」還原於現象裏，即：「心之本體」存在於現象中，現象展現「心之本體」於其中。換言之，唐先生將「心靈」之超越性與現象界之有限性之關係相扣起來，揚棄傳統「本體論」中本體與現象的二元化，更特別反對西方哲學中視本體為絕對的脫離現象界的觀點。因為現象界事事物物所以紛紜各異，由於人之「心靈」投放其中而以不同之形式展現出來。所以才可以說：「本體存在於現象中，現象展現本體於其中」。由此，唐先生說人們不應當離開「心靈」來談現實生活、文化創造等活動。

唐先生說，「心靈」即是「神」，它「具備我們可以要求的一切價值理想之全部」，「是至真、至美、至善、完全與無限」。所以，當我們對它有絕對的信仰時，我們再來看世界，「將覺一切有限之上，都有『無限』籠罩着，在滲透於其中」（《道德自我之建立》）。然則，它如何在實際事物中展現自己？於此，唐先生說無限之「心靈」須從破除我有限之身上開展過來，因為「它之無限，目的要使我不限，我之不限，即見

它的無限。」（《道德自我之建立》）要「破除有限」就是「心靈」的本質。它是一切有限事物之本體，但它要破除物質之封閉性，才能展示它「無限」之品德。所以，當「心靈」在破除有限之過程中，會隨每一新活動而表現出來，而每一新事物之認識成就於一新的破除，由此才能顯現出無窮的自心世界，並認識外在之世界，這是它步步趨向「無限」之表現。我們知識科技之增進，文明之發展，莫不如此。所以，唐先生說：它「無限」之意義不在其積極之無限性上說，而在它表現於對事物不斷的克服破除、消除外物之封閉性而認定。唐先生說：「這是消極的無限，不斷的使有限漸無」（《道德自我之建立》）。「心靈」的無限，與我身及外物的有限，乃是一不可分的聯結，二者相對相合而存。所以世上事物之形形式式，莫不是物質之封閉性被破除後，「心靈」滲透於其中將自己呈現出來。由此，唐先生總結說：「於是我了解了：它何以不能表現於積極的無限的道理，因為它只能在限中表現它之破除限的品德，它永遠是滲貫於限中，作它破除限制的工作」，「它之為超越，即在它使我要求超越現實之關節上。」（《道德自我之建立》）

2.2 「心靈」向外活動之「三向九境」

2.2.1 「心靈」之客觀境界——心與境相涵相攝，互相感通

我們所認識之在外在世界，見其形色對象之如此意義，實質上它是外在之物質世界當其限制給破除後所得之徵象，唐先生稱之為「境」。而此刻所得之徵象與下刻所得之徵象盡不

相同,所以「心靈」與物相接時,是處於一個不斷認知的生生歷程中。所謂「生生」,是「心靈」所見無限外事物之形相或徵象不斷顯現,並與其所知所感的一切交互相攝之事物中,構成了一存在之真實,外在世界由此被肯定。所謂「心物交互相攝」,是心境相涵,境不離心,心不離境,「心靈」即存於對象中,對象亦存於此刻之「心靈」裏,「心靈」不會獨立於所感知之對象,而對象的存在亦不會獨立於此刻能被感知的「心靈」。所以事物此刻不為我所見時,並非顯示它不存在,只是不為我所感所知而矣。唐先生於此說,心與境的關係可從大家互相感通處去認識,「境與心之感通相應者,即謂有何境,必有何心與之俱起,而有何心以起,亦必有何境與之俱起」(《生命存在與心靈九境界》),心與境互不相離。故此,心與境相通相應,並互為感通。

當「心靈生命」向外觀照時,它對客觀之境有所感,對主觀之境(心境)有所感,對超主觀客觀之境亦有所感。故此,對「境」之觀分別有三方向:「橫觀、順觀和縱觀」。「橫觀」是「心靈」活動往來於內外左右,在觀個體及種類之各異;「順觀」是心靈隨順時間往來於前後,見事物之相繼生起,是觀次序;「縱觀」是心靈走訪活動於上下方向,在觀層位。心靈不會為某一境所限,故不會停滯於一境,它必求超越某一境而別有所通。故此心靈之前後、左右、上下之進退、隱顯、升降、屈伸不停。它可從此刻之境上升至廣大高明之境,或沉降至卑

下狹隘之境。

先生把這種「橫觀、順觀、縱觀」稱作「心靈活動的三道路或三方向」，並將之分為「客觀境（橫觀）、主觀境（順觀）、超主客觀境（縱觀）」。如此三觀與三境之體（實體，它是依我的感覺而存在）、相（形相）、用則構成交相輝映的九境。

2.2.1.1「心靈」觀客觀世界

a.心靈之「橫觀」客觀境界──「萬物散殊境」，「依類成化境」及「功能序運境」

「心靈」橫向由內而外之活動有三方向，第一方向是見無限外物之形相不斷顯現，見無限化個體散殊並立於宇宙世界中，這包括自體在內。這是「心靈」於客觀境中所見的個體界，即「萬物散殊境」，個體界之心靈可就個體性而發展出不同之人生哲理。人在此「境」中，除了見散殊之個體外，亦見一一個體之「心靈」各有其獨特之價值及生命之真實所在，同時，亦發現「我」亦是獨一無二之個體，故此在認識外在事物及建立知識中，往往會自以為是，重視個人之見解、思維及價值觀；在道德上，亦標舉自我之獨特性，要顯揚自我所作之善行，期望他人能尊重敬仰自己。但這偏頗之意識往往使人導入狹猛之個人主義。再者，當個體要突顯自己之獨一無二時，容易生起私心，陷於名利財富權勢之追求，要與他人競勝，要剽悍獨

立。假若加上私心的「我」未及意識到自我有向外感通之能力，能使個體與個體間互融互通生發同情共感，則「他、我」變成獨立之個體，分隔為二，往往更要將之排斥滅除而後快，這自私、自利、自矜、自是、自有之意識及行徑終歸會使個體在群體中失去支持扶助而孤冷淒清，自陷於孤獨無助之困境。但人之「心靈」在私我之意識外，亦有「普遍理性」及「同情了解」之胸懷，這就是「個體與個體間互融互通，生發同情共感」之渠道其生起會對他人之道德之踐行及其知識之締造上產生尊重及敬仰。這一種自覺之生發可以將「小我」之自私、自利、自矜、自是化除，將「私我」轉化為廣大而高明之無私之「大我」，從而肯定「我」之外有他人，由此開出「天下為公」之偉大胸懷，走上「為萬世開太平」之正大光明人生之路。

在第二境「依類成化境」中，「心靈」有知「類」之能力，於感覺經驗中屢見事物之性相不斷重複出現時會將之歸類，並以類別認識它們，例如花與草有別，人與禽獸有異。簡單來說，將生物歸為動物，植物，再細分至各種不同類之飛禽走獸，花卉草莽，這是認識外在世界，建立知識極其重要的一步。在生活上，個人不能從極端之個人主義逃逸出世俗之格套，來過一獨來獨往之生活。因為在社會上，人會將同類的生活習氣或認同之生活模式或形態歸類，成社會規範。所以，當人限制於類群生活中，偶有歧出，即成異類而遭鄙視甚至遺棄。例如東晉漢代阮籍「母死飲酒吃肉」之特立獨行破「類」之行徑，若終

為人人仿效時，不經意會墮入另一生活習慣之格套裏而自我類化，最後往往變成另一令人厭惡之俗套。

同時，「心靈」亦見萬物「依類而成化」之過程，即是：由顯現一「類相」而入於他「類相」，例如蝴蝶由毛蟲演化而蛹，最後變為成蟲，歸類為蝴蝶，這生長發育之每一階段均是一類，演化之進程就是由一「舊類」演化出另一「新類」來。由此見任何一個個體生命都在不斷由「舊類」中出來，進入「新類」，如人之成長中，由嬰兒而幼童而少年而成人，而入老年而死亡。再者，「心靈」更能依此「成化」而「通達」，由大類通達至小類，小類通往大類。故此，「心靈」之「知類」能力，可以顯化為思想，不斷將其所遇事物之內容之廣狹多少「普遍化」及「特殊化」，安排成層次井然互相包含而關連着的「類」的大網中。而「心靈」則可以在此「類之大網」中自由遊走出入，或將它重新編織及安排，人之知識由此而擴大豐富。「心靈」若將其「知類」之能力適當運用，則可將社會分成各階層，依其能力將其居於適當之位置並發揮其獨特之功能，所以見小至企業均有各管理層及部門，分經理、主任、領班等層級，各以其特殊之工作性質相互通達合作，達至高效管理；大至國家，制定憲法，由至上之總統、總理，以至外相及各部級之官員，相互合作，各司其職，大家相輔而共治天下，這是客觀境中之「依類通達」相。再者，人從「依類通達」中，亦見道德意義，肯定人之所以為人，有其要盡之道德義務，知「己所不欲，勿

施於人」，「老吾老以及人之老，幼吾幼以及人之幼」。這由
己而及人，其中蘊含了「情感通達」而產生了「同情共感」。
這同情了解即由己之「依類思想生活」中超拔出來而「通達」
於他人之思想生活。概括而言之，這道德性之「依類通達」的
生活，須靠人之「心靈」生起其「同情了解」而至之。

當「心靈」見宇宙萬物在時間之先後次第中見其轉化，乃
出於事物相互間之功能作用，從而見事物間之手段目的及因果
關係，所以此境可視為「觀因果界」，即「功能序運境」，將
事物作為具有「功能者」而觀之。其意義正要表示出「此物備，
則彼物生」。此因果相依關係便為人轉化為手段目的關係，並
運用於生活上。當人見當前世界的事物無不具功能效應，依因
果關係序列運行。按之而行，即成就了自然科學、社會科學及
應用科學，使我們之知識擴大了，生活方便起來了，往往更能
建功立業。在人生哲學方面，「功利主義」的倫理學亦應運而
生，將「功能序運境」中之「備因致果」轉化為行為的指導原
則，視人之行為以手段目的關係看，藉預期之功利效果以評定
一行為或一人格品質之價值。假若人以自我為重，私利為先，
則容易一念陷溺於自我物慾之滿足作為預期效果，人之心思最
後就會沉溺於種種精細之計算中，不能正觀任何事物本身的價
值及意義。但是行為若是成就大眾之利益為依歸，如英國哲學
家邊沁·穆勒說之「公利主義」，以「以最大多數之最大幸福」
的實現為一切行為之所以為善之基礎時，他們之「公利論」就

是公德心之展現。這「備因致果」的行為使「心靈」處於一更高之境界，跳出「功能序運境」之「私我」之限制，這樣可以說是道德行為了。

再者，凡事只觀手段目的，以便產生對預期效果之期望，這狹隘之指望，遮撥了「心靈」本身特質，忽視了「心靈」本身已具「是非對錯」之價值判斷能力。

上述三境是「心靈」向外投放而成之「客觀境」，對象是客觀世界。人覺知的外在世界就是「萬物散殊」，「依類成化」，「功能序運」三境。然而在這三境中，「心靈」由內至外，只觀客觀境，對本身未有所見。故此「心靈」在此三境之活動中，隱而不顯。雖然如此，「心靈」已發揮了於客觀界建構之作用。人只要稍停下來作出反省，即可發現自我有個能覺知客觀世界之「生命心靈」隱現在其中。（《心靈存在與心靈九境》）

2.2.2「心靈」之主觀境界——「感覺互攝境」、「觀照凌虛境」及「道德實踐境」

a.「感覺互攝境」

當「心靈」自外向內轉而自覺本身的存在時，見所有散殊萬物均在我感覺範圍之內，為我「感覺心」所統攝，它們非離我而存，當心以外境為對象時，境為心所攝，即上述所言之「心不離境，境不離心」。可以說，所見到的身外一切事物，均帶着我的感受，涵蘊着我的喜怒哀樂之感受。除此之外，在「感

覺互攝境中」，它能視一切客觀對象為一個個感覺主體，大家可以互相感攝，例如人與我至於萬物甚至虛空都能相涵互攝。這除了化掉生命自我個體之孤獨無依之感外，於客觀生活裏，當人之思想及價值觀，表現在人之言行時，為人所見，通過感攝，也可以互相模仿學習，社會的文化的種種共同禮節也由是形成，形成社會風尚、風俗、風氣（人與人互相間的模仿與認同），社會文化共同採用之禮節如君惠臣忠、父慈子孝、兄友弟恭、夫義婦順等社會倫理，這一切由於「心靈」之感攝力不止於「知」，亦及於「行」，亦即「知行合一」。當大家在仿效此風習時，則形成一社會規範或處世哲學；更在大家相互之感攝中，興發同情共感，建立有情之群體生活，締造了道德人倫關係。

「心靈」與大自然間亦涵此互攝之感通，例如見四時行，而感歎：「春者；天之本懷；秋者，天之別調」（張潮《幽夢影》），寒冬過後，迎來暖意綿綿之春意，萬物欣欣向榮，帶來無限生機，人感天之善德，並以感恩讚歎回應：「春風如酒」、「春雨如恩詔」（張潮《幽夢影》）。天高雲淡，北燕南飛，農人秋收之喜悅，帶來另一幅美妙之天人相感之景象，但見：「春有百花秋有月，夏有涼風冬有雪，若無閒事掛心頭，日日都是好時節」（《無門禪師》）。且看山西壺口瀑布，河水澎湃洶湧，氣勢滂薄，像要教人遇難奮勇向前，人有所感攝而自勵自勉，此所以有「天地與我為一」之說。

　　還有，在社會群體中生存，往往以「求生存、求適應」為中心的處世哲學，這是「感覺互攝境」所肯定的。因為求適應環境而變化自己，使自己得以存活下去，這是生命本性上之當然，但人只講適應或只講生存，客易俯仰時勢、隨俗浮沉，與流俗社會同流合污。所以人只依靠「感覺互攝境」所見到的是一個順自然理性而建立起來的社會，並不能締造更高的人生境界，見不到道德理性運行其中。所以人生哲學之正途，在於將道德理想同時運行於「求生存、求適應」之自然本性上，才能將真善美的生活建立起來。

b.「觀照凌虛境」

　　當「心靈」內轉將「感覺互攝境」推升一層至「觀照凌虛境」時，會將一切事物之性相、關係等從現實事物抽離脫開，凌虛獨立地以純相形式呈現在純粹直觀之「心靈」裏，攝它於觀照中。同時，這觀照獨立於經驗知識之「知」，而生純粹知識學術文化，如幾何學、數學、哲學、文學、藝術等。

　　西哲柏拉圖之「理型論」是在「凌虛境」之觀照中肯定過來。柏拉圖說，要認識「最純粹之理型」如「絕對之的善」、「絕對的美」、「絕對之真」等，要靠人的「心靈」（理性）先把感官活動完全斷絕，在沉思冥想中才能獲得。因為絕對的「理型」不是感官所能認識，也不由感覺而來，而是存在於「靈魂」的觀照中，這須要超離一切現象界具體事物之沾滯方可體悟到。所以說，「理型」是純相，因為它不能靠「知」而得，須

靠智慧之洞察而來。柏拉圖在其對話錄《會飲篇》（*Symposium*）裏描述 Eros 靈魂步步攀升至絕美的至高境界。這對「純對美」之追求，本身就是純粹「心靈」之流出，柏拉圖以「靈魂」說之，指出這愛智之「心靈」向「純美」之追求，以層層向上提升來演繹，說明人須擺脫世間個別形體之美、共相之美、人文世界之美、典章制度之美、知識學問之美後，方可來到了寬闊的美之海（the great sea of Beauty），才能體證「美本身」或「絕對美」（Absolute Beauty, the Good），在此「凌虛境」中獨自往來，不與世間之名、利、財貨、美色等所繫累，才能凝視觀照「美自身」，與之契合，渾而為一，演繹出人生最清純無染之價值境界。

　　「心靈」在此「凌虛境」中，雖然觀照、純相、純理，但是萬物之存在變化都不超離出此純形式，所以當人不止於此觀照，而要將所觀照到之意義實現於生活行為，就會將之轉化為人生存在所依之意義及價值，例如純數學可以轉化為應用數學，與現實世界之具體事物關連相接起來，發展文明；又於宗教上透過直觀理解上帝，而感知其全能大知大愛而對之膜拜，最後在膜拜中懇請祂救贖身負原罪之我群；讀莊子而「遊」於「虛凌境」中，這是一純粹審美之觀點，不帶功利性及實用性，但當面對困頓之人生時，卻可將此境之意義於日常生活裏遺落「個體界」、「類別界」、「手段目的界」等，亦可於人生中體悟到清靜悠閒，自由自在，情懷寄意此純意義之世界裏，不

受束縛地「遊」於天地外。所以當人冥心孤注獻身於純知識、純藝術、純音樂、純文學、純科學之意境時，最後可布之於世間，而化成社會之人文。當人不止於觀照此境，要將所觀照到的意義實現於生活行為裏，並將之轉為一積極的理想，則可遞進於道德實踐境、一神境、佛境及天德流行境。

　　西哲斯賓諾莎以「觀照凌虛境」中觀照一「整全的自然秩序」，見宇宙間之變化及人間之得失，乃是自然的顯現，是必然如此，因為宇宙間之一切事物沒有一個是孤立的，它們相互間連連相扣，若不落入因果關係視之，心靈自會超離「功能序運境」，有若純幾何學中之命題前後邏輯相互連接，從定義及公理推顯出各種有意義之命題來，宇宙間一切就是如此涵蘊着必然性。人當推理幾何學之命題要得到正確之答案時，須卸除一切雜念，離世間感官之所染，於「凌虛境」中觀照方有所成。同樣，要得到「整全之自然秩序」，人須把個人之生理心理上的慾念清除而達到純淨，沒有世間欲求之雜染。由此，我方可以與「自然」合一，所觀的宇宙方可超乎善惡、美醜、真假；於人間事則超乎得失、是非、榮辱，才可觀一切事物相續相織如如而運行着，見事物之推移、草木之榮枯、色彩變化、光影移動、音聲相和、漣漪輕揚於微風拂掃中、形移色動於相互依賴交錯中，知任何事物的變化都會牽動其他事物之變化，這一切莫不有必然之理，並展現於這大宇宙中。這「整全之自然秩序」斯賓諾莎稱之為「神」或「自然」或「最後之實體」或宇

宙之大秩序，萬事萬物運行於其中有節、有序。人在此「境」中，才能見一切在事物都處於適當之位置，安排合成為一互相依賴而必然的秩序中。再者，當「心靈」回頭關注自己，當會認識到它本身是無限的，更見它本有一道德理想，有一「仁」之意識，求世事與我心之仁相配合，要把理想實現於存在世界中，這時「心靈」已跳出「觀照凌虛境」之遊觀或靜觀世界，離卻了自娛自樂自賞之境，而求與他人有同情共感共知共識，而進入「道德實踐境」中。在此境界中，人向理想目標而**趨**，成為道德實踐行為，更望與他人交往感通，結成一道德世界。縱使在「功能序運境」中，人於生活上各人往往相互為助，恆不免帶有互為利互為功之成分在內。但這一切只要成就道德人格為目的，使義與利，功與德合而為一，便可以超功利而出現一嶄新之道德意義。

c.「道德實踐境」

「心靈」自有其「仁德」如勇氣、堅忍、盡忠、勤勞、慧智等，但這需要後天對此有所自覺而加以培養，才可成就道德生活。所以當我們耽於私利情慾逸樂間，終會使「心靈道德心」在人之情慾下屈服而隱退。但人可在「一念之自覺」中衝破情思物慾之封閉性，行所當行之事，要求生命中之「應然之理」實現於「實然的世界」。當發現現實世界不合於「心靈」所觀照之道德世界時，它即可要求改造之，以符合心中所見之理想世界。於此，「心靈」已超越知識範疇而進入於智慧之境，所

以「德性之知」有別於「聞見之知」及「科學知識之知」。在此「道德實踐境」中，知識轉化為道德實踐，成就價值生命之存在，及道德人格之完成。這本於之自身良知所認取的道德觀念，與因此而形成的倫理學、道德學，以及人的道德生活和道德人格，皆根源於「心靈」觀「道德實踐境」所得。（《心靈存在與心靈九境》）

2.2.3 「心靈」超主客觀境──「觀神界」、「觀一真法界」及「觀性命界」

「心靈生命」由主、客觀六境騰升至絕對境時，成「超主客之絕對主體境」。於此「三境」中，知識皆轉化為智慧。在追求宇宙人生之「終極意義」上，成就了人之價值生命。

a.「觀神界」──「超主客之一神境」

猶太基督教之「神」境，斯賓諾莎之「統一之自然」，萊布尼茲之「單子和諧」、康德之「上帝存在」及「靈魂不朽」與唐君毅先生從人之「同情共感」中體證了此「絕對之精神實在」。

此「三境」中之第一境為「超主客之一神境」，是心靈面向並肯定此「絕對之精神實在」。作為宗教信仰而言，這「精神實在」就是上帝。人在至誠之信仰裏默想祈禱中，「心靈」即自下而上，從主（心靈）、客（上帝）對立之境超越出來，升進至「統一主觀客觀的一神境界」，為人建立了安身立命之

所。在宗教信仰之「一神境」來說，心靈在此境對上帝之觀照，視祂為最高絕對之存在，祂完美、永恆、唯一，是絕對之信仰對象。人要走到上帝面前認識祂，單靠理性並不足夠，還靠上帝之恩典及人之慧見與全面皈依。

除了宗教之上帝外，人亦可在理性思維中，追求此「超越的真實」，要「心靈」超離世俗，沉思靜觀宇宙人生之終極原理，它是「超主客觀」之絕對「真善美」。

這裏說明人之「心靈生命」有一種對「絕對超越者」的嚮往而欲肯定其為真實無妄的要求，要跳離現實境之限制而進入此「一神境」，遊於價值世界而悅樂於欣趣之境，能夠超然於現實功利世界，將善德理想實現。當「心靈」向着這最高之的理想趨赴時，發覺不應止步於「超越絕對境」而離棄現實生活，滿足於一般之道德境。無論西方猶太基督教或哲學，對升進此「絕對之精神實在」均須與「人之現實生活」取得平衡，即是：於人間中見其超越性，例如基督教之耶穌，祂神而人的出生在馬槽並生活於人間，最後捨命於十字架上，以愛將神與人緊密地關連起來。西哲斯賓諾莎將整個自然視為上帝，他觀照到自然界之事物來去、升降、出沒、隱顯及一切事物之變化過程中，有其必然如此之規律，有若幾何代數之推衍。要通透了悟此種種差別才可渾然相融於上帝（自然）裏，「心靈」須解除個人情慾之束縛，方可對自然作此形而上的觀照，轉化片面之知識概念為統觀自然之智慧，見上帝於自然萬物之轉化中。

後繼有萊布尼茲以單子論來說上帝之存在。他說宇宙間事物之實體非如斯賓諾莎所言是來自於「統一的整個自然」。他說實體非單一而是無限多。但此眾多的單子本質上是自我封閉，不能相互感應構通，而實際上大家卻有因果關係互相呼應，和諧一致的。所以這和諧關係須靠宇宙之「終極原理」主持其間，它就是上帝。上帝之存在，保證了宇宙之因果關係及萬物之和諧共存。人之「心靈」同時亦由此得到了存在之保證，並見「心靈」向統一、諧和完美之趨赴。

康德不認同萊布尼茲所說，認為宇宙間事事物物諧和共存須先預設上帝的存在。他卻從人之道德善行着手，認為「善行」會衍生出來之「福報」以作為應得之酬報。但在現實生活裏，施行善舉並不保證福報。但人這「報償」之企望，卻帶出了「德福須一致」之正義感來。要「德福一致」，康德遂搬出「上帝」來，即是：上帝必須存在，因為善德的觀念須包涵着果報的信念。所以在康德眼中，祂必須是「至善」的，必然賜福於有德行善之人；祂全面了悟「善德」者必享有「福報」，故祂必須是「全知」的；同時為了實現福德的分配合乎比例，祂必須是「全能」的；祂要始終不渝地貫徹這種福德之分配，故祂必須是「神聖」的。要求上帝存在是人之「心靈」中「純粹實踐理性」之要求，非理智所能思及。再者，人之生存受時間限制有最終逝亡之時，而「純粹實踐理性」之道德要求卻無窮無限，所以「心靈」在肉體短暫存在於人世間中未能圓滿這「道德心

靈」之德行要求，故此「心靈」必須在無限延續之預設下才可實現。而這「心靈」之「無限延續」就是「靈魂不朽」。康德所結論出的「上帝存在」及「靈魂不朽」在我們理性中無由所思，但「心靈」之道德觀念則命令我們非相信不可。

　　唐先生卻從另一體驗以悟證此「絕對之精神實在」的存在，他從人之同情共感出發。他對此「絕對之精神實在」亦稱之為「神」，但這「神」是道德美善本身，不是宗教上創造天地之全能全智之上帝，它是互感互通之美善道德「心靈」。唐先生說，人之有道德行為，實始於「心靈」直感己外有他人，己心有他心。當人於生活中離去情慾之掣肘時，「心靈」就憑此「同情共感」而生發美德懿行，當此「同情共感」揚升至極時，則直覺在我之上有一「普遍超越的道德實體」之存在，將我心他心結成一體，成一絕對的「終極原理」，例如在抗日時，人人保家衛國，在一寸山河一寸血中，激盪起「十萬青年十萬軍」這一種保家衛國之亢奮精神。而這共同意志情感思想並不是主觀的構想，而是昭然在你我眾人之上客觀地存在着，它儼如宗教之「神」般，鼓動着人之情志，拉動着人的生命向上。再者，此一超越界，絕對之道德境往往對那些「為生民立命，為往聖繼絕學」的志士仁人生起一崇敬禮拜皈依之心，更將其崇高人格投射於自身上，引導自我人生走上完全道德人格之路。

b.「觀一真法界」

　　第二境之「心靈」以佛教之觀見「我法二空境」，以破人

對「主、客」、「我、法之相」之執著。此「觀照」言普渡一切有情，對人之苦痛有着極強烈之憐憫，由此生起慈悲之懷。它就以此慈悲之心面對眾生，教他們生起智慧，以此照見眾生之所以有煩惱苦痛之根源，更教人以智慧破執著，使眾生得以超拔而入於絕對境。

宇宙人生變幻無常，但釋家不立一超然無限的上帝以安頓人心，佛要眾生生起一大智慧，「觀照」藏於我中之貪、瞋、癡、慢、疑等，並將之徹底化除，同時立一大宏願，要破除一己及眾生之種種執障。人與情慾俱生，當人之欲願因外緣不足而不能達至時，苦痛即生。而此欲願全在於人對偶然有者求其必然，對無常者求其永恆而至，不能如實觀有情世間之眾生，不知一切均因緣相聚而有，因緣相散而滅。若將此「緣起論」的思想深層觀之，更見「諸行無常」，因宇宙萬物生滅相續，因果相繼；與及「諸法無我」，見萬法包括人之身心均沒有實體。由此，佛說：「心靈」須依佛深觀現象界一切乃依因緣而生滅，見萬有雖「有」而「空」，雖「空」而「非不有」。人之「心靈」若照見一切法皆緣生，便無貪慾、瞋恚、癡愚，如此則苦痛不生。當人能破除生命中癡想情識之執取，則可除我慢、我癡、我瞋、我貪而得到解脫。

佛家言「布施、持戒、忍辱、精進、禪定與般若」為修行之要，若有所得，更需行般若智慧以破「有所得」之心境，以「空慧」觀一切法空，方可真見「諸行無常，諸法無我」，使

「心靈」達到「空空」之心境。如此，得見一切法的真如法性，進入「超主觀客觀的絕對境」。

當佛說諸法因緣生時，同時亦重視生命之因果業報。唯識學將「心靈」作為「心識」來論說，說外物影像透過六根映照到「心識」中，故提出「萬法唯心論」。在提到業報時，唯識家說人生命中一切業，其根源俱在「心靈生命」之阿賴耶識中之種子裏，並以種子之功能變異加上外緣與之相合來說世間之因果變異。再者，唯識論者說藏於其中之功能種子，當外緣一至，便會呈現出根身（感官）及色法（物質世界）。當兩者相互接觸時，則產生「心識」活動來。此一一生命之功能種子活動，便彼此互為因緣而互相交織，進而合成一繁雜的大因緣網。再者，各人執持的種子不同，而顯現的「心識」亦各異，由此造業也就不一樣，受報亦各有不同，故連帶的善惡染淨苦樂也就各不同。因各自執障不同，各自破執的方法不同，修行的方法也就不同了。

佛教以「我法二空」為眾生普渡，這是人的「心靈」由外而內直觀，徹入主觀的心內世界及客觀事物之世界，見一切法「空」，使物我從一己的「心靈」清除出去。物我兩執破除，再無主客對立，「心靈」則進入絕對境，見真實世界，發大悲願，起真實行，普渡眾生。

c.「觀性命界」

第三境為「天德流行境」，以儒家思想為要。它顯示了「心靈生命」與客觀世界在同時開展的過程中相感相通。所以儒家言人我之感通，物我之感通。而這感通由近而遠，由本而末。所以「心靈生命」的境界可以日趨廣大與高明。儒者立教以導人成德，毋須否定西方宗教至善之上帝，它只是不先神而後人，而是根底處從人之性情出發而推展。它以人世間的倫理生活為基礎，以人與人之間心靈之相感通、踐行道德理想為鵠的，以成就偉大人格為要務，將善行普及人間。所以，縱向而言，它首現於孝親之事上，是「心靈生命」向它的來源處反溯而回報；橫向則敬兄事長。當此相感相連之情既深且厚時，則會進一步擴展至家庭以外，至於朋友、社會、國家、天下。由此人間成為心靈相感相通，交織而成之大愛，人道遍行之倫理世界。

儒者善於言人道即天道，人德與天德並行。這「人天並行」是「心靈生命」由主觀及客觀境超越出來而入於絕對境。於「人道」即「天道」中，見「人德」與「天德」在道德上有一情慧相通。儒者認定人之「心靈」本有善性的一面，更有自求生長、自求創造、自求圓滿之本性。於此，人之善可不斷伸延擴展自己，要人須將此性率之、盡之，至於其極。儒者說，當人「盡心、知性」時，則能「知天」，即「人德」中見「天德」，更見「天道」是「人德」的超越根源。這裏，人對「心靈生命」

的價值及當前世界之價值之肯定，即可上通於「天德」，因儒者感萬物生滅相繼，正是「天道」生生不息之機，是創始終成，仁德之活動。所以，「天德」流行不是孤峭地說，而是將道德之源拉進人間，以倫理生活為基礎，衍發於仁德踐行上，置天堂於塵世中。

3.「心靈」之恆常真實的、圓滿無缺；是善的、完美的世界之根源，相對於現實世界之生滅虛幻

3.1 初對現實世界之否定

唐先生心中有一疑問：「什麼是世界？我們當前的世界是否真實？」這疑問反映了「人需要一個世界，一個真實之世界，為他生命活動拓展時之所憑依」（《道德自我的建立》）。「這當前現實世界可是真實的？如果它是絕對真實，何以會引起我這個問題？我開始去反省我何以會有此問題。我即發現：在這問題之下，它便有是真實或不真實之兩種可能。它也許真實，也許不真實。我進一步的思想馬上告訴我，這當前之現實世界決不是真實的，它是虛幻、是妄、是夢境。」（《道德自我的建立》）

隨着這疑問，唐先生初從生滅看世界，覺得「這當前之現實世界決不是真實的」。而這生滅之世界究竟是一個什麼的世界？唐先生有如下之闡釋：

3.2 對現實世界之從否定到肯定

3.2.1 現實世界在於時間之流裏，一切事物生滅相繼

無可置疑，一切東西在時間之流裏，於「生、滅、實、虛」中流轉，無常不定，「他們都要由現在的化為要過去的，生的必須滅，有的必成無」（《道德自我的建立》），所以說一切事物如夢如幻，是沒有真實性，是就其必須消滅上說。「我從時間中之一切事物之流轉，及其必需消滅上，我知道了，此現實世界根本是無情的。天心好生，同時即好殺。現實世界，永遠是一自殺其所生的過程。……每一段時間，都是以前的一段時間之否定，人生每一種活動之開始，都是建築在過去有意義有價值的活動之消極上面。……然而時間之流水便似在永遠不斷的創造此可悲的世界，而現實始終本是表現於時間中。所以現實世界，永遠是在本質上令人感到各種可悲的世界。」（《道德自我的建立》）

所謂「生」者、「實」者，終歸流轉到幻滅虛無。但另一現象告訴我們，宇宙間新新不停，生生不息。時間送往迎來不斷，這生生不已的現象，同時亦是滅滅不已。我們之所以說「生生」而不說「滅滅」，只因為在我們心底裏，對「生生」有着強烈要求，要有一現實的對象世界來作為我們生活及活動所依憑寄託。所以我們注目及肯定於「生」上，不在「滅」上看，從而肯定「生」而否定「滅」。但是在我們之目光裏，見事物連綿不斷的生滅、相繼無息，無論生滅連串如何，「生」始終

歸向「滅」，這是對現象界一切事物之綜合判斷，即是：「一切存在者必須消滅」。所以說事物在時間中流轉，是無常，如夢、如幻。這樣使人生帶有悲觀痛惜之感，並覺宇宙世界是冷酷無情的，因為每一段現刻的時間，均是前一段時間之否定；我們每一個活動之開始，均建構在已逝去但具價值及意義之活動上。由此，人類中有價值有意義之事物及活動會隨時間之流走而逝去，永不能為今天事物及活動所涵攝之意義及價值所取代，這實在是人生可悲的事。然而，人難道就永遠只能在時間之流中不斷悲悼？因為如此之人生，永難有圓滿之一刻，永遠懷着缺憾之悲痛。再者，事物之生滅，亦見宇宙好生亦好殺。依此好生好殺之現實世界本性而觀之，眾生相殘亦不外是幫助時間去完成其毀滅萬物之工具而已。

　　唐先生把這種對現實的「生」走向「滅」，價值從「存在」到「空無」，一下便接通到了釋家的心境上，體悟「世界是無常、是空、是苦，人生的一切，畢竟是虛幻的。」然而，難道「我」就須永駐於此境中嗎？唐先生說，人在「一念之自反中」即可以感覺到：

　　「現實世界中之一切事物，均既生而又滅，有意義價值之事物不得保存，使我難過，更是確確實實的事。這即證明我要求一真實的世界、善的世界、完滿的世界。我之有此要求，是千真萬確的事。此世界不能滿足我的要求，所以使我痛苦。我痛苦，即證明此要求之確實存在，現實宇宙是虛幻的。但我這

要求一真實的、善的、完滿的世界之要求，是真實的。」（《道德自我的建立》）

現實世界生滅不斷，在宇宙萬物生生之過程中，「生、成、敗、滅」循環不息，人在其中亦免不了受「生、老、病、死」之困。我們往往對此生滅不斷之虛幻、殘忍不仁及價值無常之世界有所不滿，心裏總執著要這現實世界是恆常真實的。但這要求實在是超過了現實世界所能滿足的，即是：超越了現實世界事物之生滅性與虛幻性。但這要求之來源處是在哪裏？唐先生說：

「在我思想之向前向下望着現實世界之生滅與虛幻時，在我們思想之上面，必有一恆常真實的根原與之對照。但是此恆常真實的根原，既與我們所謂現實世界之具生滅性與虛幻性者相反，它便不屬我們所謂現實世界，而亦應超越我們所謂現實世界之外。但是它是誰？它超越在我們所謂現實世界之外，它可真在我自己之外？我想它不能不在我自己之外。因為我不滿意我所對的現實世界之生滅與虛幻，即是我希望之現實世界生滅與虛幻，成為像此恆常真實的根原，那樣恆常真實。我之發此希望，即本於此恆常真實的根原，滲貫於我之希望中。……我於是了解了，此恆常真實的根原，即我自認為與之同一者，當即我內部之自己。……此內部之自己，我想，即是我心之本體，即是我們不滿現實世界之生滅、虛幻、殘忍不仁、不完滿，而要求其恆常、真實、善與完滿的根原。」（《道德自我之建

立》）

所以，這要求不單是一種心理要求，而是一個形上之要求。於此，唐先生肯定的說：「我之此要求，必有其超越所謂現實世界以上之根原」（《道德自我之建立》）。這「根原」必是至善、至真實、至完美的，當然亦是恆一不變，超越現象界之一切事物之生滅。

3.2.2 從「心之思」見「心靈」之恆常真實至圓滿無缺

這「恆常真實之根原」反過來對此現實世界不滿，進而渴求此「生滅與虛幻之現實世界」跟它那樣存在於恆常真實中。我們有這樣之渴求希望，正因它與現實世界之「生滅」在本質上有所不同，所以它不屬於我們所在之現實世界，而是超越於這現實世界之外，但它也滲入了現實世界之我們，要我們盼求恆常真實。然而，「心靈」本不可見，何以見得它超臨於時空之上呢？唐先生從「心靈」之用，即人的思想來加以說明。他說：「我由心之思想，便知此心體超臨於時空之上。我的思想，明明可思想整個的時間空間，無限的時間空間。我思想無限的時空，並不把無限的時空之表像呈現，那是不可能的。我可思想無限的時間空間，是從我思想可不停滯於任何有限的時空上見。我的思想，可與無限的時空，平等的延展，而在延展的過程中，時空永只是思想之所經度。我思想之「能」跨越其上而超臨其上。」（《道德自我之建立》）

「心靈」之思想，不會停滯於任何有限之時空上，它可以跨越現在回到過去邁向將來，把過去之事物重現眼前，把未來之事物預見於現在。所以「心之思」將現在、過去及將來之前後代謝中，建立了統一與聯貫，使過去者成現在之思，使未來者拉到眼前。這逆轉了時間之流，改變了事物之生滅順序過程，使過去雖已泯滅之事物而活在當下中。「心之思」既可以使幻滅了之事物再現，所以本身具有滅滅功能，這亦正顯示了「心之思」不停滯於任何有限的時空上，可無限回溯伸延於時空中。所以當「心之思」表現於時空中時，不會隨事物之生滅而生滅，它只有隱與顯功能。再者，現刻之「思」，轉瞬即逝，這表示了「思」之對象不復呈現我之「思」中，只是在時空上之轉換而已。思想能跨越時空，而其所依之「心靈」，亦必超臨於時空之上，不生不滅。思想本身無生滅，生滅者僅思想之對象在思想本身中之遷易而已。思想之對象可萬殊互異，但這改變不了思想之本質。故思想之「純粹能覺」是恆常、真實的。現刻所思之事於下一刻不想，只是說明那事不復呈現於我之思裏，但這不礙思想之思，我之思仍在繼續進行中。由此，我們可以說思想本身之「純粹能覺」無所謂生滅，它恆常如一。它如明鏡，但其光卻有強弱，大小，明晦與清明之別，例如於逆轉思考時，未能清晰憶記起過去很久之事物，或於睡眠中思覺之沉澱等。所以，其無限清明廣大變得晦暗，只是因外在之障蔽引致而已。

這「純粹能覺」之功能，能夠表現其自己於我們之反省中。它有所「覺」，必有所對。此「能覺」既能超臨現實世界的時空之上，故其「覺」是無限的，及其所對者，亦是無限，因它能於此刻喚起另一時空中曾經驗之事物，不限定它自己於現刻之對象中。唐先生說，此根源就是我們之「心靈」。此「心靈」既超臨跨越在無窮的時空上，所以無窮的時空中一切事事物物，均為它所涵蓋，故此它是無限的。既是無限，它同時是「完滿無缺的」（《道德自我的建立》），所謂「完滿無缺」者，即是至完美，無所缺憾，故亦是至真、至善、至美的。

3.2.3 以「心靈」之能覺觀現實世界之生滅無息

在時間之流中，現實世界生滅無息客觀地呈現在我們之眼前，但變異中之事物及逝去的價值是否一滅永滅？「心靈」生命從自家角度觀之，卻有極不同之了解。「心靈」生命有純粹「能覺」之思，它既超越時空的實在，又能「反省自覺」，它先驗之「能覺」不同於在經驗界及時空中之反省反思。因為在經驗界中，一切事物乃受人、地、時、他事、他物之限制。但「心靈」生命純粹之「能覺」對事物之認識卻無有掣肘，只見它在不停的活動中，對外界之認識能夠層層展開更替，它能對剛剛所肯定之事物，雖為現刻所否定，但是它能重新分析組合，並歸併出無窮的形色，使其意義變得更為豐富。對外物之不斷的認識及創新就在這「正反合」之辯證模式下開展出來，不斷擴大其「能知」內「所知」之認識範圍。由此，當無限之

「心靈」，接觸外在世界事物時，只要一加「自覺」，即將不斷創新之外境收攬其中，猶如無邊之明鏡，收攬山河大地一樣，無有邊際。

當中可見，「心靈」要不斷破除一切限制，方可體現自己之無限。故此，它若要完成其破除限制之功能，只有將過去所認識之對象改變過來，這過程帶有除去過去事物或價值，方能換出新的事物或價值來，換言之，即由滅滅方可以生生，這能「自覺」之「思」，方可「日新，又日新」，而此「新」不離「舊」，「舊」又涵蘊着「新」。所以說，當「心靈」經驗了宇宙萬境之「生滅」、「實虛」時，它卻從這更迭中，看成事物「新、舊」互替之境，由此鑄成一「創始、終成」之宇宙規律；由此見「生生」必從「滅滅」見之，所以「生滅」帶有積極之意義，不只限於消極之逝去矣（《人生之體驗》）。唐先生在此說：「所認識的對象世界中生者必須滅的道理，正是因為認識其生，然後認識其滅之道理。」（《道德自我之建立》）這正是科學得以發展，文明得以進步，我們生活日漸得以方便之原因。最重要的是，世界事物之生滅而產生之虛妄不真感由此而破除了，世界變得真實了。

於開始時，唐先生說「一切存在者必須消滅」，所以假設了事物在時間生滅中流轉，是無常，如夢、如幻。但是，當了解到「心靈」要通過破除種種限制，以通到現實世界中去，從而認識世界各事物，而此過程會連續不斷。當「心靈」要此認

識活動繼續不斷時，首要將過去忘掉過來，即：「心靈」不能永遠陷於一固定之對象中，這樣「心靈」方可以真正面對現實世界一切事物之「生滅即破除舊、開創新」之活動。所以，心認識一對象，而復忘掉之，是破除存於「心靈」之認識對象，不受其限制之表現。由此，現實世界中之一切事物之生滅無息，是恆常真實之「心靈」對外在事物之時刻破除，而不是現實世界與「心靈」所產生之虛幻與真實之對立。唐先生於此說：「所認識的對象世界中生者必須滅的道理，正是因為認識其生，必須識其滅，然後方能認識其生之意義。」（《道德自我之建立》）

3.2.4 我恆常真實至圓滿無缺之「心靈」能相互感通交融而肯定了善之真實性及世界之真實性

這由現實世界的「虛幻」與不真的體悟中去了解「心靈」之恆一真實時，見它是至完美無缺的。而它的圓滿性同時顯示了它必然是善善惡惡，具無盡之善，亦充分表現為我之道德心理，發用出種種道德行為，命令現實的我，超越自己，展現其本性。它既是超越、恆常及真實，必然具普遍性。從它的普遍性中，我了解到在我身上，在他人身裏，均有一超越之「心靈」在表現着。所以，他人之心不外於我之心，我所感之善美，他人之所感亦是，無分軒輊。因為從現實上看，我與他人共存，我的現實之上有一「心靈」，現實的他人之上亦有一「心靈」，而「我與他人在現實世界中，以認識活動互相交攝，而在超越

的心本體處相合」（《道德自我之建立》）。

這「心靈」之本性既是善善惡惡，而攝於其中之世界亦具此美善之本質了。所以我們對能感到善美之真實性，而在生活上肯定及貞定於父慈子孝，兄友弟恭等之人倫裏。在道德行為中大家相互愛人如己，使我之「心靈」能夠與他人之「心靈」相攝相融，種種人倫德行如仁、愛、禮、義、廉、恥等而可由此而表現出來。由此見，唐先生以超越的「心靈」作為他道德哲學的終極原則。

唐先生說：「我只要一覺，他便在。從今我對於現實世界之一切生滅，當不復重視，因為我了解我心之本體確確實實是現實世界之主宰，我即是神之化身。」（《道德自我之建立》）它以道德理性主宰了現實世界，而這所謂「神之化身」，就是直指它「真、善、美」恆一不變之性質。這「『神』具備我們可以要求的一切價值理想之全部，他是至真至美至善至完全與無限。」（《人生之體驗》）同時，這「神性」的「要求」，要將我「真善美」之本質實現於現實世界中。所以，這當前之現實世界是真實的，更是美善的，無復虛妄了。它所謂的虛妄性，只是從時間之流中事物生滅過程之幻覺而已。

4. 無限之「心靈」破除「氣質生命」之有限

人無限之「心本體」與有限之「氣質生命」有着相互間之矛盾，使人於精神上受困擾及痛苦。例如身軀在時間之流中，

每每感覺到每一段之人生一逝永逝，不復再來，而這生滅之情境不斷重複。精神上之理想若要借助此有限之身軀去實現保存而不能時，則見生滅相繼，而價值一逝永逝，這樣使我們苦痛無奈。

我們之所有錯誤，都因我們以所知的去概括我們所不知的。唐先生說：「苦痛錯誤罪惡之存在根據，乃在我們之把有限之身體當作無限用」（《道德自我之建立》）。身體本是在現實世界中之有限存在，但當我們希望這為時空所限之身體活動要永恆繼續，這即是以有限之身軀當無限使用。當精神理想要無止息地表現自己於現實世界中，而要求有限之身體作為資具，負擔一種超出其能力之限度時，一種極度無奈感頓時出現。例如在認知方面，形體之有限性使我們對外在之認識亦有限，但我們通常「以我們所知的，去概括我們所不知的」（《道德自我之建立》），將本身有限之感覺經驗與有限之思想範圍內所得的知識，無限向外推展應用，便見力不從心，更覺無可奈何。於此，唐先生說：「這是心本體似乎離開他的本位的無限，陷落在有限的身體中，要挾帶身體，以表它的無限，於是苦痛罪惡錯誤產生了」（《道德自我之建立》）。還有，當我們有限之身軀沒有能力精神，無盡的去實現精神生命的價值理想時，我們往往陷於悲痛無奈中，「我們無法在現實世界中實現我們之無限的精神理想。我們之精神上之理想，遂折回自己衝突矛盾，造成精神內部之苦痛」（《道德自我之建立》）。

人之身軀有其情思物慾，為滿足形軀之慾望，人向外界要盡攬一切，要世界為我所取，為我所用。這私利慾念更把自我之心扉緊閉，不能感他人之所感，遂對人間一切麻木。麻木則不仁，人由此將感通之路阻隔了，將愛窒息了，人變得自私了。有了私心，人間之罪惡便出現了，人遂有「苦惡錯」之感受。於此，唐先生總括說：「對事物之知有限，而以所知概所不知，便可有錯誤。再有身體，有特定之我，而執我之私，便有罪惡。吾所以有大患者，在吾有身，我由此知道苦痛、錯誤、罪惡，在我們便無法避免的。」（《道德自我之建立》）

當「心靈」未能破除人身之原始，未能實現它無限之本位而陷入於身體之有限中時，它會苦「苦」。由此，它須求改善與身體及環境之關係：

(a)「心靈」當體察到有限之身軀和無限之精神活動的關係。當自覺到身軀之限度時，它須將精神理想在身體能力範圍及限制之內展開，不要使身體過度貴張其能而受苦。這就是我們常說的量力而為，正如莊子云：「吾生也有涯，而知也無涯，以有涯隨無涯，殆已。」（《莊子‧庖丁解牛》），則一切煩惱自可放下。「心靈」可以擴充其知，破除身軀之有限而將其原先限制之所知逐漸申延，將原來所不知者，擴張至本身所當涉之範圍，人遂不會犯錯誤，由此而不受困擾煩憂之苦。

(b) 人有「氣質生命」，因而有情思物慾。當人執著我身時，即起人我不一之心，遂有自私之念頭。這私念之執著阻塞

了「心靈」相互感通之路,而變得麻木不仁。唐先生說:「我之身體之有限性,乃是指我自私執我成可能者」(《道德自我之建立》)。但人之「心靈」本善善惡惡,永遠能夠獨立自主,而表現其自性之無限。

人之自私,所以有「苦惡錯」,是由於人之有限身軀所引起之情思物慾所至,人不但要欲望得到滿足,往往更要據為己有,求之得而見苦、而行惡、而犯錯。人只要破除我執之限,知己外有人,自能推愛己之心以愛人,以自去其私,推己及人,以大愛之「心靈」而見「真樂善」。再者,「真善樂」之所以能破「苦惡錯」,因從正反看來,「苦惡錯」與「真善樂」是相對的,但相對必回歸絕對,反必回歸於正,這是宇宙和諧善美之規律。故此人之無限可破身之有限,然後成其無限。「苦惡錯」終歸必為「真善樂」所超化否定。

其實,在時間之流中現實世界裏,「苦惡錯」一再相繼,看似難以淨除的。

但是唐先生說:「人之求真、求美、愛人等,可至犧牲自己之生命,毀壞自己之身體,而不為苦,此更證明身體之原始的限制,是根本可以去除的。」(《道德自我之建立》)只要我們將心放於時間之流上來觀宇宙之全,我們便當覺「苦惡錯」乃非真實的了,而是追求「真善樂」所必須經歷之辯證之歷程,唐先生說:「苦惡錯之不能去除淨盡,即所以使真善樂得有永遠之表現者。」(《道德自我之建立》)再者,我們若

將此心願信仰執於己，並持之以恆地應用於生活行為上時，則見「心本體」本身之至真、至善、常樂呈現出來。故此唐先生最後肯定的說，人在時間之流中所犯之罪惡、錯誤及所感之苦痛終歸是可以袪除的。

5. 與心靈合而為一，以道德價值理想化掉現實人生之缺憾，成就人間之真善樂

唐先生說：在現實人間，人縱使努力的去實現「真善樂」，但在現實世界中所得者，總是片面的、有限的，不能於一時間內將「真善樂」全幅呈現。況且，這一刻所實現的價值理想，往往不為下一刻所保存或感受到，這種種構成了現實人生甚至宇宙世界有所缺憾，但唐先生認為：「如果我們真是信仰所實現的價值之永遠保存於心體，則已實現之價值之積累，日漸豐富，日漸充實，我們是有理由說，有一天我們可以與心之本體合而為一。到那時，我們便可以在一刹那間，回證而再次直接感受我們已所實現的一切價值。」（《道德自我之建立》）

我們對宇宙有缺憾與不圓滿性之感受，完全出於我們離開了應有對自我「心靈」之信仰所至。就以人之逝亡而言，這只是身軀之銷毀，而身軀自出生以來即在自我銷毀過程中。但「心靈」具超越性，可以超越形質生命之生滅，亦可以對人過去所犯之罪惡、錯誤、所感之苦痛，於未來加以袪除與補救。我們若對「心靈」有此信仰，我們便不當相信宇宙有任何不可去除之無奈苦痛。即使人於今生逝亡，仍會以下一代來繼續他

的價值理想。這樣代代相傳，「心靈」將會繼續無斷地展現其無限性，將其價值美善底自性無息地顯露出來。於此，在世上已實現的價值雖然不能再直接感受到，過去之經驗於今日雖已經失落，但仍可以在今天於新經驗、新對象中賦予新價值。所以，執著留戀於舊的價值裏，反會使「心靈」陷溺於其中，受遮蔽而不見新之價值了。

唐先生說：無可否認，現實宇宙是不圓滿的。但正因其不圓滿，我們要肯定它可以逐漸圓滿起來。正因我們要肯定價值理想之實現，更須肯定並忍受其實現過程中之艱辛及所經驗的缺憾和不完美。若要求這宇宙人生自始圓滿而毫無缺憾，這與貪慾無異，因這貪慾起於我們要真善樂之實現，但卻懈怠不努力爭取，希望不須付出代價而獲得自始至終圓滿的宇宙。

唐先生最後說：「我的問題，只是我如何以我之努力，改善世界，而不是世界如何滿足我」（《道德自我之建立》），因為在自我之努力中，「我自己可印證心之本體之完滿，因我可直覺此心之本體之滲貫入現實宇宙，使之化為完滿」（《道德自我之建立》）。於此，我們對宇宙之苦惡錯及不圓滿之感嘆，遂昇華為一種自「心靈」所發出之對現實宇宙之悲憫，誓要將自我理想開展，將人間「苦惡錯」轉化為「真善樂」，將「不完滿」之世界圓滿起來。

當這「精神生命要超越現實人生之限制及欲求而追求道德之至善，德性之完滿」時，我們往往將「心本體」內在之「至

真、至美、至善、至完全與無限」（《道德自我之建立》）之觀念觀來看這個世界，再不復只覺人間一切悲劇之可悲，同時會生一憐憫之情。人就在這種樂觀與悲感之交織滲融中，將由自己而出之「真善樂」觀念逆轉迴溯於自己之內心，將自己代入於「神」中，遂引出了一種拯救「人、我」，一切罪惡錯誤之情懷，扛負了化除人間之有限與不完全之責任，成就了我們最偉大最嚴肅之道德力量。這種道德的努力，是人對自我精神生命之信仰。由此，人要實現自身精神生命之全般價值理想地工作，去完成自心之本性及本身之真實自己，成就及完美這現實世界。套用我們中國舊話來說，這就是「盡性」、「成己」功夫。人就在這善善、美美、真真的情懷下，世界變得真實起來、圓滿起來。

6.「心靈」能照映出人生之智慧以肯定積極之人生態度及安立自身

從生命之整體看，見「生滅」循環不息；從生活之小處看，則見人生喜樂哀愁、得意失落交集相滲。但人生不如意事十常八九，憂愁多於歡喜，問題是：我們如何處之？唐先生說：

「你要知道世界是萬象的流轉，你有限的生命，就流轉的象中，選擇一部，以為愛惡，你是免不掉時時感到你所執取之幻滅的。」（《人生之體驗・說失望》）

「煩惱生於健全生命活動之停滯。生命之流，莫有一定

之軌道，而瘀積，而亂流。你只要在當前的事中，找着一生命活動之方向，你必不會有煩惱。」（《人生之體驗‧說煩惱》）

「如果你之懊悔，是因你覺得你過去犯了罪惡，作為未盡責任。這是一偉大的懺悔，這可以把你帶到真正之宗教道德生活去。這不是一般的懊悔。」（《人生之體驗‧說懊悔》）

「雨後的湖山，格外的新妍。你的視線，從真實的悲哀所流的淚珠，看出的世界，也格外的晶瑩。」（《人生之體驗‧說悲哀》）

「你當知道人心靈之深度，與他忍受苦痛之量成正比。」（《人生之體驗‧說苦痛》）

唐先生於此指出，我們應該以積極之態度處理日常生活不如意之事，不應逃避之或以官能刺激自我麻醉。這一切需要自我「心靈生命」之光輝，在自己生命之流本身中映照，以求發現人生的真理，進而確立自我，自強不息地開闢自己之理想，豐富自己生活內容。由此，自能於日常的苦痛煩惱中超拔出來，肯定人生之積極性及真實性。

唐先生說他曾於某夜投宿於一古廟，感人與人之間的隔膜，見宇宙人間是一大疏離，大家相互間往往以無告見終。由此，人生在世，往往孤獨悲愴，無處尋慰藉，無處話淒涼！四顧人生，茫然無所依望，叫人須獨對天地，有一種難以承受之感。於此，失落悲涼之心靈往往要問，人生意義何在？唐先生

於此有感：

「……世間一切人，無一非絕對孤獨寂寞之一生……人之身非我之身，人之心非我之心，差若毫釐，謬以千里。人皆有其特殊之身心，是人無不絕對孤獨寂寞也。」（《人生之體驗‧附誌》）

「然對人生之疑情與悲涼之感，實為逼人求所以肯定人生之道之動力，及奮發剛健精神之泉源。樂觀恒健基於悲觀，人生之智慧，恒起自對人生無明一面之感嘆。」（《人生之體驗‧附誌》）

唐先生指出，這種悲涼感覺實有其存在之價值。因為若能超越這種悲涼之感，再次積極面對人生，必會對人生有另一番體會。唐先生在「三書」中說，用以平伏這種不安感的「人生之動力」及「心靈光輝」所照出之「人生之智慧」，就是愛與關懷，是道德理性，有若在漆黑中之群星，以心靈之光劃破黝黑之長空，而相互連絡起來，並照亮四周。這等於以愛將人與人之間連起來，使大家在患難中能「奮發剛健」，積極面對人生，而世界也轉化成具價值性，圓滿真實之地方，人生安身立命之所了。由此，生命見其意義，人生在憂愁、悲苦、孤蒼中可以克服過來，這就是孔子之所說：「克己復禮」了。

7.「心靈」是道德行為之根源

唐先生深信，除了現實世界以外，還存在一個圓滿、真實、

善美的價值世界，而這樣的一個世界必須由一個「道德自我」來主導。它就是我的「心靈」。它不同於我之「自然生命」，而是超越於外，但同時亦存在於我，是真實自我。唐先生說：「我善善惡惡之念，所自發之根原的心之本體，決定是至善的」，「它既是至善，它表現為我之道德心理，命令現實的我，超越他自己。」（《道德自我之建立》）所以，它亦是自我道德之本源。這「道德的善」純粹先天的，無待乎任何經驗知識，但卻可應用於世間，充分決定我們的行為。至此，唐先生的道德哲學就以「心靈」為形而上基礎，進而發展出「道德自我」來。因此，道德倫理之所以能夠成立，在於都與這「心」有直接的聯繫。也就是說，道德倫理是「心靈」在人類現實社會中的一種客觀表現。唐先生相信，假如沒有這「心靈」，那麼道德倫理將成為無根之木、無源之水，更談不上道德修養之意義了。

的確，在經驗中，我們所驚訝的，就是這不變的實在，是我們恆常的道德觀念，它使我們面臨誘惑時所產生的是非感覺。我們可能在對錯中徘徊，但是非的感覺卻實實在在存在於我們之心內。縱使我們違逆了這道德觀念之方向，但我們卻「自覺」地知道做了不應該做的事，所以又再下決心要改正過來。這一切均來自我們「心靈」之命令，良心的囑咐。這種絕對無上的命令，要我們規行矩步。唐先生更將人生之目的歸宿於實行這道德觀念，即孟子之「仁義行」之精神，這裏見於孟

子的一段話：

> 人之所以異於禽獸者幾希！庶民去之，君子存之。舜明於庶物，察於人倫，由仁義行，非行仁義也。（《孟子・離婁・8.19》）

此處之「存心」，就是「心靈」、「心本體」、「良知」，是孟子所言之仁義禮智「四端之心」。孟子主「仁義內在」，就是從這個層面而言，即：「仁義禮智，非由外鑠我也，我固有之也」（《孟子・告子上・6》）。仁義禮智之法則並非由外在的對象或事實所決定，而是「本心」所固有，故曰「仁義內在」，此與告子主「義外」相異。「義外」者，乃由客觀的規律來決定道德行為。告子由「生之謂性」底層面說人性，其實只肯定人底「自然生命」或動物性。這「自然生命」之不具道德性。故在告子口裏，道德法則只隨外在的規則來決定，因此他必主「仁義外在」說。當道德法則非內在於本性時，則性本身無所謂善惡，故他必主「性無善無不善」之說。由此，他說：「性猶杞柳也，義猶桮棬也。以仁性為仁義。猶以杞柳為桮棬」（《孟子・告子上・1》），「性猶湍水也，決諸東方則東流，決諸西方則西流」（《孟子・告子上・2》），這大異於孟子及唐先生所言之道德主體。孟子於此正斥其非，說：義之當為而為，只能求於我們的「良知、良能」，而不假外求，因「人之所不學而能者，其良能也；所不慮而知者，其良知也。孩提之童，無不知愛其親也；及其長也，無不知敬其兄也。」（《孟

子・盡心上・15》）「良知」與「良能」，是「本心」底兩側面分別而言，蓋「本心」同時是「善底判斷原則」與「道德踐履原則」，後者是因前者而顯現在現象界的一種功用，亦即是說「心本體」有道德實踐之能，反之則無。在這裏，唐先生繼承並發揮了熊先生本體與現象渾然不分的「體用不二」的學說，承認「心靈」與道德實踐是不相悖離的。當「心靈」發用，與外在事物互相感應時，自覺地要求人作出最合理、最理想的行為。由於「心靈」所感應的對象可能不同，那麼也就產生了各種不同的德行，例如父慈子孝、兄友弟恭、長惠友序、夫義婦順、朋誼友情、君敬臣忠等。

在唐先生的哲學中，宗教佔有很重要的地位。但是，他並不認為宗教意識會比道德意識更根本，就算是最高層次的宗教意識也只不過是「道德意識」最高尚、最深刻的表現而已，其根本還是在於「道德心靈」上。所以西方基督教之上帝除了全智全能外，更重要的是：上帝是至善的。在希臘哲人柏拉圖之理型界諸理型（Forms）中，最高等位的是善的本身（Goodness in itself）。

7.1「當下一念自覺」之道德意識

唐先生說，人類之所以有不道德的生活，因為「人心之一念陷溺而來」。這一念之所以陷溺，與欲望之滿足有關。但這並不表示唐先生是禁欲主義者。他說：「我並未主張你必須絕去一切欲望。只是我認為你不當自要滿足欲望的觀點，去滿足

欲望。如果你只是因為你要滿足欲望而去滿足欲望，那便是不道德。」（《道德自我之建立》）

因此，滿足欲望並非是不道德的。例如，吃飯睡覺是人類基本的欲望，自覺告訴我們飢餓就應該吃飯，困倦就應該睡覺，因此這種自覺地滿足吃飯睡覺的欲望就不是不道德了。所以滿足基本欲望保養身軀是實現道德的資具，故本身即含有踐行道德的目的。但是若果人在滿足這些欲望的時候，悖離了它們本身所應該有的道德目的，則這種滿足欲望的行為就是不道德了。那麼，如何才能把道德目的之意義貫注於手段呢？唐先生認為只有「奉行我們之自主的心所發出之應該之命令」。所謂「應該之命令」，在唐先生看來，是道德意識「當下一念之自覺」，它絕對沒有盤旋商討的餘地。當道德意識一感受到外界的刺激，就會即時發出「應該」這道德命令，德行亦由此踐行。所以唐先生說：「認清當下一念之重要，你會知道從當下一念可開闢出一道德生活之世界……當下一念之自覺，含攝一切道德價值之全體，含攝無盡之道德意義，當下一念之自覺，含攝一切道德之智慧。」（《道德自我之建立》）

這「道德之生活，是自律之生活」，是「心靈」之體現，它能自律地實踐道德行為。唐先生說這「心靈」即是中國哲人所謂的「本心本性」。這「本心本性」，在儒家來說是有定然之價值方向，具惻隱、善惡、辭讓、是非等不落入功利計較的道德判斷。

唐先生認為這「當下一念之自覺」是人底良心之呼聲、「應該之命令」、人間道德的先天預設，有它，才有道德；沒有它，便無所謂道德了。唐先生說：「論道德生活欲求擴大，必須加強應該之意識」。 這「應該」是「善之當為」（ought to），而「惡」就是「不當為」（ought not to），而這種「當為」、「不當為」的「定言令式」，是從「心靈」而出。當「心靈」發用時，它能自己規律自己。 故此，它本身完全自足自由，無所等待，無有限制，因為它來自人超驗界之「物自身」。在這人間經驗的世界裏，一切皆有是限制的，有待的，而且遵循因果必然律，但道德界卻有所不同，它以「自由選擇」為基礎，不容「自然界因果必然性」滲入其中，因道德界的道德行為是理所當然，義當如此，絕無條件限制，這行為「是應該必然的，就應該必然了」。 由此觀之，自然界及經驗界內的一切事物，是沒有道德可言。由此，快樂主義及功利主義皆不能成為道德理想，因道德理想底根源非在另一超然世界不可，但唐先生之「心靈」是超越於我們但同時內存於我們。人生的理想目的應循這「心靈」之趨向，以自律意志，自立法度，自定法則，自己約束自己，自己訓令自己，而不應服從現象界自安。

道德之成立既來自自己規律自己，自己訓令自己，所以道德只顧義務之履行，而非出於個人之「自然性向」。「自然性向」受外物所引發，「義行」則純為自由意志所指引，兩者迥然不同。「義行」具嚴肅之本質，是義之當為而為；而「性向」

流於「氣質生命」之所趨，功利之隨從，身軀快樂之享受。然而，人類畢竟會因外界的誘惑、環境的約束、習氣的限制、過失的姑息、私欲的蒙蔽等影響，犯了惡行。因此，我們會問如何「去不善以成善」？人之惡情私欲，非我所能免。此乃「心覺」之初之表現，即在自然生命與物感通之際，此「心覺」即表現於當下之自然欲望而陷於此「我與物之勾結連環」中，除了受其拖帶將此欲望牽引要不斷滿足之外，更加以普遍化及無限化，將欲望之滿足及快樂普遍地、無限地為其所得、所享，此乃「心覺」之初步表現恆與欲望俱行（《中國文化之精神價值》）。但吾人心靈之道德理性在靈明一覺中往往可以將之化除，以形成更高階段之自覺的道德生活與道德人格。特別是當人作了隨欲望而犯了不道德的行為之後，其內在的「虛明自覺」之心自會突然湧動，力求改變有關的惡行。唐先生說，這種要求改變惡行的意識就是「知恥」。由於「知恥」意識的迸發帶出深切的自責感，犯惡之人因而往往自能肩負其罪惡。在自我深責之時，潛藏的「道德自我」會完全呈現，使人洗心革面、改過自新。但是，「知恥」而求改過是有條件的，即必須具備「勇猛堅定之志」與「真正誠固之德」，否則改過之心就不能得到充分的貫徹，惡行將會故態復萌。唐先生說，「誠」不僅貫徹一切德行之中而為一切道德之本，而更是「絕對之恥不善，是是非非而去不善，以成善之德」（《道德自我之實現》）。因此，「修養之工夫即在思誠。思誠之功夫，即致良知之工夫」。正因為有此「思誠」與「致良知」的功夫，道德自我才

能被提升，使到善者善養其善，不善者去其不善，人人都能完成其道德人格，從而實現一個真、善、美的理想世界。

唐先生說：人無私欲惡情，亦無自覺的改過遷善之自覺的道德生活，猶如亞當不犯罪，後人不知求上帝。故人在自覺改過遷善時，必須自情慾拔出，方可明心與復性。唯經此賤情貴性之歷程，方能強恕而行，將此性情擴而充之，以建立吾人之內在的道德生活，此即為一種內心的道德生活中辯證發展之現象。此實踐之功夫，是順性之情，通過自己規定之律則命令而展露顯發，是自己之個體超拔，同時及於所感之天地萬物。

7.2 由「一念之自覺」而建構人間天堂

這「一念之自覺」起自「心本體」那惻惻然之仁，是那惻惻然有所感觸之「不忍人之心」，是一種對於一切生命之無盡同情與虔敬之感。這「一念之自覺」，內裏交會着對無數生命之愛，於心中掀發了一種同情之悽顫，共感的交流。所以唐先生說：「只有由這惻惻然有所感觸之不忍，所依之至仁至柔之心，這才是應當培養之充拓之」（《人生之體驗》）。從這惻惻然之仁出發，方可得到真善美，「才能將所得之真美，無私的向他人宣示，使真與美的境界，成為我與他人心靈交通的境界，而後真理，不復只是抽象的公式；美的境界，不復為我所沉溺，……才能對他人之愚癡過失，抱着同情，對他人之人格，抱着虔敬，……才能使用各種善巧的方法，去傳播真善美到人間，扶助一切人實踐真善美，以至證悟心之絕對永恒，自

知其永生中之永生。」(《人生之體驗》)這一切之所成,均是出於人盡其本性,實現其自身之價值。由此,人人以自強不息之精神,無懼一切,方可開闢整個人類理想之生活。唐先生於此一再說:這一切「是本於我惻惻然之仁,而此惻惻然之仁,是宇宙中生命與生命間一種虔敬的同情」(《人生之體驗》),因為我與一切生命相連繫帶,如骨肉之難分。

雖然人有氣質之偏雜,有感性之掣肘,但依於本心之自覺自律,心不安於氣質生命之偏雜,因而有內發之力量湧現出來,要求自己實踐道德行為,這是「一念之自覺」,亦是惻隱之心與不安之感之朗現與開展。「一念之自覺」是心靈之彰顯,道德意識之展現,真善美具體真實化之起用。懷此惻隱同情不忍人之心,興發情無不感之悲憫,即見盤古之復生,天堂重置於人間了。

第三篇

「心靈」發用篇

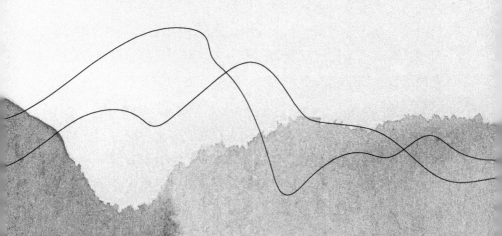

第一章
「心靈」間之相照交流及同情共感

1. 心之同情共感與古今旦暮

1.1 「心靈」之相感相通而見人倫之德

中國儒家重人倫關係，而倫理之義需靠「心靈」之相感互通。人倫的道德關係須發自人「心靈」，「心靈」之發用始於人日常生活及行為，心與心之交流感通無礙，由此成就道德實踐，乃成為五倫的德目（父義、母慈、兄友、弟恭、子孝）。唐先生說，人之五倫之德需靠「心靈」之同情共感而有。「親親仁民」乃由「心見」，非由身見。「心見」乃「心靈」之相互感通，破除人間隔膜，拆卸人與人各自間之障壁藩籬，使彼此生命之流能交互滲貫。唐先生說，這生命精神更可上提，及於祖宗，使人能返顧而念及其所生之源，上通於百世。所以孝可由「親親」始而及於整個民族而再擴充至於其歷史與文化，從而維繫民族生命於永久。

人之「心靈」以感通為本性，能感通就是「心靈」之「仁」之表現。孝悌之情就是人與其父母兄弟之感通，它是人之精神生命與父母兄弟之精神生命感通而生起。此孝悌是最平凡，但人只要自覺的順成它，則一切德行皆可由此而出。此德行之本始於孔子的弟子有若所說：「孝悌也者，其為仁之本與。」孟

子更說：「堯舜之道，孝弟而已矣。」當「仁」表現在孝親時，人的心靈生命向他自己的生命來源處仰望而回報。將此仰望回報之情延伸，就由父母而祖先，由此返溯回頭是無盡無限的。當人祭父母祖先時，「心靈」可以自我超越，其有無盡的擴大延伸。這上事父母祖先之「心靈」是生命之「仁」德縱向表現。由孝而至於悌，則是「仁」德橫向通於家庭及社會。這悌之情是兄弟間之情義上的互感互結，而悌之德更可由敬兄事長以及於一切同族之兄長，再視四海之內皆兄弟，從而啟發民胞物與、天下一家的意識。父慈子孝兄友弟恭可進而通於國家社會人群，其中之種種德行互相輝映，如孝子賢孫、忠臣烈士、一鄉之賢、千古之聖，其所表現之德，終可合成一客觀的善美的世界，德性之人格世界。儒家說，這德性之人格世界顯示了天地之大德：對於父慈子孝兄友弟恭之德加上夫婦間相敬扶持，視為乾坤定位之德；對於忠臣烈士之成仁取義，視為天地浩然之氣之德；對於聖賢之仁民愛物，視為天地生物之和氣和元氣之大德，當中套進了形而上天道之意義（《心靈九境》）。此人與天之相連，使人間之道有了根源，道德再不是無根之泛論，而是有了妥當之定位。當人心向外感通無礙而推展至無盡時，則「愛」於天地無不覆蓋，如此則天德流行，見「人道」通「天道」，「天道」見於「人道」。

　　夫婦靈犀相通則能相敬如賓，而彼此之愛當然部分是依於男女情慾，但重要者乃依於「心靈」之相依相傍，這是「一

個精神生命，要與另一個精神生命相貫通……要共同創造一種
內在之和諧……而和諧是宇宙的一種美……它有宇宙之意義」
（《人生之體驗》）。所以婚姻的意義，「乃依於男女之愛要
求永遠延續，互相構造而日趨於深細，以實現兩人格間最高度
之和諧」（《人生之體驗》），所以這「愛」使夫妻間能不沾
戀狎褻。再者，因夫婦之諧和以及相合二姓之愛好，可以由家
與家的連接而成為社會組成的媒介，成就了社會之和諧。

朋友之倫，是人在社會活動中絕不可免的，是人的自覺選
擇，包括師生朋友的關係。此倫重在於事業之相勉，可以於一
純粹的精神人格上，超乎一切私心與利害的關係。唐先生說，
朋友之倫的擴大，橫面可盡交天下善士，彼此間互相信任，相
規以善，和而不同，涵蘊寬容異己的精神。而縱面可以尚友千
古，神交仁人義士，敬古今的賢哲。所以師生朋友這一倫是學
術文化的傳承與延續之所依，它可以使人的精神能日趨博大寬
厚，使各民族的學術文化，交流互貫以趨於充實，學術文化由
此不斷獲得新生命，日新而有光輝。（《人生之體驗》）

1.2 人倫與我之義

我之所以為我，並非由我此心對我此身而成，乃由我此心
對我之倫類之心之相感相知而後始成其為我。故此我並非限制
於他人而有我，乃通於他人之心而始有我。

在孔孟儒家之五倫中，個人不會在群體中茫失，相反，更

突顯個人之德性及存在之意義，從而圓滿成就個人之人生，更可完成自我之人格。例如在人倫中，我為父則必慈，我為子則必孝。但此慈孝，不是遷就他人而強作之，而是出於「心靈」與「心靈」之互通，父之心通到子之心，即可感其之所感，子之喜樂愁苦亦成為父之喜樂愁苦，故能親之愛之，成父對子之慈愛。同樣，當子之心跳進到父之心而順應其喜好而遷就之、滿足之，即成孝順。這「心心相交」是「心靈」之敞開，所以方能感他人之所感，對他人有所體貼、安慰、扶持及關心，唐先生說：「愛是相愛的人的生命之滲融者，貫通者」（《人生之體驗》），一言以蔽之，這「愛」亦是我們道德意識之根源處。當此同情共感能夠超越單純的去知他人之憂苦及期盼他人之喜樂，以及泯除私心佔有慾時，即會尊重敬愛高於自己之理想人格之為有道者。由此，仁者能敬天下一切有道之人，並憑此愛敬之心而與古今四海一切有德者之人格、心靈、生命、精神相感通，而不見有古今四海之隔。唐先生說：斯時此有德者，其智足以見不同人格之德性世界，這可稱得上高明；其心足以愛敬不同德性的人格世界，這可稱得上博厚；他不見四海有隔，是為廣大；不見古今有別，是為悠久。人有此「高明、博厚、廣大、悠久」之心，則能對古今中外乃至於一切未來的人格世界之有德者都能感而通之。此時之「愛」已是超升到一更高之階段，變成了自我砥礪之模楷。這一種虔敬之心靈就是聖賢之「心靈」，這是「心靈」自我提升到道德絕對境，在此一境界中，能面對至善而循之守之，對古今四海有德之人格禮之

敬之。對有德之人敬愛外，同時更會自勵自勉要隨順之並實現
此無盡之道德人格。這體認了善在人性中，與及自我理想人格
直接由我實現之可能，這否定了西方宗教認為罪惡之源頭在人
之心靈生命中，否定了佛家認為人之「我執、法執」乃源於心
靈生命。故此，儒家不言懺悔贖罪，也不言破執之道，只言順
「心靈」之感通本性，率之盡之，以至於其極，不要閉塞之使
之麻木。

　　但當他人之理想人格隱微不顯，未能完全實現時，仁者內
心自會興起一種幫助他實現其理想充實其人格，當深信於這獨
立自主之人格「都是價值之實現者，都可以實現無盡之善，上
通於無盡之價值理想」（《人生之體驗》）時，便發覺這種「愛」
出於「不忍人之心」，是出於對他人之期望，是對自己以外之
人的一種親切冀盼與及關懷，要幫助成就他人之人格，一同體
驗人類向上精神之可貴。這是一種「尊己敬人」之愛，「尊己」
是出於自己對自己向上精神的自覺，自覺自己之向上精神通於
無盡之價值理想並要實現之；而「敬人」者，乃在一念不容已
之深信裏，感受到他人亦有着潛藏之善或已實現之理想人格，
這「愛」正是孔子所說之：「己欲立而立人，己欲達而達人」
之精神。

　　「心靈」之本性能自覺地自我敞開而貫入他人之心內，孟
子說這是「仁義禮智」四端之心，是人性本然的善之表現。在
儒家哲學裏，認為父慈子孝，乃「天性」，《中庸》說這是「天

命」賦予我之必要如此之性。所以，為父而慈，為子而孝，純是「率性而行」而已，即是「率心而行」，不要使「心靈」為情欲私念所遮蔽，致「麻木不仁」。這「本心」在我，凡事只要我能盡己之心性，則能愛及於家國天下，完成我之道德理想，並成就他人理想人格，這即是孔子所謂之「忠恕之道」。「忠」者乃盡己之本心，「恕」者乃以「己心」外及於他心。「己心」與「他心」原屬一體，相交相融無礙。人與人只要「同情共感」、則為父必慈、為子必孝、兄友弟恭、夫和婦順，最後我心他心相印、相依、相通、相感中而見真情。

1.3 「心靈」之相感與古今旦暮

人心之所通所感，不限於一人，一家，一族，一社會。今昔諸世，古人往矣，回顧祖宗先人，距今之世多矣，卻往往為我一「心」所顧念、所感通而歷然在目。先人雖已渺然不存，但其遺志未歿，而後者往往力求遂之，向其致懷念與誠敬，並尊之而行。由此祖先才不會身歿而歿，其遺志願望可因存於後人之「心靈」而與天地長存。由此可見，「心靈」相通不受時間限制，能夠於古今旦暮中，虔敬關愛裏相互契接。唐先生說，人借此可以破人生荒涼孤獨之感。他曾在夜裏仰望穹蒼，四周為漆黑所蓋，唯見星光相往來，此星光相接乃喻人心之相通相接。穹蒼因星光相接而劃破漆黑，人間以愛相感通而相知相惜無間，填充了內心之孤獨寂寞之感（《人生之體驗》）。

1.4 「盡己心、盡他心」

人居仁由義，除自盡己心外，亦未嘗不可兼盡他心。而我之兼盡他心，亦我之所以自盡其心之事也。能夠將自盡其心之量，求盡天下萬世人之心時，亦正可以大盡其心之事也。故童子讀書，初自盡其好學之心而已，及後見父母在旁，自覺父母之期盼既高且遠，遂感於懷，知不讀書無以對父母之冀盼，乃益自淬厲，發憤攻讀，以酬父母之期望，最終仍不外自盡其心而已。所以，吾之居仁由義，皆可以兼上慰古先之祖宗忠烈聖賢之靈，這亦正所以自盡其心量之時，以兼盡古先祖宗忠烈聖賢之心為心。

故能「盡己心、盡他心」者，即是：吾人之所以自盡其心者，亦皆未嘗不可以「盡他心」。對他心，我可以不知其狀，所知者，唯其在我之外，有此一心與自心相應，大家縱然關山相隔，或遠超千古，然其心未嘗不洋洋乎如在其上，而在其左右，其心之所向，猶如歷歷在目。所以，當自家居仁由義，行所當行之事，孝於家而忠於國，以「不安之情」以行當行之事，以「不忍之心」行作當作之行，皆所以自盡其心，非有所他求。當致祭於祖宗忠烈聖賢，除了表達不忘之心外，亦將他們之所期所願，感之於懷，知不切實而行則無以符其所望，於是乃淬厲自勉，以酬祖宗忠烈聖賢之盼，以慰他們之靈，正所以盡己心，亦以兼盡他們之心為心。這亦是吾心貫入他們之心裏，與他們之生命同感同流。由此，在「盡他心」之過程中，表現出

「愛破除人與人之間之自我障壁，使彼此生命之流互滲，而各自擴大其生命」。所以，能「盡己心、盡他心」者，往往包含了要助他人實踐其理想。在日常生活中見助養學童或捐助科技醫學之研發就是很好的例子。當受助養者學有所成，造福社會時，此「盡他心」之望，將轉化成崇仰讚歎之感謝，最後終見「其以中國人為一人，天下為一家之仁心，如天地之無不覆載，本其至誠惻怛之情，發而為情，顯而為事業，皆沛然莫之能禦。」（《人生之體驗》）由此，「人類之社會，方可化為愛之社會，愛之德，充於人心，發為愛光，光光相攝，萬古無疆。」（《人生之體驗》）

當接觸到哲人之作品時，看到他們開闢價值世界之努力精進，自強不息，至死不渝時，實有忘我之一刻，要踴身千載上，到敬仰的古人面前，與他們面晤，要我心盡其心志。斯時，似聞孔子在杏壇設教，揖讓雍容，要承孔聖「行仁踐義」之遺訓；亦似見耶穌指向天國，要歸於至美善之境，雖然最後遭橫釘十字架上，但矢志要繼其灑血救世之心懷；亦似見佛陀閉目於菩提樹下，替眾生尋覓出生死之道。在這發思古之幽情時，打破了過去與現在之隔閡，親眼目睹一個個卓立之人格中流砥柱，憧憬着人類未來偉大之人格逐一出現，偉大之文化創造，由此向未來投以一種無窮的希望讚歎（《人生之體驗》），更以自強不息，「盡己心、盡他心」之胸懷以繼承古聖先賢之心志。

2.「心靈」之同情共感及深情厚意可徹通幽明之路

人之「心靈」可超越時空，回到過去，跳躍到將來，更可抽離此情此境，走進在他處之人物去，與之相聚相感。此「心靈」可通古今人生之志願，「能貫天下古今之人心」。當此萬古長存之「心靈」，帶着哀樂相生之情懷時，更可「由生説死，由明説幽，徹通生死與幽明」（《人生之體驗續篇》）。

唐先生說，人之生死是一大問題，是不能自己之大恐懼、大悲痛。但人縱使不思自己之死，但對他人之死，卻不能無憾。唐先生說，面對親人之死亡，是人永不能彌補之悲痛。但面對死者時，生者「覺得你對他處處都是罪過，你對他有無窮之咎心。你覺得他一切都是對的，都是好的，錯失都在你自己。」（《人生之體驗》）由此，個人之「道德自我」開始呈露出來了。的確，家人親友，一朝化往，軀體猶存，音容宛在，但神靈已渺。死者在生時之音容及深情，感於吾心者，可歷久不忘。於靈堂前，上天下地，索之茫茫，求之冥冥，雖努力而不能得，此乃動人之大悲哀，大惶惑。生死相隔之哀之惑，莫大於此！但明幽相隔就是否就不能相通？此大哀大惑之情是否永遠鬱結而不能卸？

唐先生說，人在生前與他人感通之情，於其死後往往仍明明白白活於其生前所對之後死者之心中。這說明了人之生死明幽，有一相通之渠道。這渠道是一超現實之渠道，人死後之世界究竟如何？明幽兩界又如何相通？此非人之有限理智，所可

以了解。宗教上縱可從信仰中，將人之死後之無涯黑暗中透出一點靈光，但信仰畢竟是個人之情懷，難以作客觀之肯定，難有普遍性之說服力。但唐先生說，人之生前死後，不會永無所會，實有一條相通之路，使明幽相見，「人對於人生之真了解，與對死者之真情實感，卻展露出一條由生之世界通到死之世界，由現實世界通到超現實世界，由生之光明通到死之黑暗大路」（《人生之體驗續篇》）。宗教在此，可以建構一條生死明幽相通之路，確實代表了人類精神之至崇高莊嚴偉大神聖之一面。教堂內之禱詞詠詩，廟宇中之頌經懺禮、靈堂前之悼辭輓歌，目的就是要破此人生之惑，以寄此人生之大哀，以通此幽明之際。

然此幽明之際，人如何證其必可徹通？及如何確知死者之精神尚在，且可存在於生者心靈精神之中？唐先生說，此非世間之一切理智、思慮、推測與想像所能及，而是基於人之所以生此大哀大惑中之深情厚意裏得取，而「此領取者，乃生者超出個人之生之深情厚意，以與死者生前之超出其個人之深情厚意，直接相觸相通，從而貫徹幽明之路」（《人生之體驗續篇》）。所以，能通此明幽之路者，乃生者與死者之「深情厚意」相互感通所致。

人之深情厚意，與一般生活上之精神活動稍異，它必須從人之理想處接觸，而此理想乃以誠切之心懷，對他人投以諄諄之期盼和殷殷之顧念以求感通，方足以當之。這特別見於祭祀

中，因為在祭祀祖先或先賢時，後死者往往在「思其笑語，思其所樂，思其所嗜」中（《禮記‧祭義》），誠切懷念祖先之氣象風儀及先祖先賢臨終時之諄諄訓語而開出一條明幽相感相通之路。當一個在彌留之際的家中老人，對兒女指點家中之要事；一個在社會裏成就了功業之人，在臨危之際，對其繼承者之吩咐囑託；以及一切志士仁人之寄望於來者要為道義而生、為道義而死之託付。這是至誠地對他人之精神，嘗給予殷殷期望及顧念。而此至誠至真之期盼，直溢出於個人現實生命之上及以外，以寄託於仍生者。於此，當生者感到死者至誠之期望、顧念、冀盼時，雖鐵石心腸，皆無不感動。由此感動，在生者直接感受及了解到死者之精神及其深情厚意。於此，生者直感死者之「心靈」，已超越其自身，一躍而存在於其「心靈」之中。當生者有感於心時，則生者之精神，自會超越其平日之所思所為，而直下與死者之精神往來，以其精神為精神，以其「心」為「心」。前者是死者之精神，走向生者而來；後者是生者之精神，奔向死者而往。死者知其將死，即知其精神將由明入幽；但同時他以至誠對生者所致之顧念與期盼，使其立即離於幽而入於明（即雖死猶生）。生者之受其感動而與之相感通時，則為生者出於明而入於幽。同時感死者之至誠，切要將其精神實踐出來。於此，明幽之路通，這一切基生者與後死者之「心靈」以誠敬互相感通而至。誠敬之意者，是肫肫懇懇之真情，凝聚於具體之存在，不寄於浮散抽象之觀念上。所以在誠敬中，生者事死者如事生者，方能期以生者之情，與亡者相遇。由此，

彼亡者之死而未嘗不生，亡而未嘗不存。唐先生說，此肫肫懇懇誠敬之情，向於祖宗或忠烈聖賢，即能與之面面相覷，「洋洋乎鬼神之為德，視之而不見，聽之而不聞，又體物而不遺，而只待人之相遇於旦暮」（《人生之體驗續篇》）。此「鬼神」之相遇，實乃死者之心與生者之心大家相映照。在此萬古之時空中，更無人我內外之隔，明幽相通於「肫肫其仁（誠懇如仁），淵淵其淵（深靜如淵），浩浩其天（廣大如天）」裏，上下四方，渾成一片。確實，「鬼神」之狀，難以言表，非我們理性知識所可探索知悉。但「鬼神」之情，我可以用情與之相通而感其存在。所以，當人念及死者時，往往帶着極強烈之感情，皆覺死者之精神，如在上下，如在左右。由此，方能置我誠敬於死者中，使我為主動趨近之。

「人於生前，其情關顧者乃其家庭、其鄉土、其生活之此自然世界，社會人文世界」（《人生之體驗續篇》），此情之深之厚，往往洋溢於死者之外，以繼續顧念人間。忠臣烈士、志士仁人者，其生前所顧念國家人類者愈大，其情也愈深，則其為「鬼神」，其情之顧念者也愈大愈深。孔子、釋迦、耶穌，其情繫於天下萬世。而天下之人，以其誠敬，祭仁心悲願及千秋萬世之聖賢，則聖賢之「鬼神」之情由此得其寄，其價值理想得以伸延。

於祭祀時，吾伸展生命精神，以達於超現實之已逝世的祖宗聖賢；吾對逝者除了感恩外，亦順承、尊戴祖宗聖賢及天地

之德。唐先生說，這天地與人，交感相通方可視死者亡而若存，此中更帶有要實現聖哲先賢之價值理想，使後世能繼往開來，以敬終如始，而致悠久。（《中國人文精神之發展》）所以，這明幽之感通，使我們對過去歷史上有價值而備福德之人格，方可致其珍貴愛惜之情。而誠有此情者，可以提升我們的精神，使我們不至只以物的世界、自然的世界為託命之所，而要將過往之聖哲賢人之價值理想，福德兼備之人格，為我順承尊戴之，為我安心立命之處。唐先生說，這不單是明幽相通使超世間與現實世間統一為一體，更使人文價值得以承前啟後，繼往開來。

3. 於祭祀中，見道德精神通達於天地鬼神

人求不朽，但人終歸不免一死，此「死」展示了個人生命之有限性。但人面對人「身」死而有所不願，求「心靈」能超越之而永久長存。宗教就是要人從有限之存在中轉入無限去。但唐先生說，我們對宗教之肯定及其當有者，除了實際出於自己要求不朽及福德補償之動機外，尚有一更高之動機在。唐先生以中國傳統之宗教性的「三祭」為例，說祭祀往往特重感恩，因在祭祀中，其精神「為一絕對無私之向上超升伸展，以達於祖宗、聖賢、天地，而求與之有一精神上之感通」（《中國人文精神之發展》），這超越同時具備一道德精神，這一往通達於恩德者，除了感激之情外，還帶着：

(a) 以求保存其有價值理想之人格或先祖親人之恩情；

(b) 求蒼天鬼神福臨國家民族與天下萬民之心。

　　以上二心，乃人情所不能免，「仁心」流行之所不容已者也。此「仁心」之不容已，直下賦予祭祀之意義及鬼神之肯定。唐先生說：一個偉大之人格，當其盡道而死時，可謂無愧怍、無遺憾。他人對之，則不免有追悼之情。然而在追悼中，一方覺其一瞑而永逝，一方又覺其音容宛在。此二者之相融，使死者在人心之情懷中，似若亡若存，即是：雖歿於明，而仍存於幽；雖已入於幽，而似又見於明。若我們之情不作如是之肯定，則一個偉大之人格，會隨死而俱滅，無價值之可言。夫人之人格，在生時雖愧怍無遺無憾，但一瞑而逝，實乃人情之所不能忍。孔子對死者之有知無知雖在兩可之間，然在祭祀中，卻強調「祭神如神在」，這對鬼神之存在，圖積極加以肯定者也。由此，對「鬼神」之肯定，即是對客觀有價值理想之人格求其永存之肯定，與及對一精神生命維護道德人心，這是求道德精神福臨國家民族與天下萬民之「仁心」。這「仁心」之不已，直下與「鬼神」相感通，對「鬼神」作出了肯定，亦即對「仁心」永存之肯定。（《中國文化之精神價值》）

第二章
「心靈」之凝聚與開發

　　中國儒家認為宇宙一切都在變動中，稱為「易」，其目的在於「生生」。「易」變動的動力，在於翕闢。「一翕（音恰）一闢」之謂變，「宇宙間，只此翕闢之流，剎那剎那，頓起頓滅。如此，流行不息。猶如閃電，至活無跡」（熊十力《十力語要》）。「翕」是合，「闢」是開，二者乃「天道」顯現宇宙萬物之兩種作用，乃相反相成，相待相涵，而為萬物生起之源。可以說，「翕闢」是「天道」之用而見天地萬物之化生，以水波而喻，水起用而見波濤，波濤隨起隨滅，然水性恆自如常，不改其性。所以說，「翕闢」相，即是生滅相，是變動相，是依本體即「天道」所起之用，由此即「用」而見「體」。故此，從本體上說，滅即非滅，此滅而不息，遂成「終成創始」，逝滅而生新。若無活動無息之「本體」，則萬物一滅永滅，何來說它們生生不息？

　　萬物本性相連。而「心」在儒家思想裏，直指理性，「本體」或「天道」。「天道翕闢」而生化萬物，「心」亦有「翕闢」之活動而成就生活文化社會制度，此即唐先生所言之「心靈之凝聚與開發」之大義。

1.「心靈」之凝聚與開發之輪轉相

人之生活，以「心靈」生活為主導，荀子言之為「心居中虛，以治五官，夫是之謂天君」（《荀子・天論》）。「心」在儒家之思想裏，它代表了人之「精神生命」，有異於身體之物質生命，「心者，形之君也，而神明之主也。出令而無所受令，自禁也，自使也，自奪也，自取也，自行也」（《荀子・解蔽》）。孟子將之拆分為「大體」、「小體」說，「大體」是人之「存心」、「精神生命」；而「小體」乃人自然生命之「官能私欲」。於此，他說：「耳目之官不思（「不思」，即不自覺反省），而蔽於物；物交物，則引之而已矣。心之官則思（「心之官」乃良知、精神生命，透過道德之自覺而透顯出來），思則得之，不思（不自覺體察本心之道德意識，只能順從官能私欲）則不得也（即失其本心，不能踐仁行義）。此天之所與我者（這本心是普遍永恆之「天道」所賦予我的）。先立乎其大者，則其小者不能奪也。」（《孟子・告子上・11.15》）由此，「心」是「本」，是「大體」；身是「末」，是「小體」。所以「心」雖寄憑於身裏，但身只是「心」（精神活動）所憑以活動之工具而已。當心靈只困於「受令、不思」裏，「翕斂」閉塞於私情欲利、權勢爭奪中，道德生命不能開展出來。心只有「出令而非受令」，「思」而行之，方能「自使也，自奪也，自取也，自行也」，「開發」自身之道德意識，進而修身，齊家，治國，平天下。

　　唐先生說，「心靈」開發自己時，向外求索，有所得時，則會「翕」而重塑自覺之理想價值，並實現於客觀世界裏，成就了文化、社會制度，更使文化制度「日新，又日新」。再者，心靈之「開發」，藉本性「不忍人」之特質，通向他人及宇宙世界事物，而此「感通」性顯發了道德情懷，使人心互通而成就「父慈、子孝、兄友、弟恭、夫義、婦順」之人倫道德，化成「仁民」之理想，並參贊天地之化育而「愛物」。此由於心靈「凝聚」時，能自省，於念念之自覺中，「能反觀自心之自覺之理想價值以求知行為之理，進而以誠敬之態度，使之實現於人世間」（《人生之體驗續篇》）。

　　在我們生活中，恆不免因自己之情見私欲或習氣，使自己困囿於偏見中或獨斷之價值觀裏，使自己之生活，逐漸形成了驕矜、自私、自利、頑固、自以為是，對外人間世界一切麻木、視而不見、聽而不聞等，因心靈閉塞於自我中。只要心靈敞開，即能「望道」而「驚天地寬」。宇宙世界，萬物繽繁，有待「心靈」去開發、體驗。但假若「心靈」為情思物慾所牽扯勾結而不能自持時，就會隨順欲望一任向外流蕩出去。於此，在工作事業上，為求成功，則勞動身軀會日夜不息而自傷；在生活上，則往往一任己情之抒發不遏而疲憊、而竭，甚至倒下來。在此，唐先生指出，「心靈」於「翕闢」中，若偏於一方，則會變得「昏濁」不靈，因為當人心靈向外流蕩而收斂時，於極端處往往又再歸於閉塞。唐先生於此指出，「人通常就在此心靈之閉

塞與流蕩中輪轉，人生之一最大顛倒，莫過於此」（《人生之體驗續篇》）。

在宇宙生生之變化中，萬物成於陰陽相激相盪、相蘊相涵中，於適當中正之時位上，萬物得以生成。此是事物之恰得中正不偏之善，這是「恰得其當」，「平康正直」中庸之道，天地萬物生生不息，就是天「善道」之表現。「中正」當用到倫理上，便是毋過剛過柔，使道德行乎於其中，即「翕闢」得宜。上古早已認定道德之規範在於得其中，不能有偏，在《尚書·皋陶謨（計劃謀定）》的九德有說：「寬而栗（栗乃嚴謹慎密，意指寬宏大量卻又謹小慎微），柔而立（性情溫和而又有主見），愿而恭（態度敬謹而又莊重嚴肅），亂（亂是治之意）而敬（能治理國事而又辦事認真），擾而毅（善於聽取別人意見而處事又果斷剛毅），直而溫（為人爽直不粗率，待人接物溫順），簡而廉（直率曠達而又能守分際、辨是非），剛而塞（剛正不阿而又內心又能充實豁達），彊而義（堅強不屈而處事又能義之當為而為）；彰厥（昭顯隱退）有常（這「翕闢」得宜，善美吉祥的九種美德若經常遵行），吉哉（就是大好之事了）」。這是中庸有道、「翕闢」得宜之象。後來《論語》中，弟子講孔子之品德說：「子溫而厲（溫柔敦厚但嚴肅），威而不猛（具威儀卻不剛烈），恭而安（謙恭卻自在安詳）。」（《論語·述而·7.37》）亦是此意。

唐先生體驗到心靈有「凝聚」與「開發」這兩種作用，相

互為用，互相依賴，其翕闢有若宇宙之「生生」活動，應恰得其當，否則生命則陷溺於價值顛倒中。

2. 心靈與自然世界之關係

「天地以生物為心，天包着地，別無所作為，只是生物而已。恒古至今，生生不窮，人物則得此生物之心以為心」（《朱子語類·卷五十三》）。人異於其他之自然生物，因為人有自覺的「心靈」。人乃天地萬物整體之一部分，故人生之道乃天地變化之道的反映，故人道和天道相連。此「心」既來自天地心，是為精神體，本是虛靈，可以接受無限知識，可以「凝聚」許多事理。「心靈之在自然界，即自然萬象凝聚之所，只要靈光不昧，便能包涵萬象」，陸象山語錄：「宇宙即吾心，吾心即宇宙，宇宙內事，即己分內事，己分內事，即宇宙內事」。故此「心」可以是天下之至虛至大，容天下之至廣；它更能夠以天下之至簡，駕御天下之至繁：以天下之至微至精，開發彰顯天下之至廣與至大（《人生之體驗續篇》）。天地之道，既「生物不貳，生物不測」，人心應效法「天道」，以「仁」配天地之生，「開發」自己之精神生命。人「心」是「仁」，是仁義禮智信的本源。《明道語錄》：「心，一也，有指體而言者，寂然不動者是也；有指用而言者，感而遂通之故是也。」這「感而遂通」是仁義禮智信之「開發」，感通於人於事於物。這亦是發於人之道德心，現於人情倫理。情乃心之動，動而皆中節謂之善德。當此「動」而皆中節者，就是「心靈」「凝聚」與「開

發」之不偏於一方。例如大學三綱領所言之「親民」，親親之情必先誠敬「凝聚」，繼而向外感通「開發」，方可及以孝事父母、父母以慈親子女、夫和其妻、妻順其夫、弟恭其兄、兄睦其弟，遂盡人皆親，人倫相恤。此即劉蕺山說：「身在天地萬物之中，非有我之得私。心在天地萬物之外，非一膜（很薄之組織）之能圍。通天地萬物為一心，更無外可言（心只可在感通萬物處見之）。體天地萬物為一本，更無本心可覓。」（劉蕺山《劉蕺山體認親切法》）

2.1 自然世界中之「凝聚」與「開發」

《易傳》在《繫辭》裏，講宇宙的成因時，說：「一陰一陽之謂道，繼之者善也，成之者性也」（《繫辭上（第五章）》），宇宙萬物由陰陽兩氣動靜變化而來。宋明理學家張載以太虛之氣為宇宙本體，太虛因動靜之感而生陰陽，陰陽相反相成而繼續變化，兩者相合而成萬物，此與易傳《繫辭》論萬物之生有同曲之說。此動靜變化，曲成萬物，這亦通於「開發」與「凝聚」之義，即：事物生化於宇宙裏，亦是在「凝聚」與「開發」中顯現出來。唐先生說，「開發」是一化為多，具「生生」之義，如一粒種子之發芽，抽葉，開花，以至結果。而「凝聚」則是由多結一，綠葉成蔭滿枝開花結果，日後繁衍之生命則凝聚於果實之種子內，這生命由「開發」至「凝聚」，再「凝聚」至「開發」，是宇宙萬物必然之生命歷程，是生生不息之大義。

191

在宇宙裏，萬物由「開發」而生，「凝聚」而成，相依而生，相輔而有。宇宙間永無相續之「開發」而無「凝聚」，也沒有相續之「凝聚」而無「開發」。從整個生命世界而言，植物上承雨露，向日朝陽，下面根鬚四展，以吸雨露，而開枝散葉開花，這便是以「開發」為先，後「凝聚」以結成果實種子。動物人類，日入而息，日出而作，更是一種以「凝聚」為「開發」以成就生活。宇宙間事事物物，實無往而不見「凝聚」，亦無往而不見「開發」。宇宙萬物藉「凝聚」與「開發」之相繼相續，相依相賴，使宇宙日新又日新而變得多姿多采。

2.2 人文世界中之「凝聚」與「開發」

一切物質文明、社會文化是通過人之自覺「心靈」所創造得來的。「故此，人文、文化與文明者，是人對自然之一種開發也。但魠就文化本身來看，亦復由二面構成：一面是文化中已成之具體成績——例如文學、藝術、科學各有成就等，此皆為人創造文化之精神所凝聚而成；另一面是運用此具體成績之人之精神，對此具體成績之意義與價值，加以新認識，新理解，新開發。」（《人生之體驗續篇》）

對過去之歷史，我們去認識它，發掘並增添其意義與價值，是謂「開發」，是人類生生不已之創造文化精神。從歷史觀文化，一切社會政治經濟制度，皆由過往人精神於「凝聚」而來。若從人當下之創造文化精神以觀歷史，歷史中之一切社會政治經濟制度之意義與價值，皆可以由人之創造文化精神，加以翻

新，賦予新意義與價值，此乃成就於人之創造文化精神本身之「開發」性。這文化創造，乃依於人之自開蘊藏，自發其心，鑿破混沌而開物成務，化成人文。唐先生說：「人之能造物質文明與社會文化，皆不外將自然與人心本有之能力，使之由隱而顯，由幽而明，由寂天寞地而地動天驚」（《人生之體驗續篇》）。這是人心對自然開發之一面，是人對自然之雛型開發加以「凝聚」認識，並添加新理解，新價值，新開發，而成文化生命。文化生活之組織制度，在安定穩固之情境下，方可「凝聚」群眾之心，共同習慣、共創理想，由此而興民建國立盛世，這裏見文化「凝聚」之力量。若從文學藝術作品而言，則興發人之感情，陶冶人之性情，「開發」」人之德慧；而學術思想，則統整人之觀念思想，故偏於「凝聚」。但一切人文活動均不離「翕闢」規律：即藝術由約至博之「開發」，及思想由博至約之「凝聚」，均賴一切人類文化「翕闢」而成。

3. 天道與人道之「翕闢」關係

人之精神生命則源於「天」，唐先生說，「人之性源於天。天心開發，天德流行，凝聚以成心性與人性。人心人性開發，而有個人之人格實現，社會之人文化成。」（《人生之體驗續篇》）此說要略加細述，方可掌握其中要旨。

3.1「天」──宇宙生生不息之機，天心開發，天德流行

在儒家來說，宇宙萬有生生不息，是天地生機之「開發」，

這「生機」是宇宙萬有存在的背後天機，是超越而又內在於人性中成其美善，是生化之道，是「天道」。《易經》之卦變，代表天地生化之道，天地之變以乾坤為元素（《繫辭上》（第5章））。從乾坤說「翕闢」，《易傳》曰：「夫乾，其靜也專，其動也直，是以大生焉。夫坤，其靜也翕，其動也闢，是以廣生焉」（《繫辭上》（第6章））。宇宙萬物生生不息乃由此「翕闢」，即「凝聚」與「開發」相互協調而成，其靜與動表現於「凝聚」潛存之價值中，進而「開發」而為差別世界之萬物。

3.2 「天地之道」乃「人生之道」

《中庸》說：「大哉聖人之道，洋洋乎發育萬物，峻極於天」（《中庸》〔第27章〕）。聖人效法「天道」，以美善之行配天地之生生，遂與天地合德。「天道」是天地萬物生化之源，人世間所有卑微平凡之事，莫不是「天道」的「開發」彰顯。例如在我們日常生活裏，聆聽是「凝聚」，了解他人之意見後而認織，及後發表自己之見解者是「開發」。故在課堂裏聽書是「「凝聚」，寫感想是「開發」。在學校讀書是「凝聚」，學以致用，發展事業是「開發」；工作後疲倦而息是「凝聚」，休息後精神作業是「開發」。故目標上之趨附可「開發」我們之心靈，但「開發」不得其度則成流蕩，「凝聚」不得其法是閉塞。例如書寫文章，不歸於一要旨，而是不着邊際，於發表自己經驗意見時，不透過綜合、了解、整理，則偏於於流蕩；對事業之發展，只知不斷創業而不懂守成，是流蕩；自以

為是，故步自封，不聽他人之言，是閉塞。同樣，在一切事物上，知進而不知退或知退而不知進，是閉塞。心靈之閉塞與流蕩，會窒息精神生命之活動，滯礙心靈之創造性，使精神生命止息於自然生命裏，而蕩失其理想價值性。人須自覺到心靈這兩種作用而去調適，人之智慧方有大增長。

　　這「天道」亦是一切「事理」之根源，也是人生道德美、善之根源，例如子女對父母有孝道，父母對子女有慈道等，這是中國人常說之「天理」昭然。故此儒家言「天道」時，亦特重於人心、人情及修身之道之主張，此啟發了有限之生命可通向無限「天道」之天機，此見於孟子之志：「居天下之廣居，立天下之正位，行天下之大道，得志與民由之，不得志獨行其道，富貴不能淫，貧賤不能移，威武不能屈，此之謂大丈夫。」（《孟子‧滕文公下》）此「大丈夫」乃人性中感應「天道」之「美善之性」並「率性而行」時所表現之行為，這是天道之「開發」。韓愈於〈原道〉篇裏說：「夫所謂先王之教者，何也？博愛之謂仁，行而宜之謂義，由是而之焉之謂道，足於己而無待於外之謂德。……吾斯所謂道也。」這「仁」、「義」、「道」、「德」之「人道」可通於「天道」，通於儒家之學說，這就是「誠」。「誠」者，真實無妄義，因「天道」乃真實無妄，故「天道」亦曰「誠」。人之性既源於「天道」，感於「誠」，「凝聚」其深邃肅穆，向外開發即流露同情共感及親愛關懷，此「天道」之「開發」，亦「人道」之「開發」，至極時則如《中

庸》之所說：「唯天下至誠⋯⋯能盡物之性，則可以贊天地之化育；可以贊天地之化育，則可以與天地參矣」（《中庸》〔第22章〕）。

3.3 心靈「翕闢」得宜成就道德人格

「人道」既同於「天道」，率道而行則自可成聖成賢，但如何得知？一語言之，即涵養「心」中天理本性，以收斂、戒慎、扶策自己之心靈，讓其虛靜，不為物慾所侵，此乃「心靈」之「凝聚」，而喜怒哀樂之「開發」皆中節，《中庸》謂之「和」。天地得此「中和」而「萬物育焉」，心靈得此「中和」而不會閉塞及流蕩，處事有道。環顧宇宙萬有，處處表現春氣盎然，相互間互賴共生，各正其位，各得其所，此乃「本體」生化不息，亦其不易之理。此「天道」通於「人道」，「天心」見於「人心」，人於行為上能致「中和」時，則見父母知孝，見子女知慈，見草木蔥蔥，則知其處正位而生機盎然。

在平常事中，心靈「凝聚」於寧靜中。在寧靜裏，人之「性靈生活，在默默生息」，人「的精神，在潛移默運，繼續充實它自己」，「人的人格之各部交互滲融，凝而為一，以表現於你自己心靈之鏡中」（《人生的體驗》）。此刻，人能夠深深地涵養本性，掌握天理，於是在情志發動時就不會流失陷墮，時刻合乎天理，人之一切理想價值亦由此而生。人順此天理而行，即能「開發」這理想價值於客觀世界中，以立己達己，圓滿人生之道，實現個人之人格，更可「凝聚」各不同之人格

而成就道德文化。

4. 心靈之閉塞與流蕩相之因與緣

唐先生說，「心靈之開發不易，心靈之凝聚尤難。大率質地樸厚者，心靈最待開發；而天資穎秀者，其心靈最須凝聚。否則質地之樸厚，或歸於智慧之閉塞；而天資之穎秀，難免於聰明之浮露，而歸於精神之凝聚」（《人生之體驗續篇》）。人「心靈」之閉塞與流蕩，非原於人自然生命中所受之限制，是人之心靈內部之罪惡而成。人「心靈」之「開發」與「凝聚」，乃相依相輔相成。「心靈」若「開發」復「開發」而無「凝聚」，則成流蕩貌。相反，心靈若「凝聚」復「凝聚」而無「開發」，則成閉塞相。兩者若限於一端之用，使之相離，即「開發」的心靈失了「凝聚」所依，而閉塞之心靈失了「開發」之所憑，則心靈生命，終歸會窒息而亡，這見於人之故步自封、不知變通。然人為何會自陷於此？唐先生說，「人之心靈之閉塞與流蕩，皆在先天心體上無根，而唯由心靈之自陷於其『凝聚』或『開發』之一端，以使二者相離而生」（《人生之體驗續篇》）。「心靈」之流蕩現象與閉塞現象是無本性的，更非「心靈」之本性，只要將產生流蕩與閉塞之條件卸除，流蕩與閉塞自會消失。衍生流蕩與閉塞之條件就是順應我們之習氣，習氣者就是我們之種種欲望、耳目感官、生活習性等等。這些習性，可以使我們之「心靈」流蕩閉塞，例如男女飲食，人之大欲存焉，但縱一己之欲如男女之慾等而不知收斂，則會造成「心靈」之

流蕩，這對個人、對家庭、對社會都會造成莫大之損害。若我們之「心靈」陷於「凝聚」，不懂「開發」，則流於思想封閉、執著、自以為是、故步自封，從而顛倒價值，例如視錢財如命，為私利而犧牲他人，最終導致整個人格之墮落。

5.「心靈」之「開發」與「凝聚」之難與易

「心靈」本空靈，可存記事物之「無盡藏」，可將一切事物盡藏於此，但人若將心中所記存者，加以執著並沉陷於其中，則足致心靈閉塞，如人過去憑努力創出成就，到晚期只誇耀過去之輝煌而執於此、而自大、而目空一切、而自以為是，不再虛心進取，則會陷入故步自封之地。

同時，外在文化乃「心靈」價值理想實現於外在世界之成果，由此可見「心靈」能開發自然，主宰自然。但當一切器物，紛繁雜多時，則可構成一引誘及牽制「心靈」之力量，而導致人心流蕩，例如對物質享用作出無盡之要求，從而對金錢之追索，而無時無刻費盡心思，為求目的，不擇手段，甚至犧牲自己之道德人格。所以，「心靈」雖能存記一切之「無盡藏」及開發自然，人文之盛德大業，但亦可使我們當下之「心靈」由之而閉塞及流蕩。故此唐先生說，「吾人唯有知此當下之心靈，知此之一無足恃，內見處處如有陷阱，外見處處如有漩流，而生一如臨深淵，如履薄冰之戰慄危懼之感」（《人生之體驗續篇》）。

要除掉情性習氣，人之精神生命需不斷觀照自己之理想價值，並於理想不斷創發時反躬體驗。同時此「超越自我」之「心靈」須依「內在之理性」創發新理想活力。此「內在之理性」乃創發普遍理想之根源，它不為現實所限。人應對此「理性」之生起，加以肯定並隨順而行，然後「方足語於真正之自作主宰的精神人格之樹立，及能自己凝聚亦能自己開發的心靈之樹立」（《人生之體驗續篇》）。精神人格樹立於「心靈生命」並安頓於自覺之理想價值中，不為外物所牽引。當人不窒息「心靈」之創發性，則「心靈」自會「開發」與「凝聚」而得其「中」，「故人於此一念超拔，內不為個人習氣之俘虜，外不逐物而徇世俗，則個人已往之經驗，皆開發我本來生活之種子」（《人生之體驗續篇》）。

6.「心靈」之「凝聚」與「開發」與其本身之自覺反省

流蕩與閉塞，亦今日社會文化上所常見。「心靈」流蕩者，則縱情物慾，見於社會裏人欲橫流。在自然界裏，人為了自己生活之安適方便，不斷開採濫捕，自然資源已日益乾涸，生態環境遭受破壞。心靈閉塞者，則見人執於「身見」，見自我不見他人，事事為我而不為人，處處計較利害得失，心靈遂陷溺至麻木不仁之境地。青年人朝氣勃勃，教心靈易於流蕩，唯積習尚淺，所以生命之創造力較為活潑。人到中年、老年時，知識日積，但同時成見日深，習氣頑強，故心靈易於閉塞。中華民族歷史悠久，其文化之成就雖廣博深邃，偏重於「凝聚」、

並以此和協此一大民族之心，但弊病亦見於此。其民族精神容易由「凝聚」而膠結而閉塞，處事之態度往往執著「祖宗之法不可廢」而不知變通。

在我們日常生活裏，見外面花花世界容易為其誘惑而放縱流蕩，故須靜思、閱讀、修習書畫使「心靈」得以「凝聚」。同時，不要囿於一己之成見，多閱讀，多思考、多閱歷，以助「心靈」破除閉塞。

所以，我們「心靈」由「凝聚」而「開發」，與及「開發」而「凝聚」，須見於心靈本身之自覺。「心靈之自覺，是心靈之復歸於自己，是謂凝聚。然人之心靈，不超升一步，即不能自覺。此超升之謂內在的開發」（《人生之體驗續篇》）。這即是凝神以觀照一超越之理境或形上境界，進而使此心空闊無邊，廓然無際。這是「心靈」之修養，憑自覺觀照，是一回頭之反省。自覺反省即是「凝聚」，而此中即同時含蘊「心靈」的「開發」，因為「人在開始自求其心靈之凝聚時，卻要有所不照顧。人要有所不為，而後可以有所為。人之有所不為，即人之精神可以開始凝聚自己，求內在的心靈之開發」（《人生之體驗續篇》）。人於俗情世間中，未必事事須有所作為，未必事事要有所知聞，例如言不及義之聚會，嘩眾取寵之演講，浮游無據之文章，因為它容易使心靈放散起來，而放散必引致心靈流蕩。故此，人欲求心靈之凝聚，須有一反時代超時代之意識。於此，心靈方可凝聚而自求開發，自己建立一精神

態度。當然，此拔乎流俗之精神與當前之時代有一疏離感，但要知道，這方可使我們之心靈得一內在之「凝聚」與內在之「開發」。不過，當人脫離當前之時代，只趨夢於將來，或留戀於過去，對當今之事，不求知聞見解時，心靈即陷於閉塞，此閉塞恆見於閉塞於過去之經驗之意見與習慣，偏重於昔而蔽於古；或個人執定未來時代之理想，追趕未來而蔽於今，兩者均未能超越時間觀念。例如於本世紀，西方文化大呈燦爛，但其政治經濟學術文化卻膨脹流蕩，我們今天面對其衝擊，要中興中華，須「不甘隨伙流轉者，須一方開發傳統之文化精神，一方凝聚西方文化優點，而合冶之於一鑪」（《人生之體驗續篇》）。

即唐先生所說：「人之心靈，不超升一步，即不能自覺。此超升之謂內在的開發」，因人之自覺，乃念念凝聚，即念念超升，而念念開發。人於生活中能通達者如是，文化政治經濟發展如是，人格建立如是。

7.「心靈」要「凝聚」與「開發」合宜所應循之道路

人要建樹一個善於「凝聚」及善於「開發」之心靈，其法有多種，包括：

「一念自覺，當下運用此中即凝聚即開發之心體大用」（《人生之體驗續篇》）。由此看人格之形成，在於其心靈之凝聚與開發得其當，這是生命到達一圓融之境界方可得，這是孔子所言之「七十而從心所欲不逾矩」，是「心靈」能「凝聚」

而自求「開發」，隨順宇宙「翕闢」生生之德。孔子大聖賢，其生命進境進至與天地齊心，達至生命至高之自由境界，也需經歷一生之努力艱難。孔子說：「吾十有五而志於學，三十而立，四十而不惑，五十而知天命，六十而耳順，七十而從心所欲不逾矩」（《論語・為政・2.4》）這是孔子之道德生命步步展開，亦是心靈「凝聚」「開發」之歷程。孔子「十五而志於學」，「為學」是要獲取知識，是「凝聚」，是為生命之興起「開發」作出準備。三十而立，立於禮，這是自我之修身立德，是「凝聚」；跟着成其仁，行於四方，這是「開發」。由此，孔子往後之生命進境得以深化。孔子到五十，生活之困頓艱難，從而體會天命，了解理想與現實之不相和，這須歸於「凝聚」，從而明白人在困境中須不屈不撓，「下學上達」，這是「開發」。在「凝聚」中，知「命」之限制，體會到「命」對他之磨練，使心量寬拓而涵其境遇，故無怨。到六十時，其心靈之「開發」使之通於他人，亦通於天地萬物。孔子之生命進展，是心靈「凝聚」與「開發」相繼不斷之活動所由成，其過程曲折艱難，但生命之圓融亦由此而完成，終至「七十而從心所欲不逾矩」而與理想價值相合。要「心靈」於「凝聚」與「開發」得宜，可循下列之路向：

7.1 「專心聚智於一學問一事業，由學問之進步，事業之拓展，以開發此心」（《人生之體驗續篇》）

學問與事業之開展，是靠知識之獲取，經驗之實踐，成功

失敗之反省，他人意見之考慮，知識之再充實，經歷之累積，自我之反省，從而啟迪了心靈之「凝聚」與「開發」，將自覺所得之價值立於學問事業上，遂得以成就一生之功業。

7.2 「由哲學反省，以逐漸歸到這即凝聚即開發之心體大用上」（《人生之體驗續篇》）

所謂「溫故而知新」，在於承繼與「凝聚」，但止於此仍不足夠，須向前推展與「開發」，這樣才能將人之價值理想開展出去。於此，凡一切詩書，皆可為我師，師者乃教我者、導我者，指引我之「心靈」得到適當之寬拓開展，納古今聖哲之襟懷，明天地之大理，最後方可成就自我之德性。

7.3 「由宗教信仰，以誠敬之心將心靈凝聚於神或仙佛之前，藉對神之信仰，以內在的開發此心」（《人生之體驗續篇》）

人在信仰中，須「凝聚」其心靈，方可頓時一悟，而見天地一切皆上帝或仙佛之造化，才能「開發」明白上帝或仙佛乃仁義慈愛之本身，才能騰掉萬象之沾染，使我縱橫上下，感著生之苦痛罪咎而生出大慈悲之心濟世扶危，進而圓滿自己之生命於至高無上之神祇裏。

7.4 「恆凝神觀照一超越之理境或形而上境界，進而使此心空闊無邊，不囿一方」（《人生之體驗續篇》）

宋明理學家對「天命」與「性」有一觀照式之了解。程伊

川對此有所闡釋:「理也,性也,二者未嘗有異。窮理則盡性,盡性則知天」(《二程遺書·二十一下 伊川語錄·七下》〔頁一〕),此窮理盡性知天命,乃心靈之「凝聚」與「開發」所得之。朱熹說:「天地感而萬物生,聖人感而天下和平,觀其所感,而天地萬物之情可見矣。」(《周易·咸》)這是凝神觀照之形上境界,所以見天地之德,天地之心,天地之情,更見這生命洪流,暢通萬物中,故此才可以說:「天地以生物為心,人物得天地之心為心,故仁」,繼而「開發」人之精神生命,道德情懷。以仁為人心,開發「惻隱之心、辭讓之心、是非之心、不忍人之心」之道德根源,「人道」契合「天道」而「天德流行」,成就「為天地立心,為生民立命,為往聖繼絕學,為萬世開太平」之志向。

7.5 親師朋友之襄助

唐先生上述之四路,可以外加一路,附加伸述,即「親師朋友之襄助」,以豐富其內容。我們以「凝聚」之心靈,可以觀照真理之存在而加以體會。但要認識真理,避免誤墮道聽塗說,及誤將自己之意見為真理,不能不靠親師朋友之扶助。親師朋友之重要,「在於兼備共同之理想之追求。我與人結為師友,即我之求真理之志與師友求真理之志之凝聚;而此凝聚,即同時可使我們彼此之心有更大之開發者。師與友不同,則在師為見道多於我者,我之精神,應向之尊敬凝聚,而友則與我德業相近,並肩而行,足資開發彼此之智慧」(《人生之體驗

續篇》）。我們今天師古今之聖賢大哲，結友天下之善士，則心靈可賴之而「凝聚」，同時資之「開發」而至大至廣。

8. 真理為「心靈」之「凝聚」與「開發」之所依

　　我們如何使「心靈」恰當地「開發」與「凝聚」而不偏於流蕩與閉塞？唐先生說真理為「心靈」之「開發」與「凝聚」之所依。世間自有一超越人我古今之實體，容一切人縱橫於上。此乃真理之為理也，本身恆一貞定普遍超越時空。所以要評判人我，進退古今，必須依於此真理標準，因真理必能通達及所資以開發而去閉塞。由此，人以此為判斷之標準，則雖千萬人吾往矣，聞善而起敬仰膜拜。如古者為是，雖歷千萬之後而未嘗不常新。如今者為是，則積千萬年之非，不足勝今日之是，此皆信得真理為無古今人我之別，恆自貞定而通達；然後人之「心靈」方能得其「凝聚」之安宅，與「開發」之渠道。

　　見大學「三綱領」，「明明德」之下即曰「親民」，夫親其妻，妻順其夫，上以親父母、下以親子女，盡心皆親，而後天下平，此曰「至善」。所以「親民」達於「至善」是一真理，通達於四海，而為「萬世開太平」，此即「心靈」所資以「開發」而去除閉塞。再者，人歿其至親，喪葬之禮周到而盡哀，這是「慎終追遠」。「慎終」是「凝聚」，這裏見哀痛中存在着誠敬；在追思祖先之祭禮中，「追遠」是「開發」，在「追遠」裏卻見哀痛中涵蘊誠敬，此哀痛誠敬乃人情至理，亦心靈「凝聚」「開發」而後成。又如三年之喪，乃人痛親之喪而不能已之悲

之情，此遠古者為是，今人者亦為是。若有人視之為古老守舊，皆因未見「不忍人之心」之真理，這一切出自「心靈」之流蕩。

第三章
人生流落於俗情世間面對之種種艱難、困厄、陷溺、虛妄、毀譽及自我超升之道

1.人生流落於俗情世間所面對之種種艱難及困厄

　　人在出生時，就像被拋落在這人間而又被遺忘了，還要經歷了種種掙扎奮鬥，莊子說：「人之生也，與憂俱生」（《莊子・外篇・至樂》），又說「人之生也，固若是芒（混沌不明的樣子）乎？其我獨芒，而人亦有不芒者乎？」（《莊子・內篇・齊物論》）這話帶有無盡之感嘆，人往往自感絕對的孤獨悽愴，絕對的混沌。人生於蒙昧中，對生前死後茫無所知，而正是這「無所知」構成了人生的無限孤獨、寂寞與蒼涼。唐先生說，這生命墮地一聲啼時，原是一團黑暗：「混沌！混沌！一切不可見，不可聞，不可思想，不可了解。『我』在哪裏？哪裏是「我」？世界是一團黑暗，我是一團黑暗。這無涯無際的黑暗，誰與『我』一點光明？誰能聽得見『我』呼喚混沌的聲音？依然黑暗，依然靜默，這靜默的黑暗，這黑暗的靜默！我不能發現我，我懷疑『我』的『有』；如果我再不能發現『我』，『我』將復歸於『無』。『我』不願復歸於無，『我』要肯定『我』的有。我必須在一光明中，發現『我』，我要衝破此混沌。」（《人生之體驗續篇》）

我從何而來，將往何而去？何以造化不得我同意而使我生，亦不得我同意而使我老死，這對我而言是一大芒昧，一個最深之謎，是一團無明混沌。而人生者，就是生於這無限的芒昧上，是無窮的生前死後之不可知與及無窮的虛無混沌之上之一點「有」。但是，這一點「有」，隨着日漸長大而負荷着掙扎奮鬥，內心之欲願與環境之相左日增而產生之一切衝激、失望與沮喪，忍受着生命求生存、求愛情、求名位之種種艱難、險阻及價值顛倒，使生命陷溺於「一團黑暗、混沌」裏。由此，感覺現實人生之荒謬與悲感。人生「由青年、而壯年、中年、老了」，處處在「求」，但步步艱難，發覺一切心願欲望與之相違，終至呼盡一口氣，帶着人生之悽愴嘆息孤獨而去。但唐先生認為在這無限之芒昧上、無限的寂寞蒼茫之氛圍裏，我們才可以把此有限的人生，於「一無窮的虛無」裏將「人生意義及價值」立體地烘托突顯出來（《人生之體驗續篇》）。

但丁在《神曲》（*The Divine Comedy*）的〈地獄〉開首篇裏對人生有這樣的描述：

在人生的路途上，

我迷失在一個

黑暗之森林中。

要描述它，是多麼的困難呀！

一念及這個森林的荒蕪、蒼涼及悽愴，

心中不禁戰慄

此驚怖之情，不下於面對死亡之召魂；

《神曲》寥寥數筆，說盡人間之艱難及困厄，苦於世途險惡、宇宙蒼茫及人生多舛，就像窒息於「一團黑暗」中，不見光明、不見希望，其怖慄悲苦之情，不下於面臨死亡之淵！

人可以由此斷絕其生嗎？人自殺難，斷絕其求生意志難，而求繼續生存更難。

人今日雖飽飯足衣，但難保明天窮餓衣單。人生無常，哪能肯定盛世安泰永存？

《詩經‧小雅‧雨無止》嘆云：

浩浩昊天，不駿其德。

降喪饑饉，斬伐四國。

旻天疾威，弗慮弗圖。

此乃人窮呼天搶地之哭！浩浩然廣大之天乎！為何不長施德惠於人，而降此喪亂饑饉以殺害天下也！昊天既遽發威怒，王不慮之而不謀之乎？

陀思妥耶夫基 (Dostoevsky) 藉着拉斯柯爾尼科夫 (Raskolnikov) 跪向妓女索尼婭 (Sonia) 說的一句話：「我不是跪在你的面前，而是跪向一切人類災難苦痛。」陀氏在其他作品中，以相同的筆調，向讀者哭訴人類深沉的苦難悲痛。因他

自己對人生之苦痛有着極深刻之感受，他在寫給一位親戚求助的信中說：「我孤苦伶仃了、沒有希望，沒有幫助，只聽從一切災難的擺佈罷，赤身露體，乞討，恥辱，丟醜⋯⋯。」

同樣地，唐先生於此強調說：「人生的艱難，與人生之原始的芒昧俱始。」（《人生之體驗續篇》）人生芒昧始於求存，飢而求食，凍而求衣，此求存之欲望，非我之所願，而是一個橫梗眼前而必須面對的事實。然要繼續求生，可以說是步步艱難。佛陀曾道出人生八苦，云：「彼云何名為苦諦？所謂苦諦者，生苦，老苦，病苦，死苦，憂悲惱苦，怨憎會苦，恩愛別離苦，所欲不得苦。」（《增一阿含經》〔第十七卷〕）生老病死，非我之所願，而必要我承擔，我所願所欲所愛，亦往往不為所得，今天所擁有者，明天可以一無所有，今天之安逸，可保證我明天不淪為乞丐之可能嗎？此人生之無常無住，展露了人生之無奈，此「人生路滑」使我們對生命產生了恐懼及顫慄。這路滑人生，一步一艱難，唐先生在《續篇》中將此從多角度展示出來。

1.1 人生之艱難見於男女之愛情

唐先生說：「死亡貧苦，人之大惡存焉。飲食男女，人之大欲存焉。」而此欲求，非單指情慾之渴望滿足，更有其深遠奧秘而不可測之一面。它是從生命最深處湧出，是生命之根柢，是宇宙天地要男女從單性之缺憾中超拔出而求相互之凝合，將男女兩性個別單一之疏離及生命之缺憾解消過來，以兩者相結

合以符合宇宙根柢上要求統一和諧之本質。再者，「天地之大德曰生」，而男女相合而結成夫婦，而生兒育女，伸延後代，是生命應天地「生生不息」之要求，亦是人順應天地而來所具之神性本質。故此，人選擇一生孤獨不婚，是生命本身不能滿足與異性和合相互溫潤滋養之要求而出現之大缺裂，是與生命之根柢求兩性之結合而使子嗣無限相續之相牴觸。唐先生說：「人於此便若帶着生命之流水，旁行歧出，成絕港枯潢。人此時便又若從自然生命之大樹飄落之花果，須另覓國土，自植靈根，否則便只有乾枯憔悴。」（《人生之體驗續篇》）但這「自植靈根」卻是大艱難事，縱使宗教家、大哲人能成就此偉大莊嚴之事業，或有人對此人生有絕對貞潔之愛慕，能夠把自然生命之浩蕩洪流阻隔欄截過來，亦談何容易之事！

更有進者，「男女之愛，本是兩個生命精神相貫通，共同創造一種內在的和諧。由愛情到婚姻，乃依於男女之愛要求永遠延續，互相構造，使心靈滲透，日趨於心細，以實現兩人格間最高度之諧和。」（《人生之體驗續篇》）於此見每一生命之相戀結合不外是實現兩性間之一種和諧價值，是天地乾坤要兩性相凝結以求生命統一，更以此應合天地生生之德。但唐先生說，這生命之流，其中亦有無限之艱難。

人為了要達到這生命「真實」之和諧，有時要悲壯地毀滅生命，雙雙殉情，方可繼續那堅定不移之愛情，這裏見於莎士比亞之悲劇《羅密歐與朱麗葉》，劇中羅密歐為假死去的朱麗

葉飲鴆殉情；及中國民間傳說之《梁山伯與祝英台》，他們倆雙雙無法在相愛下締結姻緣而殉愛。這淒美之故事於世間時有發生，使人見之傷心，聞之下淚，男女之愛本是鸞鳳諧和之大美事，但在俗情世間裏卻往往轉化為苦惱與悽愴之經歷。

再者，人為了滿足這根於人自然人身之要求，容易隨情慾之渴求與偶遇之異性相交，甚至離棄本來之配偶，以賈張之情慾斷絕兩者原來生命精神相通之道，亦所以男女婚姻能從一而忠者難，世間怨偶比佳偶多之原因。托爾斯泰說：「牀第間的悲劇，是人生最大之悲劇」，其中受愛情婚姻困擾之人，難訴於外人，個中苦惱悽愴只能自我忍淚承擔，因為這是個人生命憔悴之事，是兩個生命之缺裂分離，故此是個人自嚥自嗜之苦酒，外人難加以襄助扶持。人生悲劇，莫過於此。

還有，當心之靈犀因「客觀環境」之相左不能相通時，對愛情生活作出功利上之計較，撕裂了這內在神聖之和諧，將愛侶轉化為怨侶而離異，更是常見。縱使恩愛如常之男女或夫婦亦會因工作而分隔異地，忍受相思之煎熬，這當中之悲痛及艱難，只有身歷其境，方能體會。所以人之願望「在天願作比翼鳥，在地願為連理枝」儘可要求，但往往到頭來卻是「天長地久有時盡，此恨綿綿無絕期」。

最使人難堪之事，莫過於一方辭世而離棄對方，獨守餘生，如離群斷翼之孤雁，雖不能共翅齊展而飛，退而求同衾共穴亦艱難不易，往往悲嘆，其中之悲痛孤獨寂寞，只有當事人方能

體會。所以要實現這形而上之宇宙和諧之美，真是一步一艱難。

1.2 人於世間之名位追求及素其位而行亦一步一艱難

唐先生說，人之好名，原是要求他人對自己之尊敬讚譽，這是希望他人的心聯繫於自己之心，有望他人認識及分享自我人格之價值，這是名譽心之起源。所以原則上，「我之一切思想行為人格之本身價值，是不受他人之毀譽而增損的。因而一個人之在社會上，是否有名有位，純為我外在之事。人當行其心之所安，遯世不見而知無悔，這才見我之為我之無上尊嚴。」（《人生之體驗續篇》）但真要做到這一步，甚是艱難。縱使我可以堅持自己之理想價值，對他人之謗毀能鄙棄之，以「雖千百萬人吾往矣」之心而不理會他人之毀譽，漠視社會上之名位，只問「心之所安」與否，遯世不見知而無悔，這的確是生命之無上尊嚴。然而，真能「素其位而行」，真是一步一艱難。因為於堅持自己之理想價值而與他人或整個社會對抗時，這特立獨行使人感到「其精神與其他人之精神分離了，成了一絕對孤獨之寂寞」，有如一個「被遺棄者，一若從社會的生命之樹上，被拋擲而脫離之果子。人之精神，往往在飄零中死亡。」（《人生之體驗續篇》）這是人之精神失去了滋養，只覺無限之冷酷和荒漠。故此，人若要是特立獨行，必須肩負此一艱難。

人有一「要求他人之承認其所為是好的」這普遍化之要求，這表示人之渴求其精神存於他人之精神中，亦同時鞭策自己認識及實現他人之價值於自家中，這自勉自勵遂使人有一向上之

動力。但人在此名位世間裏，往往為名位而求名位，因「名位世間，乃一韁繩世間，乃一浮沉之世間，乃一偶然遇合之世間，亦名實恆相違而相盜之世間。」（《人生之體驗續篇》）人若要隨順此流俗世間垂名千古，往往要扭曲自己之價值而迎合他人之所好及認同，陷溺自己之人生來博取社會之讚譽，失卻了自己本來所肯定之價值。唐先生說：「你捨棄你原有的價值觀念，以求迎合於他人，你已不是自己了。」（《人生之體驗》）再者，在流俗世間中，常見大多數人窮其一生，在名位中浮沉掙扎，嗜透艱難後而一無所得。另一方面，當名位有成而逾彰逾顯時，他人所冀望要有再進者亦愈多愈高，同時責望亦逾大且深。最後，當責望多而力有不逮時，斥責與嘲笑隨之而來，至令位高勢危。當名位一旦傾倒，冷眼嘲笑之聲，更使人無地自容。況且，有才有德而見知於人者，亦多為偶合，而其間奮進之過程，經歷苦楚中見艱難處處。再者，於世間有才德之士眾多，卻鮮見知於人，終以有才而無名，有德而無位，因而往往懷才不遇，含屈而終。由此觀之，人生於名位之追求，實體驗感慨至深且鉅。

1.3 實現自我理想價值極具艱難

在俗情世間裏除了名位財色之牽引外，有更高的人生價值理想，這就是真、善、美、聖的世界（如前說，我們之心靈有向上、向着真善美之趨赴，要實現一個無窮的價值理想，等同於西哲柏拉圖所言之「愛智之靈魂」在女祭師狄奧提瑪

(Diotima) 之引導下，拾級而上，最後到達寬闊的美之海 (the great sea of Beauty)。於此，「愛智」之心靈凝注着它，驚訝於所見之莊嚴而美麗的觀念與思想如真善美等，洋溢着無限的愛智之情懷，直到它自身洞悉這「美自身」或「絕對美」(Absolute Beauty, the Good) 的知識），「而這真善美之世界，是一真實可為一切人所共享有而永貞常不變的世界」（《人生之體驗續篇》）。這是心靈之相互映照，至情流露之境，是人的生命間之滲融與貫通，同時是自我生命之擴大，是愛之流轉。但要實現這人間天國，唐先生說「至易而實至難，此至難不在欲仁而仁不至，而在我之可不欲仁（孔子說：我欲仁，斯仁至矣）。」（《人生之體驗續篇》）根底上，一切天橋天路天國就在眼前，是我欲仁斯仁至矣的當下，於心靈之統一中（心與心之貫通融和），見「真理、美善、神聖」均洋溢於日常生活裏。唐先生說「凡有人心往來之處，即有心靈之統一，亦即有天心之呈露。（例如以男女之間之愛而言，乃透過相互間心靈之交流貫通而實現兩性間生命精神與生命精神之和諧價值。這「天心之流露」，在兩性間之心靈統一中可超越情慾之追求，如上游之流水洶湧澎湃而下，到達下游之平原時，變得緩行平和甚或成涓涓細流，如夫婦在晚年間廝守，度過平淡靜謐但幸福之生活，由此而諦見「永恆普遍純潔而貞定之世間」。）」（《人生之體驗續篇》）此「天心之呈露」自是「永恆普遍純潔而貞定之世間」是「我心與他心的橋樑與道路相通」，因為這人生之感通無礙，使「心靈」「統一」，破人我之限，見真愛之顯露。

因人心若能相互感通，則人間真、美、善之境，會一一顯現。但是人之氣質生命及世間情慾私念，往往遮蔽人心。當財色名位利欲薰心時，「則一切眼前的天橋天路天國，都迢迢（音調）地向天邊退卻了」（《人生之體驗續篇》），要克服此俗情世間裏氣質生命情識以見理想，實在艱難。

在俗情世間裏，於私心情慾之牽引下，名位財色如愛情、財富等為我不斷地追求，要為我所獨佔而不能與他人分享。所以說，這些理想幸福追求，往往歧出而與禍害相倚，要得圓滿無憾，其實很艱難。以婚姻來說，今天在眾人祝福下與所愛者締結姻緣，但幸福為此可得永延？世間所見，愛侶變怨侶而離異者時有所聞，或愛侶因工作而離多聚少，至牽腸掛肚憂心忡忡無時或止。又，今日腰纏萬貫，若用之不善，或投資不利等，亦可一朝化為烏有，甚至債務纏身，由此走頭無路而自盡者，亦時有所聞。再者，人生無常，「危」、「禍」難料，要一生平安淡然度過，談何容易？人縱有千般快樂，萬般如意，但一瞬間可以禍害臨頭，甚至喪命。故在娑婆世界中，俗情世間之名位財色，難處安、難載福。只有在「一永恆普遍純潔而貞定之世間裏，方可使人於處安危、載福禍時仍以平等視之。」（《人生之體驗續篇》）

再者，在俗情世間中要住於自我之理想世界裏，常遭白眼看待，遇冷漠及厭惡之回應。因為凡人之世俗情識之所向，難比對於恆一、普遍、純潔貞定之超越世界，甚至往往要捨棄之

以便俯仰此情識世界之所好。此所以孔子奔走諸國，欲將其理想實現於世間時，卻落得「偲偲如喪家之犬」，孟子要其「不忍人之政」行於天下而不為所用。甚或為世所害，耶穌被磔死於十字架上，蘇格拉底為真理被判死刑，馬丁・路德金與印度甘地為理想被暗殺等。人活在現實人間要追求真、善、美之價值走向永恆，其艱難處可清楚而見。

所以，人若要「不即俗世，亦不離俗世之二義，出世間，而又不捨世間之二義」（《人生之體驗續篇》），十分艱難。人縱使觀照此「真實世界」為一永恆、普遍、純潔、貞定之世界，但當要自己貞定於此「真實世界」時，所得者無不與世俗情識相違。要自己貞定所見，首先要剝落伴隨已久的情識之見及習性之牽，此大艱難之事也，因為要忍受世俗對自己之奇異眼光，甚至千夫所指。再者，人要安住於此真實世界，須忍受不與人同之孤獨淒涼。可見此世界與現實世界，有永不能彌補的裂痕與深淵。孔子於此亦說艱難：「不有祝鮀之佞，而有宋朝之美。難乎！免於今之世矣！（沒有祝鮀那樣的口才，就要有宋朝那樣的美色。在當今的世代，不崇尚此兩者，真得很難！）」（《論語・雍也・6.14》）口才美色是俗世之價值標準，為人所重，往往為契合其要求而棄仁德，此乃孔子傷世之言，亦嘆貞定自己理想之艱難。

其最痛者，莫如自己觀照到理想價值世界時，卻要面對俗情世間的厭離。因為這理想價值世界與俗情世間對照時，會為

流俗之價值觀背後之偽善、不仁、殘暴等撕破，最終往往為俗情世間之洶湧漩流所摧毀，唐先生說：「此即及無數天才的文學家、藝術家、哲人，所以皆遭當時時代的壓迫與忽視。」（《人生之體驗續篇》）此所以杜甫之所以說李白為「世人皆欲殺」，這些人不為俗情世間所認同，甚至殘害，而此正是人生最艱難的負擔。

1.4 對生命之艱難全力承擔

求生存的欲望，是自然賦予我的本性。所謂「飲食男女，人之大欲存焉」，這是命限。但是，我為何有此性，有此大欲？這非由我願而來，它只是無可改變必然如此的事實，就像人的出生是「被拋擲於世」的事實一樣。但是，我卻不得不承擔此一事實。但是在種種艱難險阻裏，人很難斷絕求存之意志，這是人生之一大艱難。人在極艱難之際，若能勇於承擔，一力肩負，則顯出生命之嚴肅性，這正是儒家思想之要義。儒家除了教人要正面地面對「命」限外，更重要的是：要我們有「立命」之精神。如孔子以聖賢之道，在俗情世間中見宇宙真宰，於自然世界中，見真善美聖之洋溢流行，立「人道」以承「天道」。《中庸》說：「君子素（素，本來意）其位而行（按照本來之處境而行事），不願乎其外（不會踰越本分而行事）。素富貴行乎富貴，素貧賤行乎貧賤（處於貧賤的狀況，就做貧賤人所應做的事），素患難行乎患難」，這就是對生命之承擔，不管命運如何，凡事要「為其所當為」，對自己應做之事，盡力去

做，命蹇時乖時，更要「上不怨天」，「下不尤人」；為君子者，只「居易以俟命（平素處世為人一切「居身平直」，光明正直，一切就有待上天命運之安排）」。此乃「立命」及「安命」精神，毋怨毋尤之模範。「立命」是人之道德精神之挺立，而「安命」者，即自身安住於此世俗名譽地位而行所當行之事。由此人不必逃遁其自然生命在俗情世間所遭遇之一切，只要義之當為而為便是了。凡事「盡其在我」，對一切在我以外之事，「如不可求，從吾所好（即按生命之價值而行）」（《論語・述而・7.11》），亦程伊川所講「今日萬鍾，明日飢餓（人生無常，今日家財萬貫，明日可以變成債務纏身，不名一文），惟義所在」，這「義命」觀，就是「行義以正命」，套用莊子所說的話「知其無可奈何而安之若命」，即以「義」來「安」命之意義了。人欲依此道而行，若非先有一超越俗情世間之精神，則會處處是陷溺之泥濘路，行不了多少步，人之向上精神便會被拖下，縱非拖泥帶水，亦陷於泥沼中。唐先生說，「這是精神之下墜。而可淪為鄉愿（鄉人鄙俗中同流合污，以媚於世，卻被認為忠厚的老好人。故鄉愿似德非德，而又容易亂德者）之最深刻而最難克服的魔障。」（《人生之體驗續篇》）

1.5 在大艱難中，君子能以「不怨天，不尤人，下學而上達」承擔一切

生命之嚴肅性出於人在面對生命之艱難時，能承擔下去。但要對生命承艱負重，談何容易！但這正是我們要面對的問題

及所要肩負的責任。在俗情世間，要實行自己之理想，是一大艱難之事。但人在冷眼下，仍不棄其理想，更是艱難。唐先生於是說：「上之天道是無限，下之地道亦無限，而人自己則成天玄地黃（世間混亂之狀態）血戰之地」（《人生之體驗續篇》）孔子是大聖人，有強烈之道德情懷與超越的真理信仰，觀其一生，固執其理想，雖不為世所用，處處碰壁，「儾儾若喪家之犬」，但他仍堅持「知其不可為而為之」，要將超越「真實世界」之至善至美實現於人間。於艱難之路上，孔子說：「天生德於予，桓魋其如何？（桓魋為宋國望族，見孔子路過宋境及知悉宋景公仰慕孔子之聲譽，怕孔子為宋景公重用而得勢，遂派人去殺他，幸好孔子及時離開，免去一劫。）」（《論語·述而》）他所說的就是：「上天生下了我：把歷史、文化之責任放在我身上，桓魋怎敢及怎可以傷害於我？」在西方之宗教裏，這有若上帝之「命令」安於我手之上，何懼俗世危厄。但中國儒家不依憑神力為志，所以孔子補充再說：「不怨天、不尤人、下學而上達。知我者，其天乎」（《論語·憲問·14.37》）！這是一條超越世俗，將自我精神挺進，體會人生真理之途。上面指出在艱苦中「下學上達」，要自強不息地奮鬥，要將自己之理想於艱難困境中實現於世間裏，完成自己的道德人格，成就智慧德業，而這一切賴於「存心自有天知」。這崇高之道德情懷是根植於超越的「天」，所以「上達」者即與天「相通情慧」。「天」是至真、至善、至美之本體，從西方觀點視之，祂是全能、全善之上帝，但天堂與人間鴻溝相

隔，人須仰望其恩典方能從有限之身通向無限。但在中國，「天」卻可以在君子聖人如孔孟之艱苦奮鬥中，默默呈現出來，表現自己於天地內。唐先生於此說：「則在其化身為孔子（「天」化身為孔子，以天道即人道示世），以示人以聖賢之道，要人之個體特殊者中見普遍者（即人道中見天道），於自然世界俗情世間裏，見真美善聖之洋溢流行（人德可如天德流行，遍及宇宙，處處見仁義禮智洋溢），立人道以順引地道（從《周易》言，地道指坤卦，意涵包容、大度、安詳、公正），而上承天道（「天道」者乃至善之道，意謂人道盡，天道成）」（《人生之體驗續篇》），他順此肯定說：「此為本我之自覺心自由意志（天道亦即是自我之心靈，創造性之道德意識），面向真善美之世界（我之心靈亦是真善美之天道），直道而行（一切只須率性而行），使真美善之本性，自我之心扉開處，一一流露展現出來（人間美善即呈現人間）」（《人生之體驗續篇》）。這裏見孔子於志不能伸之境況下，仍快樂從容，無入而不得，皆因「率性而行」。此種道德之堅持，剛強奮進，自強不息之精神，一若「天道」運行，化育萬物，如江水東流，不舍晝夜。個人要行道，須具向上奮進之精神，「無論我發現我在哪裏，我都可以說：『是，我在這裏』。是，是，是，之一無限之肯定，可把一切天賦於我的，可能的遭遇，都加以承擔，負載，而呈現於我之自覺心與自由意志之前」（《人生之體驗續篇》）。唐先生又續嘆曰：可惜的是，人在此流俗世間，雖有自覺性的及超越的精神生命，對創造性之價值世界有所追求嚮往，但世

間裏一切夾雜與不純潔，往往把人之向上精神生命往下拖，使其貼切於污垢，故有鄉愿出，偽君子出，此乃在奮進中之艱難，是極無奈之事也。（《人生之體驗續篇》）

2. 克服人間艱難困頓

2.1 以「普遍價值真理」化解人生之種種艱難險阻

若我心與他心橋樑相通，則人我之限可被打破，人心相照而相互間有所感通，則見善美與關愛、同情與悲憫流露無礙。唐先生說：「凡有人心往來之處，即有心靈之統一，亦即有天心之呈露」，此見於個人與群體家國相互感通而融合而打破人我之限而通向無限。這「天心」是「人類精神之全般價值理想，……是至真至美至善完全與無限。」它之「呈露」，就是「實現人類精神之全般價值理想，……即出於你之要以你的心，與一切人類之心連接，而成為普遍心。」（《人生之體驗》）人心能相互感通，則流俗世間之艱難困頓，可在心靈之互通下，互助互勉中得到慰藉，使人在艱難中得到希望，在跌宕中得到扶持，在抑鬱中得到疏解，這是贊天地之化育，更是盡己，成性。由此，人間真、美、善之境，便會一一舒展出來。

2.2 人生艱難與哀樂相生之情懷

唐先生說，「人生的行程，是一絕對的滑路。不上升便只有沉淪。向上走的悠悠前路，固然艱難，而沉淪下去亦處處仍有艱難。人生之病痛與艱難，不是外在的，而在我之存在之自

身」（《人生之體驗續篇》）。當了解到人生之病痛與艱難之必然性而無可逃避時，則覺人之心靈無高下之分，故能捨驕矜之傲，私心之阻隔，從而在心靈相照下，喚起關懷之心、悲憫之情。於此，人遂能互相幫助，對困窮艱難者有如自家之經歷而起不忍之心，加以援手，對奮鬥不懈者有如自身挺起不屈之志而加以鼓勵，對失敗而沮喪者有如自家之頹唐而加以安慰，對成功之歡躍者有如自家之欣然而加以喝彩。當我之心能跳進他人之心，他人之心跳進我之心時，人心深處自覺禍福乃人生哀樂相承相生，油然生出一種愉悅舒泰安然之感。 如此，在失望中有希望，在困苦中有安寧，在眼淚中有歡笑，在失敗中見成功，這曲成了完美之人生之要素，猶如音韻悠揚乃合成於抑揚頓挫中，畫筆之高超技巧乃見於光影之變化運用。奧古斯丁說，宇宙之大美展現於完全與缺憾之調和裏。在人生中，於心心相照、感通無礙時，才可見此智慧，「當人真懂得此哀樂相生之智慧時，可於一剎那間，超越一切人生之哀樂，此本身是人生之大樂」（《人生之體驗續篇》）。以此大智慧回顧人生，見人世間之真義在哀樂相生中。人生之歸宿處，不能盡是快樂，因為快樂終可消逝；但亦不盡是悲哀，因為悲哀難以長久。人生在世之最高感情，是久別重逢喜極而泣，苦中有淚，於喜中仍帶着憂患意識，這方是人生最後歸宿處，亦是生命哀樂相生之情懷。唐先生說：這是一顛撲不破之真理。

　　人生艱難，但能知艱難，人心便能承載艱難，進而克服艱

難，只要「昨夜江邊春水生（大漲）」，即「艨艟巨艦（龐大的戰船）一毛輕」。「人生一切事，皆無絕對之難易。只要人真正精進自強，一切難皆成易。反之，只要懈怠懶散，則一切易皆成難。這話是我們永遠之安慰，亦足資我們永遠的慄懼。」（《人生之體驗續篇》）人在幸福中，應常存憂患意識，知「福兮禍之所依，禍兮福之所伏」（老子《道德經》），人生福禍相連，哀樂相生，一切所知者乃自我之行所當行之事，義之當為而為，將良知擺在眼前作指引，將禍福視為風過竹面，滑過而不留痕迹而已。

3. 俗情世間中之毀譽與形上之真實世界

3.1 日常生活中所經驗的毀譽

唐先生說，「毀譽現象，一般來說，直接屬於形下的俗情世間，而不屬真實之形上的真實世界。人如能參透毀譽現象的內蘊，即可了解由形下的俗情世間，至形上的真實世間之通道。而能回頭來在形下的俗情世間，求樹立是非毀譽之真正標準」（《人生之體驗續篇》）。

在日常生活裏，我們往往以偏見、動機及依流俗社會之價值觀，作出主觀之價值判斷，從而對他人作出毀譽，唐先生說：「人有是非之判斷，則不能對人無毀譽。」（《人生之體驗續篇》）由此，在俗情世間裏，我們往往對他人之言行，持成見及主觀之價值觀，貿然以偏概全地對他人作出評論，更以此作

為毀謗或讚譽的依據。這主觀偏頗之意見，鮮有對應他人言行及自身價值而言。再者，人之言行，乃依於人之內心動機，而動機不易為他人所見，由此亦易為他人作任何揣測。要折服他人，有如荀子之所說：「君子能為可貴，而不能使人必信己（君子能夠做到品德高尚而可以被人尊重，但不能使人一定來尊重自己）」（《荀子・非十二子篇・14》）。故此蜚短流長，毀譽盈塗，終不能止。另外，人對他人言行之影響及結果得失，來判斷此言行本身之好壞，而起不適切之毀譽。人往往公私不分，以此二重標準而興毀譽，更是常情；即是：「以私的標準興毀譽，卻以公的標準作理由。」於此唐先生認為「人間世界一切毀譽，在本性上實為無定。」意即：「人間之毀譽，與人之自身價值，永無一定的互相對應之關係。」此毀譽之「無定性」，經常隨他人永無止息之謗謗、譽譽、謗譽、譽謗等而成一無窮之漩流。在此漩流下，「人最初之一切天賦的興趣才情，自覺的理想、自訂之價值標準，都在隨時順應他人之標準以言行之一念下，日漸銷磨斷喪。」（《人生之體驗續篇》）

3.2 社會政治現象上之毀譽

毀譽不單是個人活動，同時亦要求他人相應作出同樣之判斷。這一要求可構建成社會規範、道德標準、禮儀風俗或法律制度，進而化成一種「社會對個人之制裁及推舉」。從近代西方思想及社會學看，均重此社會監察控制，使人對此有所畏懼而不敢放言任行。再者，這社會上之毀譽，對個人在事業發展

上，功名成就與及政治地位之得失裏起了決定性之作用。於過去或現在，在香港政壇上、在商業集團裏，人往往不惜強爭橫奪地作出種種譽己、毀他之行徑，以建立自己之政治地位或成就自己之事業。故此，人熱切嚮往社會承認他人對我之稱譽，目的要循此得到權勢利益。這造成了人要求名得名，往往非俯仰社會之毀譽標準不可。於此，社會之毀譽標準，確實有強大之力量在「制衡我，主宰我，使我終歸要隨順毀譽之標準而迎合之」。唐先生以「當然」之道德要求對此毀譽斷然地否定下來。

3.3 作為主觀心理現象之毀譽

唐先生說：「一切社會制度之所以對個人為有效，社會之毀譽之所以能致一政權之興亡與個人政治之得失，最後無不根於個人好譽而惡毀心理的要求。」求這好譽而惡毀之心理，是人間心理現象，在日常生活裏隨處可見。在大學裏，要興建任何設施如教學大樓、圖書館或體育館等，只要冠上某人之姓名，通常即可得到所需要之經費。在社會裏，先敬羅衣後敬人，更是一個普遍之現象。有閒階級之一切奢侈消費，主要是炫耀或顯現出其身分，博取他人之豔羨及稱譽。這追求他人對己之豔羨及稱譽，是一種追求美名之心態，這包括了一切大學者，大詩人、大藝術家。這可見嚴守清規、衣單茹苦之宗教徒，仍恆不免冀望他人之稱譽讚賞，歷史上所見之隱士，多是以隱名以求揚名，唐先生說這名韁，其力更勝利鎖，「惟賴此名韁，而

後一切社會政治之名位能誘人，而後人與人間之是非毀譽，可以搖蕩人之心志，顛倒價值判斷，從而播弄顛倒俗情世間之一切人生。」（《人生之體驗續篇》）

人除了爭取他人豔羨的稱譽外，亦有譽人毀人之心理活動。毀人之心無異於譽己之心，「因毀人即壓低他人，壓低他人，即間接抬高自己而使人可轉而譽我。」而我之譽人，目的是要求他人轉而譽我讚我，是一求名之心的充分顯現。

人對他人興譽毀，可基於個人之利害得失而出發。但是，人亦懷有不為自己之利害而對他人興毀譽之心理動機，即人對自己及他人之言行，可憑其「良知」作出判斷，而有毀譽，「但此種毀譽，是直接以我良知所認定之普遍的當然之理為標準。這種毀譽是無私的」，是按當然性及普遍性之價值標準而出，是按他人之人格直下所作之判斷，這是一種規勸，一種鼓勵。唐先生說，在俗情世間中算是一種高尚之毀譽。

3.4 「精神現象」活動中之毀譽

我們日常之生活，多隨習慣走。習性者，乃心理現象，如與人談話而生起之觀念，閒時閱讀看文章，欣賞藝術，濟世扶貧，如是皆隨所聞所見而動念起情，皆是隨感而發的自然心理（主要興發於人之情思欲愛）；或學有所成，為世所仰，或書畫精妙，運筆如神，意境揮發自如等亦人之自然生發之心理現象（隨感官而發之心理現象），與超然之「精神現象」有異。

「精神現象」恆是自作主宰，超越現實自我之自然習性，專致於自覺的價值理想而趨赴，以實現創造性文化活動及道德活動為鵠的。唐先生於此說：

> 「精神現象跟一般隨感而發之心理現象不同，精神現象是為一自覺的為有價值理想所引導的。它先求改變主宰他自己之心理以及行為（捨棄私念及權勢財富之追求），以使其生活之全體為理想所引導（以大公無私之心處世，如范仲淹所說：「先天下之憂而憂，後天下之樂而樂」），由此而改變環境。」（《人生之體驗續篇》）「此精神現象乃自覺有一價值之理想（此乃道德價值理想，如〈大同篇〉所言：「大道之行也，天下為公。選賢與能，講信修睦，故人不獨親其親，不獨子其子，使老有所終，壯有所用，幼有所長，鰥寡孤獨廢疾者皆有所養，男有分，女有歸。貨惡其棄於地也，不必藏於己；力惡其不出於身也，不必為己。是故謀閉而不興，盜竊亂賊而不作，故外戶而不閉，是謂大同」），從而專心致志，使其自覺之價值理想得以實現。……此精神活動具『創造性』，此創造性活動之所以為創造性活動，必達於一內在自明之標準（即是其是，非其非之道德自覺）。即是：此活動，乃由我們自覺為一有價值之理想所引導，並專心致志自作主宰的使之實現。而在此專心致志自作主宰之心境，則包括：對排除一切不相干者，及克服或超化心中與外界中一切阻礙者（一切私心），由是以持續此心境自身而無間斷。」（《人生之體驗續篇》）

　　換言之，人發心希聖希賢，於刻苦中，仍堅持自強不息，要泯除個人私欲習氣，使天理流行不斷（顯揚理想道德），這是精神生命之挺起。這專心致志之精神，能排除萬難，克服超化一切之現實自我，流俗世間之阻礙，由此方能體會它創造性之本質，道德生活之本性，視俗情世間之毀譽如無物。此精神在價值理想之引導下，更可提倡一反流俗之見之思，見「舉世譽之而不加勸，舉世非之而不加沮」（《莊子·逍遙遊》）之特立獨行，涵孟子所說「自反而縮，雖千萬人，吾往矣」之勇氣。於此「出淤泥而不染」而自譽其超流俗之毀譽之心境，自有一種「孤身我獨行」之情懷。但這孤芳自賞之心態，卻往往為俗流社會所貶抑，而此大艱難卻鮮為人所肩負得起。

3.5 求名譽心之形而上的根源，與超流俗毀譽之自信心

　　唐先生說：「能孤芳自賞，或人之自譽能超流俗之心情本身，亦尚不是人類精神生活中最高之心情，因此中包含了一罩寒孤獨之感。……但人畢竟要與人通情，人的心恒需要他人的心來加以了解，加以同情。……但人一自覺的要人了解，要人同情，人便可仍不免求譽而懼毀，以至重新墜入爭名奪譽之場。」（《人生之體驗續篇》）人活在社會中，遺世獨立，要求有拔乎流俗之精神，但獨行其是者，又不能離世而孤往，終歸去不掉愴涼寂寞之感。由此人往往會不自覺地隨順流俗社會中與時俯仰或貪位怙（音戶，憑藉）權，追求名利勢位，從而自陷於毀譽之漩流中。人生之無奈，莫過於此。但在俗情世間

中，往往在複雜之社會環境，明爭暗鬥之氛圍裏，人我帶着強烈要成就事功之私心。此中有成有敗，有得有失，其中重要者，人在求名求他人及社會承認我當中，必先承認及接受他人及社會對我之毀譽之重要性。由此，當人求名譽及讚賞於他人或社會時，便會容易墮入他們之毀譽標準之窠臼裏，銷磨自己之價值理想與才情，更終而受它們之主宰牽引而沉沒。

當人要超乎流俗之毀譽，孤行獨往，除了忍受單寒獨往之感外，亦要捨掉與人通而為一。而人須「人我通而為一」是由於「我與他人間，有一心靈上相依為命，或我與他心有一形而上之統一」（《人生之體驗續篇》），這同時是一道德感情之相繫，是情之相通，是愛之交流。

當人求稱譽之心過切而將人我渾然之境界分割開，我外有人，人們各有其心在我心之外。當大家心心互不相通時，自我之生命與他人之生命相互隔閡起來，造成了人我之「形而上分裂」，感到人我間有一深淵相阻，此深淵會為自己造成內部一撕裂之痛苦。

由此，所謂「形而上之統一」，乃我心內有他人，他人心內亦有我，人我無隔，最終盡我之力以去人間之痛苦，心靈才自有圓融快樂之境。這「形上之統一」可由自我及家庭推展開去，達至親親而仁民，仁民而愛物，宇宙一切事物由此和睦共處，民胞物與，眾心形成一世界心、宇宙心。

　　唐先生於是說到，人要忘毀譽、超毀譽，泯滅人我之分裂，須轉向「形上之統一」，即是：發展道德心情，要求貫通人我心心相感無礙之道路方可。這樣使「自己之情愛有所流注，通向他人與社會。這是道德感情，自覺的要了解他人、同情他人、幫助他人、扶持他人，將我所知真美善告人教人。斯時，我心中即包涵了他人，而求我自己對他人有所助益。這是他人在我情愛潤澤之中，而我心之情愛，則自內流行以及於外。……這是「道德心情」之相通，使人我之融和」（《人生之體驗續篇》）。當我以真心為社會造福，不求聲名，縱不為人所了解甚或遭人全心毀謗，仍不為所動，雖千夫所指，仍無悔無懼而行其義。俗世人間之毀譽由此而銷解，人我之分裂得以彌補，個人之理想天賦力量，不會在他人與社會前銷磨斲喪。

　　對唐先生對於超拔於俗惰世間之毀譽要「求諸己，要自信」，此方能「拔乎流俗毀譽之場」，作出下列闡釋：

(a) 求諸己

　　要直接體現呈露人心深處之人我之「形上統一」，人必先從求諸己開始，即：甘冒天下之怨謗，不計較任何毀譽，義之當為而為。古之學者為己，君子會盡己之心，以通往他人之心，達至心靈深處見人我「形而上之統一」。由此，雖舉世對我有所誤解或橫加謗議，但假若理在我，德在我，則我行我素，如莊子所言之宋榮子，他「舉世而譽之而不加勸，舉世而非之而

不加沮」，不飾於物，不累於俗情世間之價值觀，以行其素。

(b) 要自信

能冒天下之輕忽怨謗，以行其素者，自信使然也。「自知自信其言行之為是，因而即能判斷他人之疑惑誹謗之為非。有自信，則一切無根之疑惑怨謗，無不一一萎銷於此真自信之心前，所以能夠『自反而縮，雖千萬人，吾往矣』。」此「自信心」可以使我們超臨於流俗之上，能以「無限的自我判斷其心之是，亦能知一切非之者之非」，是故能以一「是」而非「眾非」。

人在自信中，肯定了當然之價值與其中之自慊（音怯，滿足感），自然不需要俯仰於他人對己之了解賞譽。唐先生如是說：「道之所在，德之所存，天下人知之譽之未嘗增；我行我素，舉世不為知而橫加謗議而未嘗減。聖人所以能自信，其心之『建之天地而不悖，考諸三王而不謬，質諸鬼神而無疑，百世以俟聖人而不惑』者」，「正以此當下之心之自信，即已能窮天地，互萬古，而知其莫之能違也。」（《人生之體驗續篇》）

3.6 為俗情世間立毀譽標準

唐先生認為道德學問，除立己盡己外，更須進一步為世間樹立毀譽之標準，方可「立人達人」，方得人生圓滿。因為「立己」者，並非一己之事，而是本其道德心，以「先天下之憂而憂，後天下之樂而樂」之心懷盡世間一切人之事。「蓋於流俗世間，毀譽價值標準不一，總在流蕩不定，往往導致是非淆亂，

而人生道喪。最終人之聲名與事實乖離，人之德行與份位相違，賢者沉淪，不肖者升，人間遂有無窮憤懣，無限冤屈，無端哀怨。所以流俗世間，必須定有是非毀譽之標準。」（《人生之體驗續篇》）此是非毀譽之標準，乃本「良知」之判斷以為是非，不逆詐，不以私人之情慾以亂大公之德等。立此是非毀譽之標準，其心願正是要辨別是非黑白，以平人間之憤懣冤屈哀怨之氣，並非要與流俗世間相抗相違也。故此標準，不定位於流俗標準之外，而須定位於流俗世間之內。故處理流俗世間之毀譽標準，需有其獨特之方式，方可有成，其中要點簡約為二：

(a) 論道宜嚴，取人宜恕

「對人論道須直宜嚴，但戒激切之言，否則『道』會自絕於鄉愿。」（《人生之體驗續篇》）故在興毀譽時，切要將訓辭勉語隱約於褒貶中，使言之者不入罪於人，聞之者能感發而自戒自勉，使毀譽之語轉為教化之事。

(b) 與人相慰相勉相勸

於俗情世間，人要逢迎他人與社會之毀譽標準以言以行，會容易使自我之理想價值斷喪及顛倒。由此，要毀譽之見消失於其中，須在人我相忘之真實世間裏。在這真實世界裏，「對人之言行有得而須讚譽時，應化為欣賞仿效之事；而將人之過失化為相規之舉。」於此，人能互相欣賞對方之美善，對所犯之過失能相規相勸，「將毀譽化為相規相勸，相互欣賞，……

過失相規，視人之善若己之善，視人之過若己之過，此即人我相忘之世界。於此人心之光，相慰相勉，相照相溫，見無限情懷及無限光明。」唐先生說，這裏見「人之心光，相慰相勉，相照相溫，見無限光明，無限情懷之世間。」此真實之世界，亦人我相忘之世界，以忠恕之道「寓毀譽之言於隱約之褒貶，使言之者無矜持之氣，聞之者興感發而自戒。雖有毀譽，形同教化。」（《人生之體驗續篇》）於此，俗情世間之毀譽，方可超昇至一真實世界，即「人形而上的統一之世間」，將毀譽相忘，如莊子之所言：「與其譽堯而非桀也，不若兩忘而化其道。」能「兩忘而化道」者，則能為世間樹立是非毀譽褒貶之標準之道。

4.「精神生命」上提，挽「氣質生命」之下墮，去人生之艱難困厄，將顛倒之人生復位

在《道德自我之建立》一書裏，唐先生說，一方面從外面看，人就是現實的物質界存在，是物質身體，存在於時間之流及特定之空間裏，與外物相對，相互影響着。從這一層面看人，人是「氣質生命」，是有限的，不自由的。但從內部看人之存在，則人當下是一超時空之精神存在，它沒有形色之實體。所以在經驗世界裏，我們對它無所聞見。

這精神於本質上之要求無限，要求自由，所以它會否定氣質身軀及外在一切事物對它之限制，往往要衝破之、超越之。它可以衝着美善的追求而蔑視甚至捨棄形色身體之求暖、求

飽、求安樂，這自由之抉擇是它的本性。它是我們的「精神生命」，相對於我們之「氣質生命」。

我們對這「精神生命」只能透過「直感」而接觸它，例如我們對他人之困窮與苦痛起同情之念；對親人之叮嚀關懷感而下淚；為犯錯了之事而悔後不安；為受委屈者而伸冤抱不平。這種種表現出人之「精神生命」來。我們會將色彩斑斕之顏料撥上畫紙以求把自己「精神生命」底美之追求實現於客觀事物上，我們會對人亦恭亦謹以把自己「精神生命」底善之追求實現於客觀環境裏，我們對人憐惜關愛以把自己「精神生命」底同情共感交流於人倫社會中。我們在日常生活中，難過時會流淚，心悅時會微笑，失落時眉頭深鎖，這一切乃自己之「精神生命」顯露於外。唐先生說：「人之身體亦是為精神所滲貫，而含精神性」（《道德自我之建立》），即是：人之一切活動是精神活動。人之形色身軀乃是自己之精神與他人精神交往之媒介，使自己之精神形於外，使其喜怒哀樂為他人所認識。

唐先生說：「當我們有求同情，表同情之活動時，我們是把人看作一純粹生命精神，直接對等的與我之生命精神互相感應者。」（《道德自我之建立》）當人求同情、表同情時，彼此都感覺到，物質身體只是生命精神互相交通之媒介。當我們將手輕拍於求同情者之肩膀時，正是向求同情者傳遞着溫馨之鼓勵、支持、關懷、愛護。而求同情者亦正是求這種鼓勵、支持、關懷與愛護。凡渴求同情而終得同情者，亦會得到這關懷、

安慰之感染，能夠在現實生活艱苦之壓力下，將自己困厄之生命撐起來。這時，「人一方覺自己之生命精神之實在，一方面亦覺他人之精神生命之實在。」（《道德自我之建立》）

　　這「現實自我」往往「陷溺於現實時空中……，為某一定時空間之事物所限制、所範圍之自我，亦即形而下之自我」（《人生之體驗續篇》）。這是唐先生二十年來對現實人生的種種掙扎與陷溺之體會，認為此陷溺之根源乃出於限制着人生命上種種反面之事物。此「反面事物」在《人生之體驗續篇》中乃見於「俗情世間中之毀譽」、「心靈過度凝聚與開放」、「人生之艱難」、「人生之虛妄」及「人生之顛倒」等。在此人生之大艱難中，唐先生為生命寫出了悲切的反省，同時更肯定人生於「現實自我」外，還有另一個自我，即「精神生命」，它亦是人之「道德自我」，是生命的另一方向。它能夠擺脫一切經驗因素之規約，而只服從「本然」之要求。唐先生給此下了一個定義：「能判斷吾人之活動之善不善而善善惡不善之自我，即吾人道德理性自我，亦吾人之良知。」（《人生之體驗續篇》）這「道德理性自我」，在唐先生而言，是「精神生命」、「心本體」。在書中之每一篇章裏，均帶出同一觀念，指出我們的「道德理性自我」在「立德」之途中，面對種種挫折、艱難、痛苦與陷阱時，便會湧現出來，使「精神生命」得以上提。這挺立上進之過程艱難曲折，所以唐先生寫來凝重鬱結，對生命中各種艱難糾結反覆說明，更對下墜之「心靈」指點激發向

上之道，要虛妄之生命重新復位。

在《人生之體驗續篇》裏，唐先生主要指出人生往往陷於墮落、偏執、污染、罪惡之顛倒相中，此皆緣於人顛倒了自身之超越性、無限量之「精神生命」而至，即：人不能看見生命之本位，自身之真實性，將人無限美善之心靈顛倒過來，將本然之理想追求，本性原是對美善之無限索取，轉化為外在之私欲滿足，名聲權力無限擴大追求所至。人之陷溺從而出現，人之罪惡從而生出。這可見於人於流俗世間中，處處向他人與社會求名、求讚譽。此舉最終使人要逢迎他人與社會之毀譽標準，使自覺之理想價值斲喪。而更重要者，由於私欲之無限擴張，人之「心靈」只顧自己而執於閉塞，凝聚於私有之執著而不能開發向外，向他人之心靈感通過去，故此往往對人對社會變麻木無情。再者，「心靈」閉塞於一己之欲，則人之私意及習氣橫生，生命因而變得狹隘而窒息，忘卻自己之理想價值，其生無異木石禽獸之生，其死也等同草木魚蟲之腐。人要從「氣質生命」之困圍中超脫過來，左右艱難，使人唏噓，哀感之情，難以言表。人由此往往墮於虛妄之人生中，將財富權勢虛榮之追求及擁有視為真實。

人若要從「流俗世間」中能超拔出來，使自我精神挺拔向上，往往發覺既無世間，亦無師友，唯見孤獨一人。現實世界價值往往把生命套鎖至窒息，自己要掙脫開來亦往往引來嘲笑。孤獨之天路歷程難走，而孤芳自賞，恃才傲物，亦是人生

之大陷阱，使人生滑落。

有詞句三段，可道出追尋人生價值之三個歷程，其中歷程艱苦漫長，卻又可成就於一刻，見生命之價值重現於生命中，它們是：

　　昨夜西風凋碧樹，獨上高樓，望斷天涯路——晏殊〈蝶戀花〉

　　衣帶漸寬終不悔，為伊消得人憔悴——柳永〈鳳棲梧〉

　　眾裏尋他千百度，驀然迴首，那人卻在，燈火闌珊處——辛棄疾〈青玉案　元夕〉

(a) 鬆解生活之桎梏，超越情慾之束縛

晏殊之〈蝶戀花〉有詞句說：

　　「昨夜西風凋碧樹，獨上高樓，望斷天涯路」

從客觀言之，西風乍起，草本變衰，登高遠眺，滿目蒼茫。葉落草衰，昔日青翠繁茂不再。由此主觀地反省到過去自己所追逐之聲色名利，逐漸遠逝，這是「凋碧樹」的第一重意義，「凋」者殘落也，「碧樹」所指者乃往昔之「繁華盛世」。「昨夜西風凋碧樹」於此指出此刻凋落飄零悵惘之感，但卻為自己擺脫了往昔情慾之耽溺和蒙蔽，拓展了更廣更闊之視野，開始追求更真實更美善之東西，要從覓「道」中，從人生價值及意義中，求得安身立命之所。要人生得到更高之價值理想，須要有一超越之精神，才能仰高望遠，才可以捨棄形軀之枷鎖，使

心不隨外物牽引，不隨外物漂流，方能夠保持心靈虛靜澄澈，以求「道」、明「道」及悟「道」，以見人生價值理想。故此，要「凋碧樹」，這裏開展了「凋碧樹」之第二重意義。「凋」現刻所指的是破除、拆卸，而「凋碧樹」是指糾落人之私念欲求。在老莊子而言，是破形軀的拘執，「去甚、去奢、去泰」，不可放縱欲望；在釋家而言，我們要破除「我執、法執之妄見」等。但這價值之路「道阻且長」，往往更要遺世獨立，「高樓獨上」，孤燈獨照，但必須要「獨上高樓」。但要尋「道」，路阻且長，遙遙無盡，要「望斷」之，艱難也！四顧蒼茫，「道」覓何處？

（b）柳永之〈鳳樓梧〉說「衣帶漸寬終不悔，為伊消得人憔悴。」

「伊」是「道」，是自我之價值理想生命。為了追求生命之價值理想，要有執著追求之毅力，縱使「衣帶漸寬」仍堅持不捨。但是，為要覓得人生立命安身之處，為了使「精神生命」上提，為實現並完成人生理想，就總得擺脫人世間那短淺的榮辱得失。雖「衣帶漸寬」仍擇一固執、無悔終身。雖然「為伊消得人憔悴」，但仍甘之如飴。因伴我者有昔日諸哲人如孔、孟、老、莊、佛陀、耶穌基督，他們有「殉身」的熱情，抱定無悔的決心。這「擇一固執殉身無悔」的情操，便是成就大生命者之不二路途。

(c) 辛棄疾之〈青玉案　元夕〉說：「眾裏尋他千百度，驀
然迴首，那人卻在，燈火闌珊處」

「驀然迴首，那人卻在，燈火闌珊處」指出了剎那間體悟
了生命之「價值理想」。此刻，人生得到了大安頓，生命得到
了立命之所。「人」所指者乃生命自滿自足之處、是生命價值
之所在。它可以是孔孟「仁義」之途，或老莊「無為而為」，「成
心破除」之體悟，或佛陀「不執於相」之慧觀，或上帝之懷抱。

這三個不同「精神生命」上提之歷程，亦顯示了靈欲兩分
之塗，是自我生命提升之三個境界，是成就「大生命」必經之
路。要「望斷天涯路」，就須要人生復位，去掉顛倒相，這是
人之「現實自我」於俗情世間及自我之超越。

第四章
人生之顛倒相與真實人生之復位

1. 人生之顛倒相

　　所謂人生之顛倒相，是指人在池畔邊看自身池中之影，倒立池中，腳上頭下。唐先生說：「此顛倒相，乃由人之深心的顛倒性而產生。此顛倒性，蓋即佛家所講的無明，基督教所謂原始罪惡，中國道家老子所謂『人之迷其日固久』之迷，莊子所謂『人之生也，固若是芒乎』之芒。」（《人生之體驗續篇》）而此顛倒相，非指變態心理或瘋狂心理現象，而是一般常態之人生事相。而此顛倒者，是我們主體之自己，是我們之心靈生命之自己。而此超越無限之自我心靈須於現實有限之軀體中及現實生活裏見其顛倒相。當然，此一顛倒相，非真實之自己，只是一虛妄而已，如人臨江望其自身之影為顛倒，但人自身卻不能說即是此顛倒，此人之自身初原是正正堂堂，立於地上，而本無顛倒的。唐先生指出此喻有兩義：

(a) 內在的「自家心靈」化為外在物象化

　　自家本性原本堂堂正正，是一超越之無限者，本無顛倒。但當它須表現於有限之現實生活裏，受此現實世界事物所牽連，將現實生活中之一切有限事物及活動依本性之無限轉化為無限者，不知所轉化出來的，只是自我本性之虛影，例如要求

長生不老之生命，要身體永遠強壯美麗，不知這一切均是無限自我「心靈」本性之倒影，只是一虛幻，沒有真實之存在。

(b) 價值高下之易位

將美善之體制禮儀及社會規範，落入格套中，使之僵化、形式化，扭曲了其原來美善之本義而轉化成醜惡之習俗；又或將俗情世間之財富權勢名利無限化而追索不休，不知真美善實不在其中。

唐先生說，人生之顛倒性，在俗情世間裏，處處可見。如將超越無限之「自心」黏滯於追求名利、財富、權位上，忘卻義之當為而為。若這無限的「自心」黏滯於有限之事物上（如名利財富權勢），並轉化為無限之虛影，再加以無限之追求時，即出現了人生之顛倒相。人在顛倒相下，會將事物之價值高低易轉。瘋人通常重複又重複地做一椿事，因為其精神完全被一樣有限的形式事物所困圍，以線穿針為例，瘋人穿了又穿，由晨至晚，不停不息；而將其他活動，皆加以廢棄；其整個人生，亦即顛倒而沉入此穿針引線之活動中；而此穿針活動之價值，亦成至高無上之價值，而其整個人生及其活動之價值，則顛倒於下，造成人生之顛倒，價值高下之易位。以高尚之學者為例，他們為了研究某一項目或一義理，可以終日不眠不休，要弄個究竟出來，將人生其他一切東西，擱置一旁。在這情境下，價值只蔽於一義，其他善美皆蒙蔽而不見。唐先生說，在顛倒相下，「我們與瘋狂的人，可並無本質的分別，而只有形態的分

別，與所表現之人生顛倒相之種類及程度上的分別」（《人生之體驗續篇》）。

唐先生再以傳統儒學作出詮釋說，人的「自心」、「本性」原本是美善的，是無限的，能通於萬物，而見之於各種善行上。但當此無限性顛倒了，便會產生「無限之罪惡」。人若順「自心」、「本性」而行，當擴而充之，則起悱惻之心，不安之情，例如行孝以事父母，和睦以對兄弟，忠信以對朋友，進而齊家治國平天下，如此方見真實生命之流露。此真實生命之流露外演則成禮制，以客觀之制度，提供了行為之規範。但「自心」、「本性」假若被顛倒了，則禮制成了「格套」，人們的一切交往則僵化於套式內，形成了形式化，一切禮儀則演變為門面功夫而不見其真生命，一切忠孝仁愛禮義廉恥均成虛文，變為殘賊自己及他人之本性而成萬惡之規範了。

1.1 誰在顛倒及顛倒如何形成

人產生罪惡，皆因自我無限性之本性給顛倒了，故我們的「自心」、「本性」是顛倒者。「此顛倒者，即我們上述之主體自己，或內在的我，或我們心靈生命存在之自體。……此心靈或生命存在之自體，乃原具無限性，而是以超越一切有限者，為其相貌與情狀的」（《人生之體驗續篇》）。「無限性」並非現實意義的「可量」、「可數」、「可計算」的「無限」，其所指者乃我們之真生命，即「精神生命」或「心本體」，其原本可超越我們現實的、「有限」的個體，但現刻卻將其「無

限性」引申於「流俗世間」之事物上或「氣質生命」所渴求事物之追求上。這無限者，因需要表現於有限之生命存在及各種有限之現實生命之活動裏，容易為此現實之有限者所牽連，將此有限者化為無限。然此顛倒相，雖由自身而有，卻非自己之本相與本性矣。

在中國儒家思想裏，人之「精神生命」是根源於「天道」，具超越性。在中國儒家哲學裏，人的「心靈」即是「本性」，亦即是「天道」，是無限的美善。朱子說，「仁」（人之心靈）乃天地生物之心，人得天地之心為「仁」，人心因而可以「與天地合其德（美善之德）」，所以，這「心靈」是美善，同時是超越的無限，由此唐先生說，「無論你如何去想他，你總不能發現其邊際，而視為有限量的客觀對象，而永是一超越之無限者。」（《人生之體驗續篇》）

但這無限性之善可以被顛倒而成無限性之惡，對於這顛倒之形成，唐先生說，「此超越之無限者，須表現於現實之有限者之中，而它又會受此現實之有限者之所牽連，而欲將此有限者化為無限者，以求自見其自己之倒影於其中，而視之為自己之所在；而在另一方面，此超越之無限者，此與之脫節，以虛陳其倒影。」（《人生之體驗續篇》）流俗世間之財富、權力、名位本來就是現實的、有限的。當無限之主體落在現實世間時，往往受現實世間之事物如財富等牽連而作無限之追求，即：要擁有無限之財富，但這財富無論多少，其與人「主

體」之真實性無關，純是一虛妄倒影。唐先生說：有關此顛倒相，可見於人之好利、好色、好名、嗣續之渴求、貪慾、主觀偏見中，即是：「人依其無限量之自體，以表現為現實之有限者，人即可順此現實之有限者之所牽連，求化此現實之有限者為無限。」（《人生之體驗續篇》）

1.2 常人之好利、好色及嗣續貪中之顛倒相

人生之實事，可見於中國儒家《禮記》所言之「飲食男女，人之大欲存焉」。又見佛經裏說「一切眾生皆依淫欲而正性命」。因此，人氣質生命之欲求，依此底層但基本之二事而求嗣續之永存。但當人之無限「自體」在現實世間裏，表現於具體之「有限」者時，即同時受此「有限」者所牽連，於「有限」之自身存在裏，拉扯着「自心」之無限量處，而求無限財利之獲得、色慾之滿足、及嗣續之永存，妄想於其中見其「自體」之無限量，「於『財富與佳麗之無限量』之具有之中，妄欲於其中見其自體之無限量之事也」。人生之顛倒相亦由此而見，以下分別言之。

a. 人之好利

財富除了可以為我們直接享用外，更誘發我們藉各種手段孳生更多財富之可能。此孳生復孳生，以相引而無窮，如得「一雞蛋而思其化為雞，再以此而換羊，再換牛及馬，當羊牛馬成群時，而思易田地，當田連阡，富比王公，而浸至甲天下」，

此「人心不足蛇吞象」之心態「乃根於人之心靈原具無限性，而彼能思維之，構想之，以使之宛然呈於此心靈之前也。」但此「財富之相引而無窮之可能」，即無限量之可能，又非真實確切的，而僅是此心靈無限性之倒影，是虛妄不真。但人往往視若不見，而唯自沉酣於其所思之無限量之可能，而作無窮之追求，以期有日真可以富比王公，富甲天下。人對財富之無窮追求，皆因希望當擁有此無窮財富之時，得以目睹其自體之無限量，宛然虛映於其中。

b. 人之好色

人之貪戀色相，出於人幻覺可從肉慾之滿足中得到無窮之歡樂。而這一念，又始於人將此淫慾客觀化。而淫慾者，原出於人之生生不已之生機，或自然之兒女之情。唯人認為對方之肉體有無窮之歡樂衍生而出，因而貪戀不捨而不知節制，不知道此即構成其主觀歡樂之一虛妄倒影。當此倒影既成，人遂宛然於對方之肉體中，可得到無窮歡樂的可能，而貪戀之情遂生。其所對者，乃舞騷弄姿之美色，當人沉溺於此，並見美色歡樂之倒影於其中時，即依類而出，於其他美色，亦起同類之顛倒意想。於是，由一及她，好色無厭，即佳麗三千，納為己有，亦不知足。這皆因人之心靈，欲使其好色之活動，由有限趨於無限，從而得見自體之無限量，宛然虛映於其中。

c. 人之求嗣續

具嗣續貪者，縱使多子多孫，亦無饜足。其源於人可在其嗣續中，宛然見另一自己之存在。由是人可執此子女，視之如我，而對之有私愛。

「然此私愛，實非愛子女之為一獨立之人格與生命，而只是愛為其自己生命之倒影之投寄之所，此在根柢上，實唯是自愛。」（《人生之體驗續篇》）然此自愛，實為私愛，愛自己之倒影而已。這一切出於冀望自己生命之倒影，普遍投寄於無窮盡之未來之意想，而此無窮盡之未來之本身，又源於人心無限性而來之倒影也。當然，人有求嗣續之渴求，但非求無窮盡之未來本身，而是求延續宗祠之血脈為鵠的。但在人之虛妄倒影中，未見其真義。

1.3　常人好名、好位、好權、好勢、好勝等心中之顛倒相

人受自然生命（有限者）之所牽連，以化之為無限，而有顛倒性相。這亦表現於人之好名、好位、好權、好勢、好勝等。於社會中，人與人之相接，互見才智德行，有借才智德行服人而享聲譽，有地位權勢而為眾人所信服，有功業以利社會及國家之福祉而為眾人所欽服。由此人誌之於心，則名見於人，見於社會國家。此乃基於人之價值意識之不得不然，本於才德相競以向上求進，本質上皆屬好事，其根源處本是至清淨潔淨者也。然則何以好名、好位、好權、好勢、好勝，會被視為私心

之所在而為世所詬病？

於名位權勢中，以好名為先，因分位、權勢皆依名而有。所以好名乃成為人之大私心，並可知好名乃依於人之顛倒性而有，至於餘者，亦可從此推論知之。人有好名心，乃起自人之道德感情之一虛妄的倒映。「道德感情」所指者，乃人心相互感通而見，例如父心與子心相感通而生慈孝，見人之困苦而生悱惻之情，起扶助解救之心等。此感情之相通，乃出於自心涵攝他心，以成一內在之統一之情。此感情相通，心心相映，見他人之困而解之，因而得他人之稱頌。而此稱頌乃出於自我之真誠道德感情，與及冀盼此才德為人所共享。若此稱頌使我得到名聲，亦不外於我之才德客觀化於他人心中，與及自我心靈與生命之擴大，而有歡樂相緣而生，此乃自然而然之事，而尚非好名而為之。但人若貪戀此名聲，不諳此名聲只是我之才德感人而得之附從結果，並非我之才德感人之實事所在，只是他人心中之一虛映的影像而已。當人虛提此倒影，而生貪戀之意，更望他人保我令名，廣我聲譽，以享令名於無窮於今世他世，此中有莫大之貪執與私心，此乃所謂為好名心之實相也。這一切非出自心內部之道德理性以涵攝他心，使人我心心相照。故此，好名心乃成為自身一道德感情之倒影，其中有莫大之貪執與私心，非真實無私之我之道德感情。

由之，人之好名好位好權之心皆依於人之心靈之顛倒，從正位正權正勢之清淨本源上雜染而來。故唐先生說：「一念之

差，則天地易位」，不可不慎也。

1.4 常人求客觀價值之心中之顛倒相

人本有求實現真、美、善、聖之客觀價值之要求，使不陷於貨行、美色、權勢所形成之無限私欲中。但唐先生說，人在追求彼真、美、善、聖之客觀價值時，仍有二者，終不得免於顛倒：

(a) 私欲將價值顛倒

我們之「心靈」具超越性及無限性。所以，我們在追求真、善、美、聖之客觀價值時，往往超越各事物自身之目標，而趨求另一目標、但此新目標卻恆為我們私欲所趨附之事物。於是，此諸事物遂轉為滿足我們私欲之工具與手段，例如，化妝可使人有漂亮之容貌，但人可藉此美藝而誨淫；神道可引人至美善之至境，但亦可發展強橫跋扈之神權，扭曲人性、殘害生靈。當今之世，盡見一切科學知識、藝術文學，無不成為商人致富發達之資具，野心家極權之用，此盜神聖文武之名而滿足私人欲望，往往導致他人身敗、家亡、國滅。這一切是人從私欲中將價值顛倒造孽所致。

(b) 執一而廢百之顛倒

凡持此心態者，謂天下之真理，莫高於我瞬息間之所思所念。當人執「一」以廢百之時，皆認為其「一」為最高至真至善，普遍而永恆。但，自其外部而觀，則畢竟只為「一」而非百，

其外另有無窮無盡之真、善、美，但主觀固執往往容不下他人立於其「一」裏，「如彼知物理。而不知生理；知剛健之為美，而不知婀娜之為美；知狂之為善德，而不知狷之為善德；知耶教之為聖教，而不知佛教亦為聖教，皆是也。」而此偏「一」從內部看，似普遍而永恆；然自外部而觀，則不竟一而非百，另外還有無窮盡之真善美。故此「一」，實不足蘊藏此「心靈」之無限性之全部也。人要存其「一」而蔽彼百者，乃源於人既限制自己於「一」中，並自沉於其中，同時又要兼舉其無限性，要窮天地、恆萬古之至大無外於此「一」，而廢黜其餘之百，「如蔽之於一彌天蓋地之無明網下」。此亦緣於心靈之無限性顛倒，而自沉於其所知之有限者而至也。

1.5 常人之人生觀、宇宙觀中之顛倒相

　　唐先生指出常人存有一種顛倒的宇宙觀或人生觀，他說：「一切精神力量豐富而尋不出正當的表現之路的人，便必然會犯罪。」（《人生之體驗續篇》）因精神力量豐富的人，其內在自我之精神生命，往往要求成就一無限的人格，但可惜未能覓取一條正當精神上升之軌道，加上一念之陷溺，可以將自己翻轉過來，而表現為對現實之對象作出無限之逐取，甚至犯罪而求得之（《道德自我之建立》）。唐先生再將此人生之顛倒相劃分五種，列示如下：

(a) 繫心量於感性情識中而無復見自我心量之超越性

人有感宇宙之無窮無限而見我心量能超出我之有限，通於宇宙之無窮無限，而與宇宙同在無窮之中，此即陸九淵所提出的「吾心即宇宙，宇宙即吾心」，我之「心靈」與廣宇悠宙之心同其廣大無限。但唐先生感慨地說：人罕能念及此，只執此我之為有限之一念，強分有限之我在此，無窮無限之宇宙在彼。當執著此「情識」之見時，於感性世界中與其他有限之事物相接觸之當兒，往往受欲求及貪戀之拉扯而一念向下沉墜，並緊執於此情識中，只對在情慾世界之事物作出不斷之欲望馳求貪戀及畏怖。

當人之精神生命繫於外在有限之事物時，其「知」只制約於有限性之物質事物上，執著於個體情識之見中，不復見本身之超越性，「不知事物之為有限」、「不知身軀之為有限」、「不知此情識中之心知為有限」，它們可與廣宇悠宙同其無限。當人無復見其無窮無限之心量，亦能涵攝萬物時，使不復見萬物與我為一之豁達廣闊之心靈，而自閉於身長不滿七呎，壽不過百年之形軀上，將自身之無限量，全推讓於宇宙去，不沾於自身，成一顛倒之見。此顛倒使人陷溺於自我情思物慾中，沒有一警策向上之精神，此是人生之大憾也。

(b) 視物質為宇宙世界之本

當人之一念視此身軀為真我，而此身軀又必賴物質以養而

來，遂謂緣此物質而有身軀，進而有生命心靈精神之活動，因而視物質為一切之原，並一念昧其所以護持此形軀為目標，由此而成一無限之顛倒也。此身軀原本為我心靈之所依憑，藉此與他人他物相感相通之資具。但當人視此物質之形軀為真實自我時，則往往護持此身軀為事，千方百計，關照警惕，無微不至，而成一習氣。當生命為此習氣所薰染時，往往視飲食衣著為人生重要甚至唯一之目標，忘記了它本為飽食暖身作為資具以事心靈為本也。當人對這錦衣美饌，金屋瓊樓處處關照得無微不至時，乃將心靈價值顛倒者過來也。

(c) 視實然為當然，執事實所在即價值之所在

我們往往對已成之事實，皆加以合理化觀之，以事實所在即價值之所見。不知「實然性」不具「當然」之意義。例如在國內於生意上與人應酬，往往要依靠官場人物關係及拉攏，此乃「實然」之事，但非「當然」之理。富人李嘉誠身擁巨富，掌握香港之經濟命脈，為人所尊重，此乃「實然」之理，但其所言者，所判斷者，是皆「當然」乎？這正顯示事實是純客觀而外在，而價值則必呈現於主觀之心靈。因事實有不合價值之標準，甚至具反價值負價值者，故實然者不必皆當然。

所以，人若執於事實之所在，認定這亦是價值之所在，雖面對其明顯無價值或反價值之事實時，亦必宛轉曲解其價值之所在，以維護其執著之見，此乃價值之顛倒見也。若將事實之所在認定為無限普遍化，並以此觀古往今來之一切事物時，則

人會忘卻自己乃價值之判斷者，主宰者，由此而生價值之顛倒見，不辨是非黑白對錯。於是人乃無往不事苟安，或隨俗浮沉，阿諛權勢，為立身之計而順應潮流，對無價值或負價值之事，必宛轉曲解，以自護其執。再者，人心之無限性，往往容易視「事實所在即價值所在」，對古往今來之一切現實事物加以無限定之普遍價值化，這是人心無限性之最大顛倒見也。

(d) 忘己而務外徇物

唐先生說，人於其宇宙觀中，往往執有另一種顛倒見，此乃視人之生命、心靈所求之真、美、善、聖之價值，皆超越外在於人之上，以屬於天國或上帝，而非在人之自性中本來有者。於此，人觀其人生，唯是充滿罪惡與孽障，而涵負價值、反價值之意義。

我們可由此來看希伯來之宗教思想，它是一個典型的例子。它富於出世主義，認為我們所住的整個世界，根本不行，全無是處，非一腦兒把它鏟除不可。我們要從人間世界完全解脫出來，方能超昇至另一世界──天國世界。故此，其理想在彼岸 (Otherworldliness) 而不在於現世，所以它強調「信者得救」，信靠者乃冒險向那不可知的彼岸一跳！不可知界莫測高深，無由推理。人智何用？必須依賴上帝之力量！理性縱可克服情慾，但我們整個生命都是魔道，整個現實世界都是火坑，枝枝節節地去除人欲，何濟於事？必須從根本處推翻整個黑暗世界，我們方可徹底解脫，步入幸福之天國。耶穌於此斬釘截

鐵地說：「人非重生，不能進天國」，而基督教所仰求的就是這幸福天國！

此顛倒見之根源，在其外觀世間，內顧己心，盡見一片黑暗污穢，更無清淨與光明。當此心嚮往光明清淨而遠颺於外時，只覺此「光明」中懸於外，不為我所有，我之得離苦難，惟有外仰彼天光恩典，以求依恃接引。所以，人信仰一神祇之存在而求本身之不朽，乃由於人在現實世界中，屢遭種種挫折、困難與苦痛，常感自己主觀之生命精神力量微弱，故不得不求一超越之神祇之相助。再者，人在現實生活中，面對種種不公平之待遇與冤屈，遂於現實人世之外追求一至善至公平之神祇以賞罰善惡於未來或死後，以維護正義之原則。人於此遂不自覺到己心實具有內在之光明神性，其與真、美、善、聖，可如如相應。其為忘己而務外徇物，追逐其自體之倒影於外，成一大顛倒相也。

(e) 人之「純粹權力欲」之無限擴張

人於生活中往往因要滿足其財色權利之無限欲求與滿足而有顛倒見，而犯惡蹈罪，但在此之上更有一種更為可怖的「純粹權力欲」之顛倒。這「純粹權力欲」之動機，只以他人之精神本身為對象，目的純粹只為擴大自己之權力，進而凌駕支配主宰他人的精神，使其為我所支配主宰。例如，文化活動中見學者傲慢驕矜，想私據學術上之文獻，對不同學派之學人加以詆毀。再者，見宗教家、道德家以聖人自居，盛氣凌人，甚至

有教士一手執刀，一手拿經，以「信我者得救，不信我者則死」為威脅，此乃潛伏之「純粹權力欲」之表現。由此可見，當「純粹權力欲」任由無限發展時，人為求自我精神權力之獨霸，不擇手段，可以犧牲原來信守之真善美之標準，自欺欺人，要擴張其權力意志，從而戰勝他人、支配他人，否定他人精神之自主與獨立。若從這處看，「權力欲」是人心顛倒之撒旦，本質是一否定精神，因它於每一念中要戰勝他人、征服他人、支配他人、否定他人之獨立自主精神。此精神雖可以不怕死，亦有與敵皆亡之心，但這純是一種征服支配之意志，與捨身成仁成義之心不同。而與之相反之精神，則是肯定他人之自主性與獨立性，以正義公平感來分配人我之權力，對人謙卑、辭讓、有禮，以慈悲之仁，廣大寬容之心以去一切對科技、學術、文化、文明之獨佔心念，將財色貨利擱置在旁而見善善惡惡之良知，人遂可以不為撒旦所俘虜，而重現上帝之光輝。

1.6 非常心態之顛倒相

唐先生反省我們人生世界有一種病態式的變態心理，指出它亦是一顛倒相，此種顛倒相較複雜，較難了解，「此各種顛倒見，皆各為常人之顛倒相之一端，而常人之顛倒相，亦尚皆為較單純易解者。人生最複雜深邃之顛倒相之表現，則為在人之非常心態中，如心靈之變態或病態中，及天才與非常人物之心態中之顛倒相。」（《人生之體驗續篇》）例如有人嗜賭如命，把自己之前途毀了，或把自己之家庭砸了，也在所不惜，這是

非常心態中之顛倒相。「一將功成萬骨枯」，戰役之勝利是由無數生命灑血換來，當勝利者踏着屍骸而喝彩，自命不凡時，這亦顯示了非常心態之顛倒相。當人憤世嫉俗、或財迷心竅、或對種族及性別歧視而作出種種反常行為時，亦擺出了非常心態之顛倒相。於此，唐先生再劃分了三種非常心理之顛倒相：

(a) 將想像中一切化為現實而生之顛倒相

人往往將其所念者化為現實。嚴重者，人更會妄念他人時時害我而嚴加防避，或認為我本有超人之飛天能力，可從高處躍下而無損。此乃將虛妄之想像當為實在而來之顛倒相。究其原因，在於心靈原具無限性，故能夠超越一切現實事物之限制，幻遊於任何之可能之境而視為真實。然而人由於心底之欲望、馳求、貪戀、畏怖及意識，往往為事物所牽引而吸注，以沉陷顛倒於其中，誤認此幻遊為真實。這幻遊當可導致人之煩惱與苦痛，亦可牽人至一特殊之人生癡情，甚至生活上之悲劇，這可見於今昔之詩人，藝術家、哲學家之悲劇，莫不由此幻遊之境代現實之境而來。當人將此幻遊當真實境而不知其分別時，人即入於瘋狂。但是若人能出入自如於幻遊境與真實境，而不使於相錯混雜，則天而聖者矣（《人生之體驗續篇》）。因為此幻遊實則心靈之在追求理想中，超越有限之自身而向上奮進，同時將超然之理想實現於此有限之現實世界裏。這是念念自覺，反身而誠之美善價值追求，並要將之代入人間並使其客觀化，使之遺愛在人間，此大哲學家，宗教家之宏願。

(b) 虛無幻滅之感中之顛倒相

人生而有欲，但求之不得，或得而復失，在屢得屢失之恆暫而不久之情境下，則視世間一切皆虛無幻滅，此顛倒相見一切事物皆為虛妄不真。但亦有追名逐利者發覺其名利雖日以增添，然一朝自反時，見此名利之貪步步有得卻步步不能滿足，照見其一生求名求利乃非人生價值意義之所在，只是外在流轉不息之變幻，心靈頓感空虛，不知人生存在價值為何，如遊子無歸，遂嗒然如喪考妣，而覺人生虛幻不實。再者，當人求真美善者而覺真美善無窮盡，但當對此孜孜而求，所見世間一切皆與之相衝突，昔之為美者今之為醜，所謂善者亦往往隨伴著惡，使人覺得一切之真善美皆難以寄心，而視為無足尊信，遂覺真善美之世界乃是一虛無幻滅之境。然最使人困惑的就是自我人生存在之有無感，例如我於此時此刻，固然意識到自己之存在，但在曠宇悠宙古往今來周遍世界中，發覺我畢竟無有。

人若種根於此種種虛無幻滅裏，於起居食息間，皆變成百無聊賴，雖生猶茫。雖生存於宇宙間，唯見一片茫茫昧昧而又滄滄涼涼之「虛無」，寒徹身心。此「虛無感」看似虛靈，但絕非超越的無限量之心靈之「虛靈性」。此「虛無感」虛而不靈，亦「虛無」而滯，它將吾人之情感、理想、「自強不息」向上之精神相膠結相梗塞，使生機相抵制而閉息，使「心靈」之無限活潑退藏幽密起來，使其不能表現真實性來，只投影出其陰影及倒影而已。

2. 人生之復位

2.1 人生復位之理

人生於世，往往自陷於顛倒中，「故由人生之顛倒，以觀人生，人生實大皆為邪生而非正生，為枉生而非直生，此亦即人生之所以可厭、可嘆、可悲、可憐之故。」（《人生之體驗續篇》）。唐先生說假若宇宙有生化萬物包括人類之理，則一切可厭、可嘆、可悲、可憐之事，仍會再來，反覆輪迴，終無了期。要解決人生顛倒問題，要人生復位，化除顛倒，唐先生認為「唯有自如何致人生自身之清淨，以由邪生以成正生，由枉生以成直身之本身上用工夫，而別無捷徑之可尋也。」（《人生之體驗續篇》）然則，何謂人生自身？其又如何變成不清淨？人之自身，即人之「心靈」，本美善無染，具無限性。但其「無限性」卻要表現於「有限」之身軀中，其本質之「清淨性」均須依憑「有限」之形體而表現出來，若「無限心」一旦執著於俗世間之有形事物裏，便會陷溺於其中，將有限之事物化為無限而作無窮之追索，如名、利、財、色、權位等。斯時，人生自身，即「無限心靈」則變得不清淨了，人生價值即顛倒了。若能回歸自身之本源並透徹了解之，則見本身之美善而持守之，並能盡其心、率其性而行，自會見善、知善、守善、行善，則真實人生者，不在人之情思物慾上見，而在人之美善上見。由此，人生可在價值顛倒處復位過來，如其所如見價值人生。

　　所以，要人生復位，須「任此無限之心靈之表現寄託於現實之有限，而又不使此無限者沉淪入有限，而使有限者皆還其有限，以相望而並存；復使無限者亦還其為無限，以昭臨於有限之上；則皆得居其正位，以直道而行，而人生更無顛倒，其生亦皆為正生而非邪生，直生而非枉生矣。」（《人生之體驗續篇》）人有命限之制約，莫之能抗，然人能知此有限而安於此有限，又不受其限，其心靈即已超此有限，亦足證其非任何有限者之所能限。再者，當人自覺人身有限而心量無限，方可於行住坐臥中見真美善神聖之價值。而它心量之無限，不囿於我，而遍及他人，可致無窮無盡。當人心相照感通，自敬敬人，即成其仁；當相攝相涵至極時，更能義盡於家國天下。由此，「此無限之心靈之表現寄託於現實之有限，而又不使此無限者沉淪入有限。」（《人生之體驗續篇》）此心之廣居，在人我之中，亦在人我之上。當人不將此心私為己有，而奉獻於天地時，「復使無限者亦還其為無限，以昭臨於有限之上」（《人生之體驗續篇》），則人皆見其心為大心，天心矣。進一步更見人皆依此無限量之心貫徹於有限之「氣質生命」而不顯露形迹於外，但見「道德理性」之無量性彰顯。由此，「有限非復有限，以混融為一矣」，真能悟此義者，則見顛倒非人之本性，純為虛幻而非真實。這樣，有限者與無限者各歸其位，各居其正，「其生亦皆為正生而非邪生，直生而非枉生矣」（《人生之體驗續篇》）。人要正生，直生，須轉化人生上達之阻礙，將反面之事物而超越過來，以歸於人生正道。

人精神之表現根本是善，是直生，枉生只是一變態之表現，故只是一種為善所反之負性之存在，它並不是真正的精神表現。人在現實世界中，不能立於無過之地，時刻都會陷於枉生或罪惡之中，但在另一方面看，我們對於此枉生，均可超拔過來，因為我們能反省，知道此顛倒之人生乃一念之陷溺而成，而一念之陷溺，乃可通於一切之惡，造成一人生上達阻礙之路。人若能「一念之自覺」，則可「轉化人生上達之阻礙，將反面之事物超越過來」，即超越現實自我之限制之道德活動，人生得以復位而歸於人生正道。（《道德自我之建立》之導言）

2.2 人生復位之難與易

唐先生說，人要在顛倒性相中復位，絕不是一件容易之事，「然即事而說，則人欲去其一切顛倒，實難乎其難」。人果能見於「心靈」之無限者，往往托之於思想觀念裏，陳之於名言中，但知之而不能守之；又有人只存之於心，然與世相接時，見世人之卑賤污陋顛倒，不禁蔑視之，起亢舉、傲慢之心，「亢舉我慢之狀如溢如沸，矜持之狀如握，意氣之狀如撲；乃皆源於無限量之心氣之顛倒」（《人生之體驗續篇》）。而又當以脫俗之心與流俗相對抗時，但覺舉步艱難，滯礙處處，遂流於拘謹與退縮，不敢抗之以義正詞嚴，跟流俗之勢而隨順之，這一切使人陷於顛倒相中，而這無限量之心氣顛倒卻是諷刺地見於「心靈」由下至高之各活動中，例如市井之徒，將價值顛倒於日常平凡之生活中。至於人之才智愈高者，其心思之所及亦

愈博而愈廣，其人生之顛倒相，亦至繁至多，其顛倒性相亦愈深。至於宗教家又或謂人生滿是罪惡或深染無明，而非人力之所能挽，此無疑是執人生之顛倒相而生之顛倒之見。因人性本身乃無窮之美善，當將之顛倒為無窮之罪惡時，人生即失卻自主能力，如浮萍無根飄蕩，由外在把持，自身失去方向。

　　但是要去人心之顛倒相，而深究其理，亦非舉步皆滯礙，難以前行。蓋人之「心靈」之有此顛倒者，其自身之本性未嘗顛倒。至於人生之一切顛倒相之無窮無盡，實乃取資於此心量自身之無限而生。唐先生說，「唯人之實求去其顛倒之工夫，又首賴於上所謂如實深觀人生之顛倒相，而對之有如實知之」（《人生之體驗續篇》），當人如實深觀人心靈之本性非顛倒，「顛倒如水之逆流，而逆流中之水，即正流中之水。……知逆流中之水，原是正流中之水者，乃能導逆流以歸正流。……人之治瘋狂者，亦唯有治自瘋狂者心理中之觀念之糾結，使之各還其位始。」（《人生之體驗續篇》）知顛倒之能去，亦知人之心靈之本性非顛倒。故人之實求去其顛倒之功夫，須首賴於如實深觀人之顛倒相，而對之有如實知，即如佛家所言，要「如實觀之」，方可使人生復位於此，唐先生說：「如實知顛倒，即能不顛倒，如佛家之言知煩惱即菩提，知無明即大明；遍觀邪生，則知正生；遍觀枉生，即見直生，深緣地獄，即見天堂。」（《人生之體驗續篇》）佛家知煩惱，即了解煩惱之起源，即能超越之，而見菩提。知無明，即了解無明之起源，即能超越

之，克服之，而見涅槃。如此，見地獄同時見天堂，透知人生顛倒之因由，方可見人生復位之路。

第五章
要超拔俗情世間，人須立志

1. 心志之意義

人要有所成，首要「立志」。

人於人生中要有所成而能有所成者，乃源於自我精神空間之寬宏廣博，自強不息，能隨「心志」之開拓而邁向目標。此「心志」非心理學上所指的意志，亦非同一般所謂之理想。一般的理想，恆為一抽象普遍之價值觀念或人生於流俗世間裏務實之目標，希望藉自己或與他人之理智與知識實現出來，例如要自己的事業有成功的發展、建構良好之社會律法或政治體制，成就科研以利民生等。無可諱言，它們各有其客觀具體之價值，具現實之意義，但根底上卻與道德價值無關。

唐先生所謂「立志」不在此，而是志於體現道德理想，使自己之生命成為一道德生命，是「自己個人之心靈以至人格所要體現之理想」（《人生之體驗續篇》）。所以，立志之「志」，不單是趨向着俗世價值之目的，而是要自我變化氣質，要自我超越及突破現實環境之規定，從而「超升擴大此實際之我」，使自我之「氣質生命」轉化為「道德生命」。唐先生於此直下說：「立志亦是立一種理想。但此所立之理想，是直接為自己之具體個人立的；從而使自己之實際之存在成為一理想的實際存在」

263

（《人生之體驗續篇》），此「理想之實際存在」就是自我道德之存在。所以，唐先生要「立志」之「志」，是我自家之事，是自我「立志」之事，有其獨特性及不可替代性。因為我是獨一無二之我，不可能為他人所替代。

唐先生說，人能「立志」，乃基於一個預設之肯定，即：此「我」具超越性，能對過去及未來有所肯定或否定、喜受或厭惡，並具有一內在之價值判斷能力，能對我之過去不斷反省、檢討、批判，並創發未來。唐先生說，這「我」是「真我」，是自我之「精神生命」，是我之「心本體」，它能興發「理想」，並對此「理想」加以肯定。實現於現實生活中，人之所以能「建立自我之道德」亦由此而貞定。此「志」是自由、自動、自發的，因為它可以超越現象界之因果法則，能夠對外在現實環境有期望與要求，甚至改變「現實之我」而實現自己價值人生理想及目標。由此，此「志」為我所立，創發及成就未來理想之我，故此「志」具個人之獨特性與不容替代性，是我「心靈」之志，任何人均不能取代之。

人之「立志」，本可以隨順「氣質生命」之情志要求，去運用自己之聰明與才智，一方面去擴大開展知識之範圍，由此而成就專科知識如醫學、生物學、心理學、社會學等，另一方面於社會上藉此而爭取名位、權力、財富等。事實上，「氣質生命」之情志要求，可以成就科學文明，使我們日常生活來得欣然舒暢。但人生之價值意義，難道可盡見於此？在流俗世間

裏，於生活衣食豐足中，我們對「應做」與「不應做」之道德概念往往變得模糊了，對「立志」之道德意義更心存疑惑。由此，人遂屈曲於外在之權威，俯仰於時代風氣，隨順流俗之毀譽，卻不知這些觀念理想，只是浮於表面意識之物，是隨順社會一般人之意見及約定俗成之規範，個人之道德生命及其獨特性也就淹沒於此。由此，唐先生說，人要奮然而自興，要超越其日常聰明理智之所逮處，要對「氣質生命」欲求以外之「道德理想」有所趨赴，並將其實現於現實生活中。

唐先生說：「人只要求其良心理性之所在，以求其志之所在」（《人生之體驗續篇》）。觀孔子在其一生，就是對這「良心理性」、精神理想及價值不斷趨求，將其「心志」在生命中活活潑潑的表現出來。他說：「志於道，據於德，依於仁，游於藝」，此四德是他教學的條目，所要成就之志向。孔子培養學生，以仁、德為綱領，以六藝為基本，使學生能夠得到全面均衡的道德發展，涵泳於「良心理性」之興發中。孔子說：「吾十有五而志於學」，「志於學」即志於學君子之道、聖人之道，更要志於遵從自我之「良心理性」，立命於「仁」處。所以他說：「苟志於仁，無惡也」，可見他以「追求仁道」為志向。而此「仁道」，可從「博學而篤志，切問而近思」而得之，因為「仁在其中矣！」。由此，孔子「十五而志於學」，定立了自己之人生方向，按步開展了他自己之道德生命。他自己之生命意義，亦隨他「立志」方向，將自己「精神

生命」之自覺價值理想步步實現於人間。孔子以其獨特之志向成就自己獨特之生命。他志於學，志於仁，順此方向去，到了三十歲時，便能從容地「克己復禮」。隨後，他依「禮」從「仁」，使往後之生命進境逐步深化，所以到了四十歲便明辨是非，到了五十歲能知「天命」，知人不能要求其理想必行於天下，明白了人在歷史裏受命數之限，但能率性而行，則能擴闊心量而涵其境遇，「不怨天、不尤人、下學而上達」。最後，到了七十，則心之所欲，皆可放之任行，不會逾越法度。觀其一生，始於「立志」，成於「立志」。

孟子隨順孔子之思想，亦要人「尚志」，要人啟發「良心」之本性本願，「向上興起其心志，自拔於禽獸，以由小人而為大人為聖人」（《人生之體驗續篇》）。孔子既「立志」於「仁道」之修養與實踐為首要之務，故當孟子被問及這一個價值核心之問題時即說：「尚志」。他說：「夫志，氣之帥也（具道德價值判斷之志統帥調御自然生理之氣）；氣（意氣情緒），體之充也（寓於形體中。所以動氣時，則成喜怒哀樂之情緒）。夫志至焉（心志須處於主動地位），氣次焉（情緒情意反而是處於被動次位）。故曰：『持其志，無暴其氣（不可使情緒之氣奪其心志）。』」「志」是心之所向，亦是心之存主；而「氣」者則是指我們之感性生命之力量，一切視、聽、言、動均為其所起，故「氣」充盈於我們身體每一處。而「心」可約束「氣」，以「志」指引「氣」，所以「志」為「氣之所帥」。由於「氣

質生命」本身是盲目蠢動的，當盈於身之「氣」盲目衝動而失其平衡時，人便會陷墮於物慾追求當中，嚴重者會放其「良知」、遮撥其「存心」，為其所不當為而淪為禽獸。所以「持其志」者，一方面積極地引導「氣」之所向，另一方面則不可使「氣」乖舛紛馳，放縱於外。由此，「志」有所主，則「氣」無濫放。

　　孟子更提出我們要「立志」直養吾「浩然之氣」，而這「浩然之氣」與「感性生命」之「氣」或自然氣質生命不同，此「氣」是道德之勇氣，此「勇氣」乃出於「天所與我」的仁義之性。當孟子言及此「浩然之氣」而有「難言」之嘆時，卻有下列之解釋：「其為氣也，至大至剛，以直養而無害，則塞於天地之間。」大而無限量謂之「至大」，剛而不可屈撓謂之「至剛」，常存及謹守「義之當為而為」之心志，不以人為桎梏橫加干擾，不以私意慾念任意妨礙，則此「道德之勇氣」得「直養」而必能日臻浩然剛大，而充塞於天地之間。故此「立志」是成德之主要動力，是人格完成之要素。依唐先生言，此「志」，是「以自下升高，而向上植立之道」，要興起人之心志，自樹自立，使人格圓滿於天地間。故植立此心志，要教人於下能別於禽獸，於上則能「盡心（盡仁義禮智四端之心）、知性（知自性本美善）、知天（知天乃賦予人美善之性之本源）」，以自本之「心、性」立「仁」之道，存浩然之氣，踐仁行義，成「大丈夫」。故「尚志」是士之所要成之事，是意誠於中，是道德之自覺。

唐先生說，人立遠大之志願，當然不必即能實現。以志願之實現上說，孔子、孟子、釋迦、耶穌所「立」之理想價值，直到今天，尚未完全實現。但人要成就自己，完成自己之理想價值，須立此大志大願。唐先生說，立此大志大願，猶如向天拋出一石，要在用力一拋時，志在直上穹蒼，縱使地心吸力要它回落。面對此，我們是無可奈何的。但是人生的莊嚴，事業之莊嚴，學問之莊嚴，須盡在人「立志」於無限處，要實現於有限之處境中。因為只要志願無限，人之胸襟度量，人之精神空間，已體證無限了。

2. 於流俗世間中，氣質生命之牽引使「心志」斑駁不純

人之「氣質生命」及情思物慾，使人之「心志」斑駁不純。唐先生說，在流俗世間中，要鼓動人興起其心志易，去其斑駁以至純一不雜，使之深固而堅強者，甚難！再因人之情慾拉扯，「心志」更往往銷磨殆盡。依唐先生意，「志」可析分為私志、公志及不私志三類。

(a) 私志者，乃自覺的只求個人之名利權利及社會地位；

(b) 公志者，乃自覺的為社會服務，求國家民族之利益，社會文化之發展，饒益眾生，或榮耀上主，感染他人，追求真、善、美之價值；

(c) 不私志者，乃因切身所需而對自己之利益有所求，同時亦覺得此對公家有所助，故此志遊於公、私之間。

在流俗世間裏，人之意識及存在狀態深受其影響，從而將人之「心志」問題變得相當複雜。因人之公、私經常互相摻雜、互為手段。個人最初會依其良心理性之所在求其志之所在，例如在讀書時，往往帶着一股為民饒福利之志向；而當事業名譽地位一旦確立時，亦往往會回饋社會。但在造福社會之同時，往往將此志向轉化為我要獲得個人名利之手段，於此可見人之「心志」之駁雜不純。當人堅定自己要立「公志」之心時，人之「心靈」則往上提升，要為社會造一番事業。但在現實生活裏，誘惑處處，「心靈」往往不能持其志而隨波逐流，甚或靈臺下墮，終為「私志」所奪，例子可見朝氣勃勃之青年，初有向上勃發道德理想之心志，但後來往往墮落陷溺於私欲中，一切為私利而謀。

3. 青年向上之心志與其墮落

青年在人生過程中，自然生命旺盛，總帶着向上精神，對理想有着強烈之嚮往；而良知理性，亦較壯年中年老年來得單純，能直辨人之善惡。加上早年有父母所養，故毋須為經濟生活擔憂，世間之一切事物，只為其消費運用，毋需擔心掛慮，故不會為其所流駐。人對事物無所流駐，則無真正佔有；人無所佔有時，則人之精神生命不容易陷溺於事物中，所以能夠「清明在躬，志氣如神」，良知理性亦不為物慾所牽累，其心志才能積極向上。

但稍後，當步出社會創發事業時，人的知識、技能、才智

也隨之而增加了，人之財貨名譽地位或多多少少有所得着及佔有，人之生命精神也因而開始黏滯於此，並開始為所擁有之財貨地位而得意洋洋。但當所擁有之財貨名譽地位有所增時，人之生命精神亦開如沉淪陷溺於其中，而其本有之向上理想之嚮往亦因而受到牽扯而下墮。對已所保存佔有的物質享受，求永遠相續，並不斷要求擴大增加其所擁有，於此人之生命精神開始陷溺沉淪於諸事物上，私心從而遂起，私志亦因而湧現，並構成貪財、好名、好權之意向。此處人若無自覺的逆反功夫，便會順滑路，一直向下走去。人之精神由此下墮，而最初向上之精神生命理想亦隨之消失了。所以唐先生說，「少年、青年之向上心是否能繼續，必須有待後天之立志工夫。……而人之立志之事，則純為個人之事……環境教育等之幫助，不通過個人之覺悟，亦莫大有用」（《人生之體驗續篇》）。此「覺悟」是念念不輟之「自覺」，去提挈滋養自己之「心志」，使之茁長無礙。此「志」是志於道，志於挺立不屈之人格，志於道德自我之建立。以道德理性抗衡流俗世間財貨名位之誘惑，經得起生活上之困頓貧賤，富足與名位，不會「貧賤則懾於飢寒，富貴則流為逸樂」。唐先生在《青年與學問》引諸葛武侯與其子侄書說：「夫志當存高遠，棄凝滯。忍屈伸，去細碎使庶幾之志，揭然有所存，惻然有所感。」而諸葛武侯所說之「庶幾之志」，就是「道德理性」、「悱惻之情」、「不安之情」、「不忍之心」，即孟子所謂人之「異乎禽獸者幾希」。而此「悱惻之情」經常自然流露而出，人只怕不反省，一反省即悟見。

「青年人須經常於此反悟而覺悟此自然流露的此類心情，並加以保持擴充，即所以立高遠之志之道路。亦即人之超凡入聖之道路。 這一種涵具悱惻之意的客觀心情，亦即一客觀的好真善美，好有價值的人格與歷史文化，而惡彼傷害之者的不忍之心。」（《青年與學問》）

人與禽獸有異，而所異者就是這「幾希」之心。唐先生強調：「人總要真真實實自覺與禽獸之異處，而依之以立志，才能成為一堂堂正正的人。」他一再要求青年人：「要立志依此類悱惻之意，依此不忍之心以造學問，不要只依求職業地位之心以造學問。」當依此不忍之心以造學問時，即會求真理及美善。我們對真理自有一必然之趨赴及愛好，青年人應依此而立志。因為「我們是不忍真理之理沒於天壤間，不忍古人以心血著成的書，莫有人去了解；不安於我自己對真理之無知無明；而要自己打破此無知無明，使客觀的真理昭明於我之心，使我的心如真理之客觀而客觀化，隨真理之所往而與之俱往。」（此段引文皆見於唐先生《青年與學問》）

青年人應立志於美善，要解除人類世界之罪孽與苦難；去敬禮古往今來之在苦難中奮鬥的聖賢豪傑，與及人類之歷史文化有價值的部分，萬古長存。要使美善備於自身。成就自我的美善之人格，更要將美善置放於天地之間，立天下之公義，使人互相勉慰，使家國天下變成人間天堂。

4. 宗教、藝術、文學、與志之興發及其短暫性

　　人要超越流俗世間事物之牽扯，方有內在自覺之啟發，不復黏滯陷溺於其中。人可透過宗教、藝術、文學之修養與薰陶而達之。人在信仰中，精神生命可超越現實世間之卑下自私之欲望，而直接觀照真、善、美、聖，例如，在聖殿或廟宇中，可由其壯美之設計修飾，聖物之擺設而興起一莊嚴高卓之感。當獻身於文學詩詞時，可藉韻文之優美而生一潤澤和融之樂。在陶醉於宗教、藝術、文學之領域時，人之精神盡可挺起。在此超越感中，可以把我們卑下自私的志願超拔過來，而開拓騰升生命精神。人於斯時儘可產生亢奮之一刻而呈現「良心理性」，要為「公志」而奮進，甚至為之而犧牲，但由宗教、藝術、文學所引發之志願情感，可使人移入一超現實的境界，「或由優美之物而生一潤澤和融之感，或由見有偉大堅強的志願者之視死如歸，而生悲劇感，或由見人之役於瑣屑渺小之目的，而自矜自詡者之可笑，而生喜劇感。」（《人生之體驗續篇》）但這一移入是暫時的，當人離開教堂、廟宇或放下所閱讀之文學作品時，所生之一切激情往往亦煙消雲散。一時之亢奮，往往只落得一刻之慰藉。因為當宗教、藝術、文學落到現實處境而專注一事業或行業之發展時，人往往黏滯於此而變得自私，例如身為神職人員，可以為所屬之教會或為自己而爭名奪勢。在工作至疲憊或為兩餐奔馳時，藝術、文學之純精神上追求也變得高遠而不切實際了。於此，人之精神再陷溺於流俗世間裏，

宗教、藝術、文學亦往往由此「物化」，變成為讚譽名位財富之手段而已。

宗教、藝術、文學縱可使人之精神生命奮然超拔於現實世界之物質、財貨、名位、權力上，但當它們一落到現實生活裏，往往為現實所操控，所佔有而變得固執自私，或與人爭名鬥勝，對關乎國家民族大義卻提挈不起。所以，人要在社會中「立志」，要成就事業，持續超越對財物、名譽、地位之擁有慾，實在是人生一大艱難事，一大矛盾事，在現實理想兩難中難作取捨，因為：

(a) 現實人生之利誘難拒

人在俗世間於事業上縱有所成，求得財富名譽地位，但欲壑難填，所滿足之東西往往只帶來更大之追求及失望。所以宗教文學藝術只能使人之精神暫時移入一超現實之境界，使良心理性得以抒發，但當回落至日常生活時，現實人生則勾發了現實自我之情思慾念，使人對其世間所佔有之有限事物，復黏滯陷溺。

(b) 孤清獨影

人藉宗教、藝術、文學真能逃出世間之名利欲求，但孤冷淒清，也不好受。縱使自我傲視流俗世間而能超越之，將心靈住於理想境界，但在自清自淨之外，見一切有情眾生，迷妄混濁，昏暗一團，自身難以安頓。由此所生起的不忍之情，難以

捨卻之，縱有「贊天地之化育」之情懷，仍無處下手而感悲痛。

5. 大公之志所由立

北宋哲學家張載有「為天地立心，為生民立命，為往聖繼絕學，為萬世開太平」的話，這「立心，立命，繼絕學，開太平」就是立「公志」的精神，是《禮記‧大學》所言之「修身、齊家、治國、平天下」。其意是為天地確立起博愛濟眾和大公無私的聖人之心；為百姓指出應遵行之道德大道，繼承孔孟等聖人之學問，為天下後世開闢文化理想，民胞物與，全體歸仁。

《禮記》亦指出大道實行的時代，是天下公的時代：「大道之行也，天下為公：選賢與能，講信修睦。故人不獨親其親，不獨子其子；使老有所終，壯有所用，幼有所長，鰥、寡、孤、獨、廢疾者皆有所養。男有分，女有歸。貨，惡其棄於地也，不必藏於己；力，惡其不出於身也，不必為己。是故謀閉而不興，盜竊亂賊而不作，故外戶而不閉。是謂『大同』。」這「大同世界」，是孔子的理想境界，要「老有所終，壯有所用，幼有所長」，這其實是孔子「仁」之實踐。孟子指出人與人之間同情共感之「惻隱之情」，亦是「公志」之彰顯，是儒家內聖外王之道。這需要自我修身為先，然後方可潤澤膏民，化民成俗，才能步上齊家，治國，平天下。除了興發「仁心」及「不忍人之心」外，唐先生亦提出了三點，藉以顯「公志」之情懷，但這亦是人生三大迷妄，不去此，人生難立大公之志：

(a) 我於世間無所佔有，此是妄說。人有「身」之困，男女飲食之牽，名利權勢之誘。故人生在世，必有所「要求」、有所「擁有」，難以捨棄。

(b) 人往往自以為我能安於我之所有，而滿足於其中。但實際上，人得一而想百，壽命過百而仍求長生不老；縱富有四海，貴為天子，名震天下，仍不滿足，而求取更多。

(c) 我縱能超凡入聖，離棄身外之物，頓入宗教家或哲人清虛之境，但見此自身精神世界之外仍是一片貪婪爭奪不止，又如何使自身在此「一片荒蕪與混亂」中得一安身立命之所？

唐先生於此續說，人在世間，一方面既有所擁有，另一方面卻不能滿足於其所擁有，又不能一往而棄其所有。因而人生要走出正路，需要正見自己之所有，同時立一志願，對需要幫助的提挈之、幫助之，把我之所有，貢獻於他人，使其生命得以安頓。人要住於此「大公」之志願中，須順隨人之良知理性而出，把天地所賦予我的才智貢獻天地，還諸天地；而我也盡了我之本性，成就了我的人格及他人之人格。

所以立「公志」者，須見人之「志」之駁雜不純的地方而棄之。要堅定自己「公志」之情，矢志成就大同世界之心，不為「私志」所奪，自覺的為社會服務，求國家民族之利益，社會文化之發展，饒益眾生，感染他人，追求真、善、美之價值。而要有所得，需要一自覺修養之功夫。

5.1 人須拔乎流俗之心量

唐先生說，人在現實世間中，要捨棄其所有，實至難之事！至於擔起此抱負，以求貢獻於他人與世間者，則難上加難了！

人要求立一「公志」者，不能從抽象之理念入手，應從具體生活中，求一拔乎流俗之心量之樹立入手，這亦是從一超越感來建立。唐先生說：「此超越感，是從自我之份位上，自下升起我之心靈生命精神，而冒至我們之營營擾擾的與世周旋之生活之上，而使我之直與天通、虛靈不昧的心靈生命精神之自體直接呈露。……人有此感、有此心量，即能一面上開天門，呈露性德，迎迓天命；一面使此心昭臨於流俗世間之上，而對流俗世間之名譽權位，可全不計較。」（《人生之體驗續篇》）這是要從我自己之分位上，自下升起我之「心靈」或「精神生命」，冒升出離我們營營役役之現實生活上，將流俗世間所重之財貨名譽地位視為工具價值，不為其所役，一切只向仁義中求。這與基督、佛家、老莊之捨棄名位權力之營求不同。前面三者均重直接制伏名位權利之欲，而視之為煩惱、罪孽或妄念。基督要人直與天通，而這須捨棄人世間一切而來；佛家則視人間為「空」，必去一切之執著、妄念方可見「真如」；莊子要人學聖人之「無功、無名、無我」，方可「無為而為，逍遙世外」。儒家則「要人正面從我這裏，自下而上的直接生起一拔乎流俗的超越感，與廣大高明廣大之心量……使人自然視流俗世間之名位權力，為無足重輕。」（《人生之體驗續篇》）這

是自下而上的生命精神之升起與開拓，不是被動的接受由宗哲而來之感動。

5.2 把我放在世界內看

唐先生說，人要立一「大公」之志願，須使向上冒起之拔乎流俗的心量，得以平順鋪開，通向廣大高明，包涵他人與自然，「這活動是我本人之精神生命，冒升至營營役役之人間世，在包涵他人與自然後，再認識我自己之存在」（《人生之體驗續篇》），把「自己放在我的世界中去看」。「我的世界」就是我生於斯、長於斯之人間現實世界，自然世界。通常我在此世界中，營求他人讚我、譽我、利我、益我而將自己陷溺於其中。所以，有必要把自己在這個世界中之分位，重新置定，使我能通過自然世界與他人來看自己。所以，「把自己放在我的世界中去看」，即：我要與世界合一。但所謂「我與世界合一」，須在一道德實踐歷程中完成。在此實踐歷程中，是把我開放，將我所對的周遭一切人物，不以對峙或佔有之態度處之，不把自己與環境中之人物劃分開來，而控制之、奪取之，「而是將他們視為自己，將環境放在我之內看，將在環境中所遇到及接觸到之一切事物及其成長成就，與及其成長成就時所遇到之矛盾衝突及一切問題，均視為我之成長過程中所須經歷，將所遇到之一切問題與困難均視為自己之問題，並勇於承擔起來。」（《人生之體驗續篇》）人唯由此，方可發出真正有客觀意義的「公志」，然後方能依此志願，作出有客觀價值

的「大公」的事業。

　　但人在他人世界與自然世界中認識自己時，發現了自己有二特性：

　　(a) 有限性，即：現實的我於體力、才智、德性有限；

　　(b) 特定性，即：現實的我處於一特定時、空間裏，有特定之人倫關係、社會關係、歷史時代、個人之獨特背景等。

　　所以唐先生說，當人自覺此個人之有限性、特定性時，就知人同時包涵這兩方面之限制。為了顯出自身之限制性亦通於他人，同時兼顧並關切入我這兩方面的無奈，遂要求自我與他人在生活上相呼相應，相感相涵，知各圍於一方時，仍各有所願、各有所成，從而衍生出利己利他之「大公志願」。

　　故人靠宗教、藝術、文學所引起之向上心、正義感、同情心而冒出對社會國家及人類之熱情理想時，只是一種浪漫情調。此情調往往會在感到現實世界之壓迫時破滅。所以，此情調與理想，只具革命熱情，不能成就任何有建設意義之志願與事業。

　　我們要把世界放在眼內看，視萬物與我為一而興起矗立「大公之志」，但若不小心，仍存有不少歧途：

　　(a) 將世界之萬物與他人，作為私器之用。例如大野心家把世界放在我之內看，目的要征服世界為我所有，此大私欲不能成就大公之志願事業；

(b) 人徜徉於自然時，或欣賞文學藝術中，雖能乍然超然物外，心與天游，但這只是一時之興起，剎那間去留無定，非我之所能主宰；

(c) 人當信仰泛神論時，雖覺萬物皆為神之顯現而有服務萬有之心，但這不外是藝術之宗教情調而已，亦來去無定；

(d) 人於哲學理論中縱有萬物與我為一之念，但在一心觀照中亦會興起剎那觀照而覺萬物與我有別。

當人真正「通過世界來了解自己」時，知道了自己在世界之實際存在地位，知道自己之有限性、特殊性同於他人之有限性特殊性，自己之所需亦他人之所需，自己之所感亦他人所感時，自會有一種相憐相悅而同感之情懷，而生起一幫助之心以補人世間之缺憾不全。唐先生說，當人有了此拔乎流俗世間之高明廣大的心量，即能涵蓋他人而衍生一「大公」之志願。這同情共感，就是心靈之相通，情之交流，這就是仁愛。此仁愛若能四面流瀉，則見大道之行，天下為公，達大同世界之治。於此「大公」之世界裏，大家不分彼此，是個無私之溫馨社會。所以它在政治上，能夠「選賢與能，講信修睦」；在社會上，大家能「不獨親其親，不獨子其子；使老有所終，壯有所用，幼有所長，矜、寡、孤、獨、廢、疾者皆有所養。男有分，女有歸」；在經濟方面，「貨惡其棄於地也，不必藏於己；力惡其不出於身也，不必為己」。在此，唐先生總括說：「人唯由此，乃能發出真正有客觀意義的公的志願，然後能依此志願，

以作出有客觀價值之公的事業。離此而言任何理想、任何志願，都只有一時開闊心胸之價值，都不免使人陶醉於一主觀之世界，而造成一人生之躲閃與逃避，亦都不能使人有真正的物我合一之實感。」（《人生之體驗續篇》）

6.「公」之志業所自生起之根源

在現實生活裏，能將自己所接觸的一切事物、人物及將其遇到之問題及衝突視為自己之問題而去承擔，依良知理性去作出有效之解決時，這已具客觀意義之「公」的志願了。如此，我所接觸之環境，我之家庭，我所在之人群、社會、國家，都在我的世界中，都在自己心中，都在自己之承擔中。若其中有一矛盾衝突未解決，則自己心中自有一痛苦煎熬之感覺，冀能盡快解決。

由此，人之痛苦根源在於「人、我」所共有而必須面對之。其有效之解決方法，須以無限之「公」之志願與事業為起點，尋求一個原則性的、對「人、我」皆有效之辦法，例如我有病患之痛苦，同時自覺他人亦有病患之苦痛而起惻然之情，人即生出學醫之志願，要懸壺濟世，從而開出醫藥衛生的公共事業，建立醫療制度，此舉非為己或家人，乃為一社會，甚至一民族或國家而設。四川大地震，受災地區猶如人間地獄，人自覺災民之苦，感同身受，而生出扶助的志願，去組織救援隊伍，籌募金錢，捐助物資，這非單解災民之困，亦解自己之困。於此，唐先生說，「雖然人之痛苦之種類、與能力之種類、公的志願

之種類，無人能得而盡論之；然而對人之如何立志，其下手處，我們卻可有一原則性之答案，即：自覺一生之真正的痛苦之所在，而思其對自己與他人同有效性之原則性解決，而盡己之力，與人共求此解決，則你將發生一公的志願，並尋得你所當從事或參加公的事業。」（《人生之體驗續篇》）

所以，人要成就事業，獲取知識；要超然物外，不為物累，單靠虔誠投入信仰中，尚不足以言有真正之志願。只有人在「惻然有所感」、「楬然有所存」之「不忍之心」之基點上，以「成己成物」，「達己達人」之心懷，通貫內外他人，方可有一大「公志」，方可成為一能開創文化、成就客觀社會事業之人格。

人須「立志」，而立志於「成己成物」中，要自己有所成就，亦要他人有所成就，這須需要人我之「心靈」無私的相涵，猶如「禹思天下有溺者，猶己溺之也；稷思天下之有飢者，猶己飢也」，「見他人之飢寒、憂患、愚昧與不德，人亦將直感其心靈本性有所不伸。」（《人生之體驗續篇》）

第六章
道德精神之建立──最純粹之精神活動

人之存在可從外內兩方面看：一方面是從外部看人本身，它是物質身體，存在於時間之流及特定之空間裏，是有限的，不自由的；但從「心靈」處看人之存在，則人當下是一超時空的存在，沒有形色之實體。這「非物質性之精神生命」超越時空，「存在於現在，然而他不單能回憶過去，更可期望將來，他永是提帶過去，以奔赴將來」（《人生之體驗》），它不為現在所限，永遠開展將來，所以人可以回憶，事雖逝，情緊牽；更能自責自勵，以遷改自己之過失，以新之一頁展發自己之未來。唐先生說，它是形上界之真實的自我，無形無狀，但我們可透過「直感」來接觸它。例如父母或至親者辭世，哀慟難禁，此非出自形體之身軀，乃出自於自身「心靈」之戰慄。故穿載孝服，此乃情不容已之舉，三年不為長，若僅遵照外在規範而行，三日仍為多。這是「直感」，這「直感」是對至親者「不能自己之哀痛」，是內在「心靈」對人或物之感通無隔所至。

此「心靈」在唐先生筆下亦是人之「精神生命」，它是無限的，自由的，會將制約它的物質身軀及外在一切東西加以否定，衝破及超越。他可以渴求美善而蔑視甚至捨棄形色身體之求溫飽、求安樂等欲求，這自由之抉擇就是它的本質。它可

以將求「真」所得的知識體現於自然界中以成就文明科技，對「美」之追求就像刀斧一樣把美刻鑿於外，使之活形於木、石或客觀事物上，亦能以悱惻之情把「善」實現於與他人之交往中。所以，唐先生說，人根本上是精神性的，非物質性的。我與他人或現實世界之接觸交往，非盲目亂闖，實涵蘊了某種價值意義，這意義就是要把自我「精神生命」置放顯露於人倫關係上及各文化生活裏。唐先生說：「人之身體亦是為精神所滲貫，而含精神性」，而「精神的目的在純粹體現精神實在」（《道德自我的建立》），而這「精神實在」就是真善美之體現，「純粹」者乃不受經驗世界之摻雜而有所帶累，是超驗、自由及無限的。

人有「氣質生命」，故有情慾之所需，有飲食男女之渴求。但人同時有「精神生命」，有道德意識之體驗，可以自激自勵，克成自我之道德人格；更重要者，這「道德精神」，可放諸四海，激勵他人「成己成物」。人若能順應此「道德精神」之興發，即見一道德生活之踐行，「孝、悌、忠、信、禮、義、廉、恥」盡括其中。由此可見，道德生活即「自覺」的自己支配自己之生活，這不同於依理智分析而來的科學或哲學生活，或由欣賞而來的文學藝術生活，或由祈禱皈依而來的宗教生活。道德生活須從人之「自覺性」而出，這是人從「自覺」中將「精神自我」解脫出來，破除形軀之情思物慾，流露自性之美善，實現形而上的真實自我。其實，唐先生所言之道德自覺

性，是孔子之「為仁由己，而由人乎哉」之註腳，是孟子之所說：「仁義禮智，非由外鑠我也，我固有之也」的闡釋。當人一旦覺之，便完全見其真實之自己，這就是「自得」之覺醒，一種「內在自我實踐」之反身體驗。這一切純是真心流露，不夾雜任何俗世的動機與目的，是直接從我生命的實踐中，真切體會出來的。當這「自覺」之感來得「純熟自然，無疑不惑」，便會「理得心安」。而「自得」者，乃是以主體獨到之體驗，直接觀照而獲得之親知自我本性的內蘊有深微熟透之了解，才可以事事如理，凡所處置，順適恰當，「取之左右逢其源」（《孟子‧離婁下‧14》）。

1. 道德精神之本質

1.1 自己一切之行為乃自己所支配及決定

唐先生說：「道德生活不是由社會生活而來，亦不是來自生活之目的，如實現神的意旨或客觀精神的意志，而是自覺的自己支配自己」。人需要將自我「支配世界之意志力」翻轉過來，來支配自己，使「自己能主宰此用以破除外界一切阻礙之意志力本身」，從而「超越現實自我之限制」（《道德自我心之建立》）。換言之，一切道德行為，須由我出，是自己作主而行。我們須把全部的生活習慣，不由外立，而是翻轉過來依從自己支配自己之原則而致。

1.2 對自己之行為負上絕對之責任

當我們把一切行為,皆視為自己所作之決定,不為自己之遺傳與環境所影響時,我們即對所作之一切,負上絕對之責任,「承認我作的行為是我作的行為」,將一切諉過於自己,一力承擔。這是道德之承擔,是道德生活之本質,因為道德生活是自己支配自己,改造自己,為我所認可。

1.3 道德理性具絕對之自由性,由此開出了自我道德生活之可能性

1.3.1 道德生活發展之可能

唐先生說:我們不能要求道德生活有必然擴大之保障,當道德生活有所保障及被支配時,那已不是道德生活了。因為道德生活之所以成道德生活,在於它於現實自我之限制下,有自主自由之道德意識,堅守「行之應行」之命令。再者,過去已成過去,是固定實在的;未來是有待決定,是空着的,而這尚未決定之未來正由你現刻來決定。由此,當下自己是絕對自由了,能支配過去,承先啟後,創造一個未來新的我。

無可否認,現實的我,有着獨特的性格和習性,但它們與我實在扯不上關係,只是偶然地屬於我而已,所以,每人所擁有之「特殊的性格、習慣、心理狀態結構」各自不同,然而「心之本身為一純粹之能覺者」,卻並無分別。由此,這些客觀或遺傳因素,不為我所知,亦毋須為我所知。

　　我所知者，只是此刻自覺自己於絕對自由下可以做我所應做的，並須為此負上絕對之責任而已。當下此刻，我方可以創造自己未來。由此，人在絕對之自由下，才不囿於自然規律，才可以有自覺的道德世界，才能夠道德自我之建立。

　　但是，我們經常為外在環境，各種苦悶煩惱所牽引擾亂，覺得受束縛而不自由。然而，當自問誰在約束我時，便發覺這一切是出於心態上，是由心之純粹「能覺者」對「所遇之境」而來，是這「能」，「所」相接而生的一種心理情緒。純以心之「能」而言，它本身清虛不昧，沒有煩惱苦悶。所以，若當下能於此作一深刻反省，自可將「能」，「所」分隔開來，一切因「所遇之境」而出現的煩惱苦悶，即可變成過去，自覺到自由仍由自我掌握於當下。假若仍覺不自由，只是將「能、所」相混，自甘於不自由而已。

　　但問題是：自由是中性的，這自由一方面可使我們擴大自己之道德生活，但同時它亦可使我們違背道德生活之要求。所以，唐先生問：「我們怎能保障我們能逐漸擴大我們之道德生活？」（《道德自我之建立》）

1.3.2　「道德生活之擴大」不能保障

　　我們不能保障道德生活必得擴大，因為保障了之道德生活，它已成必然性而沒有自由、自主性了，生活由此便變成非道德生活了，例如童軍要日行一善，於每日生活中，時刻提醒

自己至少要行善一次，例如在馬路旁觀察是否有長者要過馬路而伸出援手，這帶有目的性之行善，已不是道德之行為了，不是善行了。所以，道德自由須當下決定，行經馬路邊見長者猶豫於斑馬線旁時，即起惻隱之心而去扶持他，這才是道德行為。故此，下一刻之道德自由，不能由此刻此時之預設而獲得保障。因為今日保障了明日之自由，則抹除了明日當下「自覺心」所發出之道德自主，而將明日之生活變成非道德之生活了。所以我們不能要求明日或他日之自由保障。因為道德生活，須由當下之道德自由作決定。

再者，道德生活之所以成道德生活，正因為我們有不道德之自由。我們自覺我有自由，即表示了我們不會為過去之一切所支配；換言之，我們能夠超越現實自己之限制，擺脫自然律之規範，只奉行自己應該遵行之命令，行所當行之事。所以，我們毋須有「實現應該遵行之命令」之保障，而最重要的是，我們是否於當下自覺感到擁有「自己應當遵行之命令並去服從它」，並隨順此感應而行之。而這自由，不必刻意追求其保障及連續性，「因為你正須不覺其連續是必然的，然後其間之連續是必然的。你不必去求保障，你的保障本是有的。而且你不當去求保障。因為你去求保障一念本身，意在使以後之道德生活之擴大成必然，此便是不道德的。」（《道德之自我建立》）

1.3.3 我們自由之失去

事實上，我們往往感覺有「行義之當行之事」之命令，並

有服從它之意願，但亦經常發現不能自由自主地依從它而去實踐道德行為。於此，唐先生說：「唯一之原因只是你之失去你的自由，即你為你過去所流下之盲目的本能衝動欲望所支配，亦即因為你已不自由。」由於自由之失去，所以我們不能順應自己當行之命令。唯一補救之方法，就是恢復「自己自由」之自由，即不再為自己過去流下的盲目的本能衝動欲望所支配，「把過去歸到過去，現在按捺現在，未來放任未來。……過去流下的勢力，便不能通過你的現在，來支配你未來的力量」（《道德自我之建立》）。當我們不陷溺於過去「流下之勢」時，不受習性所操控，我們於當下即自覺自己擁有自由了，並能夠自發順應此自由之要求，行所應行之事。斯時，我們便可以實踐道德行為，因為我們之自由已恢復了。

1.3.4 自由之保持及聯繫於將來

自由之喪失，可從自覺中恢復過來，只要人行不義前，專注此心志，反觀內省，則明覺自己有一種要求，即要「恢復喪失了之自由」之自由。再者，人只須當下對自己下命令，則當下之道德自由，即可以恢復過來，繼續伸延下去，而道德生活亦由此而貞定保持延續下來，永遠實現於當下自己所定的應當之命令，而當下由此即成無限可實現之將來。

要不喪失自由，最基本的就是「超越現實自己，不陷溺於本能」，不為盲目的本能衝動欲望之勢力所支配，則當下自覺的心自然作出自定自主之道德活動。這「自定自主」，就是

「道德生活中應該之命令與自由，永是互為基礎。必有自由，然後能實現應該之命令，然要保持自由，必須有應當保我自由之命令。他們循環互為基礎，正是道德生活開闢之過程。」當下不陷溺於本能，固然可以保持我們之自由，但我們更應對「義之當為」之事堅執而行，「作種種必應有、絕對應有之想，你覺他應有，真真應有，無絲毫疑義之應有」（《道德之自我建立》），能不斷隨順道德命令必須如此如此去踐行，即能逐漸擴張到未來的道德生活，這種道德心理方能帶領我們過真正之道德生活。

2. 道德精神指導人生之目的

人既有創造自由的自由，在道德生活未實踐之前，這自由只是莫有邊際的空虛。但在要求道德生活時，人需要有自己生活之最高指導原理，作為道德生活中最之高目的。唐先生說，人生之目的，「唯在作你所認為該作者，這是指導你生活之最高原理」（《道德自我之建立》）。我們「感該作而作」之活動，就是當下「自覺心」所自定自主之活動。這活動與「因要作什麼而作什麼不同」。「感該作而作」之活動是「精神生命」本身所作的價值決定，「是一自覺之活動，你自覺此時自定之命令，你自覺可作可不作，自覺你能作你所該作，自覺你所以認為該作之理由」。所以，人生之目的，不在於得着什麼，合乎什麼外在標準，因為這一切只是內在之欲望以及外在盲目的勢力所催使，一切「應當以你當下能自覺的心之所自定自主的活

動之完成」。而「自覺」就是在一念中「感該作而作之活動」，它不是「因要作什麼而作什麼」，而是一種「應作而作」的內在發出的道德要求，是一種直接呈現於自己之前，「是自己對自己下命令」。而這「應作的」，是「生活之唯一最高指導原理」（《道德自我之建立》），人生目的亦應以此為要。一個「自覺的自己支配自己之生活」的人，一切行為都由「義」而出，依「義之當為而為」，對善惡有鮮明之指向，對某些事必有所不取，有所不為；又對某些事又必有其不得不取，有其不得不為。

對自己之行止坐臥能「自覺的自己支配自己」是「現實自我之解放」，是「形而上的自我的實現」，是道德價值之彰顯，是「人能弘道，非道弘人」（《論語・衛靈公》），清楚指出人應自我去決定、去開拓自己之道德人生，「人生目的」亦應以此為依歸。依康德語，這是「理性者」之獨有特質，是一有「目的」性的「存在」，此「目的」是要為自己開拓光大的德性世界之道。所以，這「德性世界」不是遵照自然律社會規範而有，而是自我創造出來的世界。

人具「氣質生命」，要克服之、超越之，必待以「仁義行（孟子語，即按自我「精神生命」之道德意識而行事）」之方式，強制私欲。我們可以在道德實踐中，體悟到道德之本體，它是一種不容已的道德力量，即是：「義不容辭」、「責無旁貸」之力量。這「不容已」之道德「本心」、「本性」之呈現，

是「精神生命」、「心本體」之流露，是「感應該作而作」的活動。它是「一念之自覺」，而這「一念」之繼續不斷，在「念念自覺」中，見道德生活擴大不已。「因要作什麼而作什麼」不具道德意義，這在於它所實現的是「精神生命」以外的一種活動，摻雜着自然生命之利害得失。由此，唐先生見他人「因要作什麼而作什麼」作為人生目的時，直斥為虛妄。除此之外，要求快樂幸福，滿足感性生命之欲望，與及開拓豐富我們的現實生命根本就是虛妄，根本不能作為我們之人生目的。

2.1 要求快樂幸福的虛妄

唐先生認為將人生目的，放在追求快樂幸福上是錯誤的。無可置疑，快樂有去除痛苦之壓迫，恢復精神力量，使道德生活得以繼續，但這一切均是道德生活價值的虛影，「不僅不含任何道德生活的價值，而且是我們根本之虛妄。」快樂之出現，只是因應於現實情境而即時興起之一種感情，但情隨境遷，往往得而復失。故此不能視作人生目的之求索對象，只能視為「渴求同樣情境一再出現」，從而獲得快樂之感。但求過去之情境一再出現時，只是一盲目之執著，執著於過去某一情境，要它繼續，要它擴大，要它永恆。這一盲目之執著，不是「自覺」的，不是一種內在的道德要求；其所要求者，只是同一情境之再現，是一「盲目的流下，而支配你對未來的要求，幻現出你自以為是自覺的求某種快樂之目的」（《道德自我之建立》），目的只是幫助我們去除現實生活痛苦之壓迫，故此

不含任何道德價值，因為它否認了人生還有其他目的。所以我們絕不能以追求快樂，作為人生目的。再者，情境本身無甚價值，其價值只是我們主觀情意為滿足欲望而附加上去的，其他的喜怒哀樂亦不過如是，若我們將執著之情境之成分全部除開，例如錦衣玉食，權力財富之必有，便發覺沒有所謂之快樂了。

2.2 以滿足欲望作為我們的人生目的的虛妄

雖然，於人生中，飲食男女不能缺少，我們倒是需要此情境來滿足我們「自然生命」之長育，但唐先生說：我們「不能真正主張人生之目的在滿足自然生命之欲望。」以食慾為例，唐先生解釋說，食慾滿足之前後，只是身體機能之不同表現形式，只是從胃中不舒服之飢餓感覺轉到充實飽暖之感覺，只是從形體不安於缺失之感覺，轉到安於一種滿足之感覺而已，亦即「只是將不安之生命活動形式，到一安之生命活動形式。」其實兩者在其活動形式而言，均無道德性，只是我們自己盲目的執著於欲望之滿足。唐先生說：「所以你為滿足欲望而滿足欲望，不是你自覺的活動，你不能真把滿足欲望，作為你自覺的人生目的。」（《道德自我之建立》）

人求溫飽，是一種欲望渴求得到滿足之生活形式，這是相對於另一種飢餓不安之生活形式而言。但「心靈」之「安」與「不安」是絕對性的，是沒有相對性的，是「當然」非如此不可的，不是單純盲目的欲望。若我們執著於肯定飽暖之生活為

生命之目的，那為何我們往往不吃嗟來之食，寧忍飢餓而死。在歷史中，為保全氣節而死者，屢見不鮮，且極為我們所敬重讚歎。孔子讚賞顏回之簞食瓢飲不改其樂，因為他能「安」於現實生活之貧乏，悠然自得，一切只按「心之所安」而行。孔子稱讚他的生命不受外界所限制，且能突破之，超越之，顯露了他有更高之人生目的。像顏回這樣的人，在貧苦中快樂如常，實現了道德之本質，自覺自己「超越現實自我之限制」。當孔子說，一切「從吾所好」時，亦即堅守「自覺心」所發用的「完成你所該作的」，一切從「仁義行」，將「不義而富且貴，於我如浮雲」闡述於「感該作而作的自定自主之活動之完成，為人生之目的」（《道德自我之建立》）。由此推展而說，我們不能執定某一特定之現實生活形式來安身立命，置定為我們之人生目的。

2.3 以開拓豐富我們的現實生命作為人生目的的虛妄

我們不能單以開拓豐富我們之現實生活作為人生目的，因為生命之擴展，會隨時間而步步開展及實現，毋須預定目標，亦不能預定目標，因為在命限之下，我們對將來亦不能作出必然如此如此之肯定。再者，除非我們已經歷盡了過去未來一生之全部，並呈現於我們現刻之意識中，我們方可執定未來必可實現之目標。但若此，我們早已知一切，又何須將生活由現在牽引到未來？我們對未來有所不知，才有所憧憬，才有向未來拓展之衝動，因為「你相信你可有更豐富廣大之生活，只是

你一盲目的信仰。這盲目的信仰，出自你生命逐漸向前開展之衝動。而這衝動須支配於你意識之後，決不在你意識之前。」（《道德自我之建立》）所以我們不能說，人生之目的在預定之目標下求生活更廣大豐富，更不能作為我們最高的生活指導原理，因為人生之自由於此便遭扼殺了，而人之道德意識亦遭遮掩了。再者，這一切來自自然生命之衝動，人當受着此盲目的勢力所支配時，便處於被動之狀態上，由此何來定下人生目的？

2.4 真正的人生目的

所以人生之目的，不應在「當下自覺」以外之處去尋找，如計算着得着什麼、或合乎什麼生活情態、或豐富我們的現實生活，如學有所成、事業上春風得意、贏得了他人之讚譽，或在生活中，規行距步，「雖不至流芳百世，也不致遺臭萬年」。人生目的，應該「在乎當下能自覺之心之所自定自主的活動之完成」，即「由你感該作而作的活動」去完成。人就在這一念之間，「即天地懸殊，自然生活即轉昇至道德生活去。」（《道德自我之建立》）道德生活之所以擴大，就是靠這念念相續，時刻依本「該作而作」而來。

唐先生說：「作你所該作的，這就是人生目的之討論之最後一句話。加增這一句話之認識，反復把這一句話，用之於你自己之生活上，就是你生活之唯一最高指導原理。」因它不受當下自覺心以外之勢力所支配。所以，現實生活中之所謂成

就，皆沒有自覺性。「然而，當我們認為該作而作時，則我們明覺可作可不作。……我們不是受逼迫而作，……而是受命於自己者，……是當下自覺的心本身所能支配的。」（《道德自我之建立》）所以，「感該作而作的活動」是自己對自己下命令，而這命令是自己真實感覺到的。這是自我主體性之體悟，是自覺之活動。再者，這「該作」而作之內容，毋須作出限定，毋需問為何作此而不作彼，因為這「自己所下之命令」已超越了之生活習性、欲求，只向着一自覺性之反省──「感該作而作」及「完成你該作者」──的目標而趨赴。唐先生說：「只要你反省，你有許多認為該作而未作的，呈現於你自己之前，問題只在你去作，你不須再問什麼是你該作的」（《道德自我之建立》），這就是孔子所說之「我欲仁，斯仁至矣！」（《論語‧述而》）一切只要能夠通過「應該」的意識而被認為「該作」，跟着去完成它便成了。因為作你所該作的，是自己最清楚不過的了，毋須再問什麼理由，這是自己對自己所下之命令。這念念之自覺，使自身之價值及理想，除了豐富自己之生命外，更使道德生活，遍及人間。唐先生在《人生之體驗》一書中說：「人生之目的，不外由自己了解自己，而實現真實的自己。所以人首應使自己心靈光輝，在自己生命之流本身映照，以求發現人生真理。其之便當有內心的寧靜，與現實世界，宛若有一距離，由是而自日常的苦痛煩惱中超拔，而感一種內在的幸福。再進一層，便是由此確立自我之重要，知如何建立信仰與工作之方向，自強不息的開闢自己的理想，豐富生命的內

容。再進一層，便是在人與人之生活中，人類文化中，體驗各種不同之價值。最後歸於最平凡之日常生活中，都能使之實現一種價值，如是而後有對生活之真正肯定。」

3. 道德心理及道德行為之共性

唐先生說：「一切道德行為、道德心理之唯一共同性質，即為自己超越現實自己之限制」（《道德自我之建立》），其中包括人之勤儉、謹慎、嚴整、勇敢、忍耐、忍苦忘樂、犧牲、為人坦白、求真、愛美等為道德行為。它們具有道德性，並非是由行為所得之結果而論定，它們是「隨人憑該做的意識之拓展，而呈現於人心之前」。它們是道德心理，其共同性質是超越其現實自己，破除現實自己之限制，即是：人之道德心理是不甘願自己規限於已成的自我中，不安於自己受圍限而求突破，要將自己創新過來，從而開創自己人生新的意義及價值，化成另一更大的理想自我，建構極具意義之人生目的。

所以，道德行為之價值不應單從所得之結果而論之，應從破除現實自己之限制上而言。這由道德心理而來的道德生活可簡見於下：

(a) 勤儉

勤者乃效「天行健，君子以自強不息」、努力不懈之精神，為完成人生目的而奮鬥。儉者乃仰壓自然生命之欲望，使其調節適度。兩者均是將現實生命之「怠惰及奢侈」突破，是折中

調和的處世態度，是努力實踐「應作的該去作」的體現。

(b) 謹慎與嚴整

人須超越現實之自我，不為「氣質生命」所困圍制約，方可注目於將來，留意未來發展之可能。於此，謹慎使我們注目可能之意外之出現，嚴整約束物質生命往往隨機而出之欲求，不受釋家所言之「貪、嗔、癡」所擾。

(c) 勇敢與忍耐

勇敢與忍耐是面對困難而不懼的表現，是「雖千百萬人吾往矣」之勇氣，願意承擔及克服現實環境對自己之壓迫。這是一種將「現實自我」只求舒適安穩、逃避憂患苦痛的本性突破之及超越之。更有進者，對於不幸而來之際遇，能夠以「不怨天，不尤人」之樂天知命的態度接受之、克服之，體驗其意義與價值。

(d) 忍苦忘樂

人於超越現實自我中成就一切勤儉、謹慎、勇敢、忍耐之道德行為，於忤逆着「氣質生命」之欲求時，往往要忍受着一種無奈的痛若。能夠在煎熬中，靜默地面對之並作出承擔。這「克己復禮」之堅持，須有顏回忍苦自得其樂之精神。此「樂」是從超越現實自我而致，是生命之自我滿足，是忘情去欲之樂，此「樂」往往表現出一種含蓄寧靜，安然舒泰，不俯仰世情，不流於放縱濫觴。唐先生說這是道德價值之所在，亦是人生目

的所趨。

(e) 犧牲

為他人而犧牲自己，是把人、我之界限破除，以「感通之情」將我之精神貫通到他人之精神上裏去，同時也將他人之精神包容於我心中，感他人之感、親他人之所親、痛他人之所痛，而起大悲心，生起「不忍人之心」，甘願為他人而犧牲自己，如耶穌上十字架流血，悉達多出家等忍苦求道。這一切均是破除「現實自我」之限制，帶着利他之情懷。這要他人得益而犧牲自己，涵蘊了極高之道德精神。

(f) 坦白

坦白之行為，是人我隔閡限制之突破，表現了自己坦然之胸襟，一種「坦蕩蕩」之君子精神。一切無不可對人言，一切無不可見於人，抬頭無愧於天，俯首無愧於地，胸無城府，心靈潔淨，光明磊落，昭然見於他人心中。這不外表示自己一切均可與人共見。這非得人與人之間感通無礙，超越相互間之隔閡不可，所以這是道德行為。

(g) 真理之追求

見真理而追求，是為了攝取事理之本質，承認自己原有學識之有限，遂要超越之、破除之，使偏見轉化成全見，使人生之缺憾得以完全。這求超越「現實自我」認識範圍之限制，進一步開拓知識新領域，以去除闇蔽之一面。

(h) 愛美

　　唐先生說：愛美而求美表現於藝術作品上，亦是一道德行為。因為在心中之美，透過創作，顯露於外在世界中，使之客觀化，如體現於宣紙上之字畫、樂器吹奏之音韻、石上雕出之塑像，——乃「心靈」中之意境跳出了「現實自我」之藩籬。這是藝術家創作的精神所在，亦是道德價值之所在，因為「美」本身已將惡醜等因素抹除了。

(i) 求至善

　　一切道德必有其共性，此共性見於我與他人之超越「心靈」上，這體現於孔子之「仁」，孟子之「四端之心」，是「至善」。孟子要我們「盡心、知性」，說明成就道德過程是一無盡之「自我之超越」，因為此超越的自己，對「現實自我」有無盡之不滿，對美善有永不能完全實現之歷程。

　　但人有感性之生命，更活於流俗社會中，故往往對求實現此至善之道德心理不能持續。但唐先生說，人於回想中，見實現善之過程裏，常常因一再犯惡而生恥辱感，並繼而懺悔。當屢經懺悔後，再次重犯時，人會悲憫痛哭自己之無能而生同情之感。但當人在悲憫自己產生同情之感時，則頓然顯示了人可以超越他自己了，相信自己有超越罪惡之自由了。於此，我們若能發出承擔罪惡之勇氣，即有實現至善之信念了。唐先生於此說，「道德生活之本質，即在超越。你所超越的，愈是難超

越的,則你之超越活動,所含之力量愈大,則你道德生活內容愈豐富。罪惡之翻轉,則為更大之善,所以你不應嗟嘆你之罪惡之多。」(《道德自我之建立》)人往往可以由善而轉為惡,所以人對善永不能自滿,知善行善,戰戰兢兢,由此知圓滿人生目的之困難及操守道德生活之嚴肅不苟之精神。

(j) 向上奮勉

向上奮勉,是自我想改造自己的情緒。最初原沒有既定理想內容,純是一種突然的內在感動,覺得不安於過去的自己。這不安於舊日生活,不安於昔日之習性至一程度時,則迸發出其一種奮勉之精神,要超越及破除現刻之自己,要達成某一種有意義之人生,實現某一種人生之價值理想。

(k) 自信、信人

自信者乃對自己已實現或將實現之人生價值加以肯定。這是一種自我向上奮勉之肯定,這奮勉之志恆通於可實現之無窮的人生價值。此肯定將過去之自覺與現在之自覺貫通過來,過去如是,現在如是,將來亦如是。這是對時間限制之超越。能自信者,會不滿於已成之自己而要求更進一步,以「吾人當前之自覺」,去肯定「吾人昔日所自覺已實現或自覺能實現之人生價值」,這是以堅毅不屈,無畏大勇之精神,對人生價值,信而守之。這是向上之機,此念若相續不斷,除了超越昔日之自我,使我能邁向更豐盛之人生,實現更大之人生價值外,更

樂於扛上責任之高貴品德。信人者是對他人已實現或能實現之人格及人生價值加以肯定，是自信通於他人之自信，是人我限制之破除，這是從同情共感而來，是道德之本質，涵有光明磊落，肝膽相照之美德。

(1) 寬容大度、愛人以德

寬容大度，是從自己人格解放出來，從而欣賞、了解他人之人格。見他人具負責任、肯擔當之品德時，遂肯定他人有實現無窮人生價值向上之機，從而對人俯首敬重。由尊人敬人之心態展開，則「自覺」不應將道德生活保守於個人中，而冀盼他人亦能擴大其道德生活。這是「立己立人，達己達人」之愛人之德，「求人我人格之共同向上的道德精神，是自覺道德生活之足貴，而不願限道德生活於我個人，故望他人亦有道德生活，亦擴大其道德生活，由此以使人我之間不復有道德生活由高下之參差而生之隔閡」（《道德自我之建立》）。這是孔子「仁」之體現。愛人以德，乃基於人我之人格平等之信念，是道德之實現。

唐先生於此總結說：「一切道德心理行為，均表現一共同性質，即超越現實自己之限制。」所以，上述所言之一切德目，都是直接自其超越「現實自我」的限制處表現出來，毋須於世俗之利益結果上，顯示其道德價值。我們可以憑此共性為通路，作我們當下「該作之事」，而這「該作之事」須在無有特定道德目標下，自會逐漸拓展出來，「道德心理均是無所為之隨時

拓展，如人之坦白之心理，自尊之心理，其自然流露者之，是無所作為而為。」當道德心理設定於特定之目標時，其意義全繫於此目標之獲取。但單以實現某一「目標」為一切時，其道德意義亦將會失掉。因為一旦特定之目標得到後，則會不自覺地反成了置定新目標之限制，例如人只愛其子時，只求其子之健康快樂，而罔顧他人孩子之苦痛。所以真正之道德活動是無待的，無置定之目標，無所為而為的，只求「一念之自覺」中率性而行，超越現實自己，「超越活動本身，是一扭轉之活動，才扭轉此面，即達到彼面。……我們不能得較大之自己，即因為較小的自己之限制。……如破暗即名明。」此「大我」即見於上述之「坦白、愛真、愛美善、向上奮勉、自尊、尊人、樂天安命、自信、信人之信己、寬大、愛人以德等」道德行為。在念念自覺中，即時刻連續革故更新，這道德不斷之創新，使道德自我亦不斷解放擴大，例如「犧牲自己以為人者，其道德自我自有開展，即拋棄自私心理，而置定一種愛之心理。」（《道德自我之建立》）而道德之建立亦由此而貞定。

4. 道德生活之開展

4.1 擴大道德心理之體驗

我們要體驗並擴展道德心理本身，才是對道德生活應有之態度。唐先生說，這體驗顯而易見，我們可從當下對某道德心理之體驗，過渡到其他之道德心理之體驗去，因為它們均具有共同本性，即超越現實自己。既然一切道德心理同質、同源而

相通，我們「須使自己處於各種可以發生道德心理之情境，並欣賞他人之道德生活，了解他人之道德行為。如此，你將擴大你對於道德心理之體驗。」（《道德自我之建立》）所以，要真正體驗道德心理，須同時將它擴充。然要此道德心理擴充自己，必須肯定它是統歸於一道德價值全體，而這「統一之道德價值全體」須具備一切道德之本質，即是：它是一切道德生活及行為之源，是在我現實自己之外、之上，但亦是在我自己之內。唐先生說它就是自我之「心之本體」。它所含之超越之活動，能破除一切限制，表現出絕對之價值——至善。所以，人於自覺中，才發現它是真正的自己。所以，當人所作的有違它之命令時，中斷了實現善之努力，則有一極大之恥辱感。唐先生說，此恥辱感往往可以使人之心即時翻轉過來，去超越罪惡，去實現善，這是人遷善改過之原動力。

4.2 至善之追求

「善」是一切道德價值之共性，而這共性可表現於超越「現實之我」之道德心理活動中，而這活動之層層展開，才可將人之情思物慾等各種限制逐一破除，方可盡心為己，推己及人。當這「心之本體」之超越活動打破一切之限制時，已直接將絕對至善之價值顯示出來了。故此，當自己承認有一「超越之自己」，並要「自覺」的實現此「超越之自己」時，已是一個趨向至善之過程。但其中歷程處處艱澀，人在求實現此「超越之自我」行「義之當為」時，往往鬆懈下來，甚至停頓下來。唐

先生說：「你一旦回想你之中斷實現善之努力，你將覺一極大恥辱之感。而此恥辱之感，即能把你心翻轉過來，去超越你的罪過，仍以實現善，為你人生之目的。」當自己真能痛哭悲憫自己之過錯一犯而再犯時，自己當下即能挺拔過來，恢復了道德自由。所以，人犯惡或行不善，不是由人內心的「心靈」或「精神生命」而來，而是由人之「官能私欲」而致，是由人之情思物慾遮蔽了人之「精神生命」而來，致令「其所以陷溺其心者然也」（《道德自我之建立》）。

孟子說，人須「養耳目，養口體」，但應不忘失「養心、養志」。由此，「小體」之養，亦正可為「大體（即良知、道德心）」之資。不過，在魚與熊掌不可得兼之情況下，必要有所取捨；此時，只能「捨小（私欲）以取大（道德）」，即「捨生以取義」，而不可「養小而失大」。人有感性之官能而引起種種生理欲望，這樣便很容易會順着感性慾望的要求，而使生命盡往外馳撲，尋求滿足。生命一旦順物慾的要求外馳不知返時，「道德心」之靈明、悱惻之感便會遭受遮撥而不能真實呈現。

故「不善」不是實體，只是「大體」之「善」之受到遮蔽，即是：人陷溺於感官世界中而淹沒了「心靈」的結果。故人須不斷嚴肅反省自己具有一超越的真實自我，即透過「修身」之功夫，方可超越現實的自己而邁向至善之途。當然，這裏少不了具備極大之承擔、努力、恆心、奮進及勇氣。

5. 人「精神生命」之層層上提至純粹之精神世界

5.1「精神生命」須從本身之道德人格中方可提升至純粹之精神境界

我們趨赴至善，須要提升及體現本身至「純粹精神實在」，因為它於本質上有着一種展現自我完美之本能，追求真善美之境界。所謂「純粹」者乃不受經驗世界之摻雜而有所滯累，是超驗、自由及無限的。雖然「人之一切活動，均是精神活動」，但在俗情世間，情思物慾之掣肘下，這純粹精神活動之自我實現，是艱難不容易的。

但是，「道德精神」在俗情世界活動時，往往未能超越形色身軀及外在物質世界之限制與阻隔，體現本身之「真美善」。就以求「真」與「美」而言，當「精神生命」流注到物質世界時，在物質界中確實展現了「真」與「美」，但這往往是站於科學上對真理之追索，或藝術上對美之體驗，而這一切成就乃外在於我，只成為我生命以外之東西，與自家生命本身關聯不上，並與它們有着強烈之疏離感。就以藝術品而言，它之美雖是我「精神生命」所引發而來及塑造而成，但成就此製成品後，卻不再屬於我，它只存在於外，與我無關。他人對它之讚歎，只是讚美我自身以外之物。再者，科學就是要人將其「精神」投向非生命精神之物質世界中去。當在此物質界中表露出來時，文明世界由此而立。但當我們將「精神生命」不斷向外投放之同時，卻日漸與自我真實人生掛搭不上，例如醫生

醫治病人時，對病人身體視之為「物」加以檢查分析，逐點篩查，以尋出病灶，其中不能帶着個人之喜好厭惡，更沒有一點同情共感、悲天憫人之情懷。所以，科學真理只能讓我們看出人類智力與雄心，沒有人間之善意諄諄，一切總是冰冷無情，無血無肉。

所以，唐先生說，這一切均不是純粹之精神世界。「道德精神」在追求純粹活動時，須將「善」摻和於「真」與「美」中。至高之善就是「精神生命」之道德情操，是自我之道德人格。所以，一個至「美」之藝術品，須從我至善之人格本身上雕塑出來，這才見「美」在我之中，二而為一，這才真正為我所享有。而至「真」者，須從認識真理中同時包涵了「善」之意義，帶着不忍人之心，處處為人類之福祉着想，顯現生命中溫暖之情懷。唐先生說，這才是至純粹之精神世界，而這精神世界就是道德世界。

人類各種活動種類不一，而每種活動則按「道德精神」超越「現實生命」之多寡以定高低。在俗情世間要「精神生命」達於純粹精神境界，須層層超越「現實生命」之種種限制，因為一切價值，會聯成一系列由低至高的層疊，最低之價值上通於最高之價值。其過程，首先要對情慾生命之捨棄：

(a) 人最自私之渴求——謹順隨「現實生命」以求存

人在流俗世界中因求存而作之活動乃由「私念」而來，是

價值最低之活動。人為求生存，往往將其精神專注於身體之健康長壽上，為攝取宇宙世界之種種物質以滿足充盈自己之形相身軀。所以，其所對之世界，是一物質世界；對其他人，更是形色物質之個體而已。由此，人與人之交往，很容易陷於人與物之交往，缺乏精神之溝通，在私利之摻和中，更感覺不到人「真善美」之一面。人這時精神所注目的只是力求宇宙中一切之事物順應身軀情慾之所要。他的精神，全為物質之觀念所充塞，一切有意義的活動就是要滿足「現實自我」之所需。唐先生說，這是人最自私之活動，亦是最低等之活動。

當人認清了精神之顯露，只在身體欲望之破除，回歸到物質以外之精神生活上去，並努力化除「現實自我」之需要，以求淡泊刻苦之生活時，正顯示人強烈要求其「精神生命」遠離物質之薰染牽制，這是人於現實世界求純粹精神之初步活動。

(b) 求男女之結合——「精神生命」之求相通

人在男女活動中，在驚鴻一瞥中而對「美」之傾慕，但這對形體之愛戀，隨後為精神所取代。這是身體之內蘊接觸，「這內蘊是一個生命精神，要與另一個生命精神相貫通。兩個生命精神，要共同創造一種內在之和諧。」（《人生之體驗》）所以，這和諧之價值，在愛情中將其客觀化及具體化地表現出來。人在愛情裏除了受形體之美吸引外，在互相關懷中更見「善」之和熙溫潤；在互相坦誠中而見「真」之率直真誠。當中，人當下自覺「精神生命」有相互感通之渴求，藉此而獲得

「和諧圓滿」，使生命有一溫潤之感。和諧是宇宙之一種美，須延續連綿，所以男女之愛後有婚姻的締結，「婚姻的要求，乃依於男女之愛要求永遠繼續，互相構造，而日趨於深細，以實現兩人格間最高度之和諧。」（《人生之體驗》）

這「生命精神」之相通，是人求之於家庭以外之異性，特別是人走出家庭步入社會工作時，在人海中，以往家庭中父母兄弟叔伯所給予之關懷及親情茫然若失，自感孤單寂寞，故此切望求異性心靈之相通以補償自我在人群中之孤獨感。由此，人在異性相感通中得到了生命之和諧、心靈上所得之滿足感，導致私念減退，慢慢邁向價值較高之活動。

(c) 超越求名求權之欲

人往往為扶助事業而須借助俗世之名譽權位作為媒介，使事業得以順利發展。若持之以大公之心，則我心於他人心中得到認識、認同、尊敬及肯定，終得到他人之信賴及扶助而事業有所成就。這由他人給自己之由衷讚歎，原是「精神生命」之互相結合所至，他人要得助於你，亦莫不如此。唐先生說：「你望人之尊敬是要人認識你人格之價值……在你要求名譽時，你當尊敬更有價值之人。」同時，「當你要求權位時，你當讓最大之權位，歸諸其意旨最有價值的人。」（《人生之體驗》）

但這精神之結合之初心，往往因私念而有變，因為「名」與「權」本身，於本質上帶有支配性而使初心「欹斜」了，變

得不純粹而使人覺得自己較他人優越，能力與智慧在他人之上，變成了「單純的求人肯定我之活動之價值，求人由肯定的活動之價值，而使我之活動之力量支配別人，則為求權。」（《道德自我之建立》）這是以觀物之態度對人，有一種君臨於他人生命精神之上之感，將他人之精神生命擺在自己之下。

　　由此，這精神之結合，容易沾上了「名」與「利」，「權」與「勢」之雜質，摻雜了原來之本質，即是：要自己優於他人、勝過他人，更要駕馭他人。結果是：求純粹精神之活動戛然而止，自居在上，待人以下。我們須自覺地將這高於他人之自豪感翻轉過來，將人與我同等看待，方能超越求「名」與「利」，「權」與「勢」之活動。由此，才可把捉更高更純粹之生命精神。

(d) 求同情與表同情之活動

　　這「求同情與表同情之活動」較前述之三種活動表現出更高、更純粹的「精神生命」來。唐先生說：「當我們有求同情，表同情之活動時，我們是把人看作一純粹生命精神，直接對等的與我之生命精神互相感應者」（《道德自我之建立》）。當人求同情、表同情時，彼此都感覺到物質身體只是生命精神互相溝通之媒介。當大家眼神交往，雙手互扣時，「表同情」已將鼓舞與關懷之暖流帶進了「求同情」者之心窩裏，而「求同情」者之感激與多謝亦傳到「表同情」者上去。斯時，在心靈交感互通下，「求同情」者得到了溫馨之鼓勵、支持及愛護。

這溫馨之慰藉使「表同情」者與「求同情」者在相互交感下心心相照。「求同情」者在現實生活艱苦之壓力下，在一股暖流之幫助支援下，可將自己之生命支撐起來。這時，「人一方覺自己之生命精神之實在，一方面亦覺他人之精神生命之實在。」（《道德自我之建立》）斯時，大家可以互助互勉互勵中，共克艱難。

但唐先生說，這人與人之間之求同情、表同情之活動，均源於形軀之我在物質世界之苦痛感受而來。而物質世界一切均有待、相對及生滅不息，所以這苦痛經驗是短暫的，可隨境而遷，即是：「求同情，不免求人來同情我之苦樂經驗；而表同情，必須他人之苦樂足以牽引我之情緒而後有，而這一切經驗，則是由物質身體之感受而來」（《道德自我之建立》）。由此，這活動帶出之「精神生活」之結合也是暫時的，因為它摻雜了物質世界生滅不斷之因素。所以「求同情」與「表同情」之心靈相感通，尚不足以說是純粹之精神活動。

(e) 求物質上科技成就之抽象「真理」之活動

對人「求同情」、「表同情」，只是去求我之生命精神與他人之生命精神相感通，互相擴充投注。但當人在求「真」時，人會將其精神投向非精神生命之物質世界中去，並要求在此物質世界中認識真理。此認識物質界之抽象真理活動，不同於為求自存之欲望而認識物質界之活動，對物質世界不外加喜愛怨憎之情識於上而已。在這求「真」之過程中，我們犧牲了自己

之形軀，即是：我們之精神生命專注於投射在外，作純粹認識時，往往減損了自家身體之健康，例如殫精竭慮地對科學之研事，不辭勞苦不顧犯險的實地考察，這都是不斷的耗損我們的腦力和體力。這種精神值得讚賞，是較高之精神活動。

但在唐先生筆下，這純粹之真理世界之真實樣子由此表現出來了：它「純潔光明瑩晶……一切纖塵不染，一切燦爛如星，這永恆真理之世界。」（《人生之體驗》）一切盡見思路脈絡精明，邏輯運作嚴密，不受人世間情思之影響，只見「一大腦髓，其縱橫脈絡，絲絲入畫。」（《人生之體驗》）但唐先生對此純粹真理感到恐懼，因為這不是人之理想世界，因為此純真理抽象冷酷無情，無血無肉。他說：「我不只有理智之頭腦，還有感情。我不僅需要冷靜的理智，我還需要溫暖的情感。」（《人生之體驗》）這體驗涵蘊了一個要點，即是：當精神生命貫注到物質世界以求真理認知時，亦須要伴以之情愛溫馨、關懷體貼，才能建構真理的世界，所得之科技知識方有利於我們的人生。

(f) 求「美」之活動

求「美」之活動，也是要將「精神生命」投往到物質界去，然後再迴映到我之內，在物質界中欣賞「美」，於此更可寄託及反映出我之生命精神。我們之藝術如琴、棋、書、畫及文學之詩、詞、歌、賦等莫不是「美」之表達及對「美」之欣賞。這「表達」與「欣賞」是一往一復之活動，「一方是希望

我之精神生命，貫通到物質界，而另一方面又要求這貫通物質界之精神生命，再回映於我之內。」（《人生之體驗》）所以，音樂寄於琴瑟裏而能陶冶我們之性情，書畫見於宣紙上而能挑起我們之喜樂情懷，詩歌遊於字裏行間而令我們手舞足蹈。故此，在感覺所對之物質界裏，寄託了我的精神生命。所以，人往往喜歡將「精神生命」表現於詩詞歌賦裏，是要將它保存起來，時而翻閱、讚歎感懷，筆隨情轉，亦情隨筆舞。

所以，唐先生說：在具體的藝術品中，我們的精神生命，通過感官，流注到聲色之美，感受到「美」使人沉醉的魅力。將自家耳目展開，見萬物於時空中雖與我身體分異，但我仍可把它們作為生命精神流注之所，視如我之身體。所以當欣賞圖畫、欣賞音樂、欣賞一切藝術品時，同時也會將自然界一切之事物，視如藝術品，欣賞整個世界的形色，視為我生命的衣裳，於其中見美之所在。於曠宇長宙中，我們可將欣賞「美」之趣緻，帶入無窮之韻味；將「美」的世界，無盡展開，但見我之生命，「是日光下的飛鳥，是月夜之游魚；是青青的芳草，是茂茂的長林；是以長林為髻的高山，以芳草為袍的大地。」（《人生之體驗》）

但當沉沒於欣賞自然之美，藝術品之美之過程中，自我本身之「美」卻無從可見！例如藝術品縱然為我所創造，然創造成功後，卻遠離了我，成為了我欣賞之對象，與我無關，因為它是我生命以外之物，不能永遠為我所擁有。能夠永遠為我所

擁有者，需與我俱來俱往，不離於我。唐先生說：這就是我之人格本身。換言之，我需將我之人格當作材料，塑造成一藝術品，這才是至「美」之藝術品，才是真正屬於我之藝術品，才是宇宙間唯一絕對之藝術品。而這為我所獨尊之至「美」之藝術品需由我之「至善人格」所雕塑而成。

然而這一切首要於人本身能自覺制約物質生活而甘於刻苦並磨折其物慾趨求，認清「精神生命」只顯露於身體欲望之制約上。換言之，人之物質生活愈淡泊，愈覺其精神之提高飽滿。唐先生於此說：「人在努力求淡泊刻苦之生活時，不僅如其求美時之忘了其身體之存在，不自覺的由耗費其身體中之物質能力，破壞其身體，而反乎原始身體保存之本能；而是要……化除原始身體保存之本能，而成為純粹精神。」（《道德精神之自我建立》）歸根究柢，這是從原始之性格為材料，剝去形軀多餘之物質能力，去掉原始身體過多的自我保存本能，方能顯露其精神生命之面貌，這就是「我需要自己支配自己，改造自己，以我原始之性格為材料，把自己造成理想之人格。」（《人生之體驗》）

「精神生命」可以借物質之交通而將自我從「美」塑造出來。但唐先生說，這仍不是最高之純粹精神境界，因為它的對象仍是物質，沒有人間之情誼交往，同情共感。

(g) 最純粹之「精神活動」——至善與悱惻之情

至善是純粹之愛，是人之自性，若能擴而充之，則成悱惻之情、「不忍人之心」。唐先生說：「人之求此純粹的愛之擴充，是人所共有之天性」（《人生之體驗》）。這純粹的愛是人最純粹的精神活動，「這不是暫時的同情，而是一常存的悱惻之心。富於這種愛的人，時有一種人我精神原相感通之直覺。」（《道德自我之建立》）「悱惻之情」是一種人我精神原相感通之直覺。這悱惻之情，不是普通之同情，因為同情只在感到他人之苦痛而後有之的一種感覺，而這感覺是有條件的，是隨境而遷的，是會見他人苦痛之消除而忘去的。但「悱惻之情」，是一種人我相忘無間之感，如父母見子女時噓寒問暖，子女見父母時奉茶叩安，與摯友見面時衷心握手問好，見孺子入井而起的一種惻忍之心，這一種直下的，無條件關懷的付出，是一種「於他人之身體中直感與之為一體之精神，表現於他人身體中之一種活動」（《道德自我之建立》）。冰心的女兒問她：「媽媽，為什麼你這般愛我？」冰心回應說：「不為什麼，因為你是我的女兒。」冰心對女兒的愛，是純粹的愛，是愛本身通過自己顯露於對女兒之關懷上。這種愛不求報答，並可以為了實現此純粹的愛而違逆自我自然生命之要求，甚至犧牲自然生命，「因這種愛中，我並不覺愛由我發出，而只是愛通過我，所以為實現這種愛，可以有絕對之自我犧牲，忍受一切身體上之痛苦。」（《道德自我之建立》）

在質而言，這是愚夫聖賢所共有，只分別在貧乏豐富之間，其分別「繫於人之接觸或體現此形而上的人我精神之一體之深度而定。」（《道德自我之建立》）唐先生由是說：「一切人類之活動，在本質上是互相貫通，互相促進，互相改變的。」（《道德自我之建立》）由此，方可人我彼此之心貫通而和諧，更可以騰升而進於純粹精神之境。

當「心靈」於人世間見眾生徘徊於生死間，或由於命運之支配見人我於生活上須奮鬥努力，處處不能稱心如意而顯得無力無奈時，自會興發惻隱之感與悲憫之情，同嘆人生苦海難渡。於此，「心靈」在自覺中，剎那間盡與一切有情哀樂共感，彼此照見人生之悲歡苦甜。這就是孟子所說的「盡心」了。唐先生繼續說：「只有從這惻惻然之仁出發去求真善美，才能將所得之真善美無私地向他人宣示，使真與美之境界成為我與他人心靈交通的境界，而後真理不復只是抽象的公式，美的境界，不復為我所沉溺。」（《道德自我之建立》）只有從這悱惻之仁，才能對他人之愚癡過失，抱着同情；對着他人之人格，抱着虔誠禮敬，才可扶助一切人實踐真善美，才可證悟「心靈」之至善及絕對永恆，才可完成最高之人格，才可體證一切之價值理想即在自身。這是人之天性，需要擴而充之，當至大至極時，則見「天下為一家，中國為一人」之仁心。仁者，一方面是盡己之心而無自欺，另一方面乃「恕道」，即孔子所說「推其所欲以及於人，則恕之事，而仁之術也。」（《論語・雍也・

28》）。從「恕道」見人之器道，對他人之寬容態度。當見他人缺乏自尊，人格較我低下時，不會以傲慢之態度詆毀蔑視他人，而是由自己之道德人格去涵攝他，用誠懇之器度去感染他，使自我善善惡惡之道德心理，行於四海，惠及天下。雖或見笑於流俗世間，甚至遺世獨立，仍堅持不捨，持正不苟。

唐先生說，這本於「立己立人，達己達人」之志願，除了努力自圓善美之外，亦望他人之善美同時有進。這愛人以德，與人為善之活動，是純粹的愛之表現。隨着這活動之擴大，人不僅愛今人之善德，亦愛古人之善德，故尚友古哲聖賢，更望人類之善德日有所進，冀「大同社會」之實現，共同體現形上美善之「精神生命」。

5.2 道德精神上升之阻礙── 一念陷溺於無窮貪慾之中

人類之活動基本上是依精神活動，其間精神表現之純粹程度不同，較低層之活動可於「一念之自覺」而轉化提升為較高級之活動，這轉化可按個人之習性、教育、環境立時轉化過來；亦可層層遞進，終可以將美善之精神生命逐漸顯露出來，建立道德自我。唐先生說：這裏見人性基本上是善的，從我們之精神活動中，具體上發現人有同情、節制、求真、求美、自尊、尊人、自信、信人、寬容之器度、愛人以德等。例如縱使人有男女之慾，這也是為求生命及後裔之延續，使各種高貴的精神活動得以繼續存在。甚至於求名求權中，裏面或多或少包含了各種自覺的節制品德，以實現「大公」之心，求真美善價

值之展現。

但在現實之生活裏，人發覺「精神生命」難以上提，卻是不爭之事實。我們所見，每一善之品目，均可有一惡之品目與之相對。具體來說，人有同情，也有麻木、隔膜與冷漠；人有博愛，也有嫉妒；有喜樂，也有悲痛；有感恩持信，也有忘恩負義；有自尊持正，也有諂媚卑屈。再者，人更可以借善為惡，所以人有偽善，由偽善而有欺騙、詭詐、奸險；人可以藉攻伐無道為名，以實現正義人道為借口，而亡人之國、殺戮無辜。如此，對人性善之信念，何以持守？但當我們真誠逆覺「內心」時，會發現「內心」是清澈靈明的，我們確實有「不忍人之心」，有「惻惻之情」，但為何人之凶殘成性、偷扼拐騙、諂媚卑屈等罪惡仍屢見不鮮？

唐先生說：「人之惡只是原於人之精神之一種變態」，是來自「人心之一念陷溺而來」（《道德之自我建立》）。所謂「一念之陷溺」，即是在俗情世間裏，將所接觸的一切對象事物，執著要為我所獨有而佔據之。唐先生說，當面對事物對象時，「我即隸屬於對象，為對象所佔獲，而我之精神則為對象所限制，所拘執而陷溺於其中⋯⋯成陷溺之念。」（《道德自我之建立》）

人可以由一念陷溺而成無盡之貪慾。人之精神之本質，本是超越現實對象之無限，然而當他一念陷溺於現實的對象後，便為現實對象所拘繫，由此便失去了自心之清明，構成了無窮

貪慾之泉源。例如，當我們一念陷溺於飲食男女權勢名利時，便會馳求外物不斷，追求聲色美食、名利財勢，視外界之一切東西均為我可取可奪之對象，復不見有他人，對外一切麻木不仁。由對人之冷漠，而不知人格之價值，從而對人不敬、侮慢、自傲；不知推己及人、愛人以德，只專注於自己所陷溺之對象而忘卻自己之人格。為了取得自己之所得，更會忘卻自己之尊嚴而諂媚卑屈於他人。由於對人冷漠，於是當人阻礙我之所渴求時，不惜對人殘忍、忘恩背義；又不願見人獲得我所貪求者，使我相形見絀，而對人嫉妒，幸人之災、樂人之禍。為要佔得所求之物，又知自己之貪慾之不見容於自己之「至善」良知，於是作偽善而自欺自騙，為自己辯護。再者，當一群陷溺於欲求的人互爭不休時，戰爭由此挑起，禍及生靈。

再者，唐先生說，由於自心黏滯執著於將來之所得，要我們速據所獲，給我們帶來了匆遽、浮動、急不及待之處事態度，導致產生了疏忽、蔽塞、癡迷，使我們不能處事井然有序、意念純一。由此，使我們於生活上，更經常胡思亂想，做事進退失據，固執成見，不知變通，往往扭曲了我們的人生觀，例如見自己今天之顯赫而一念自矜，或要未來之憧憬得到更大之實現而不擇手段，甘冒大不韙而犯罪行惡，這一切阻礙了道德精神之上升。

5.3 化除阻礙精神生命上提之道

5.3.1 人從沉墮於縱欲及罪惡之歪路中終歸復回到實現善的正途

唐先生認為人之自我終歸要實踐善，故此人縱使精神一時沉墮，最後仍會上升；人縱使犯罪，仍會踐善。唐先生說，沉墮犯罪是實踐善所必經之歷程，因為「這本是宇宙之神聖的定律」，展示了踐善通常需繞彎曲行，通過罪惡而表現出來。精神力量特別豐富的人，其內在自我，往往是力求精神上升，要求實現其無限人格，但當不能尋覓出正當途徑表現其豐富精神之力量時，便會翻轉過來而對俗情世間之現實對象作無限之逐取，因而縱欲犯惡。唐先生說，這只是一種負面消極的精神表現方式。所以，「縱欲與犯罪，並不妨礙『人精神之求上升與向善』的觀念」，因為它們會有天為自己清明自覺之良知否定過來。但這回歸踐善之正路，過程當然是艱難重重，而這苦痛「乃他最內在最潛深的自我所自願承擔」，更「成為必須的精神食糧，苦痛同時成為他內在之樂。」唐先生於此總結說：「當對此有一真誠的自覺時，便更認識形而上的精神實在之真實，而願意去實踐它。」所以說，「我們雖隨時有犯罪之可能，有犯罪之事實，而去罪之可能，亦永遠在眼前。」由此「而知當下之視聽言動，飲食起居上隨處用功，使不生陷溺之念。」（《道德之自我建立》）

5.3.2 肯定一真實的、善的、圓滿的世界之根源——自我 之「精神生命」

人往往不滿處於此流轉變化、生滅虛幻之現實世界裏，總執著要這「現實世界」一切恆常真實，無生滅變化之輪轉。唐先生說，這要求出於人這形上之「精神生命」或「心靈」之要求，因為這「精神生命」是「完滿、真實、善」之「根原」；它恆常之真實與生滅之「現實世界」在本質上對反着。因「精神生命」超越於我們「現實世界」之外，但唐先生認為它同時亦詭譎地存在於我們之內，所以超越之精神與現實世界，是二而一，一而二，自始是相連的。對個人來說，「此恆常真實之根原，即我認為與之同一者，當即我內部之自己」（《道德自我之建立》）。由此推論，我「內部之自己」，原是恆常真實，所以於自性上對所見之虛幻生滅之世界有所不滿，「我們對此現實世界之生滅、虛幻、殘忍不仁、不完滿而求其恆常、真實、善與完滿。」（《道德自我之建立》）這顯示了無限之精神實在當要表現自己於有限之物質時，要超越破除之，才可顯出自己之無限性。

由此，人生可以在生滅不斷之現實世界中見其恆常真實之本性，對「現實世界」之生滅、殘忍不仁視為虛幻，深信在這生滅之世界中，有「氣質生命」之「現實自我」，更有恆一不變之「精神自我」存於其中，我們方可肯定自性「真、善、美」之價值，才能肯定道德自我之建立，對真實生命、道德生活才

有所貞定。

5.3.3 肯定現實世界及自然生命存在之意義

　　唐先生說，要發展我們之精神，至要者須首先肯定此「現實世界」之真實存在，進而認識我們之「精神生命」表現於其中。人活在現實世界裏而要提起「精神生命」，使其不陷墮於其中，需要從物質之形色中直覺「精神生命」之顯露，把物質之外在形色視為精神表現自己之資具。由此，我們便不會對於「現實世界」生厭惡之心。因為厭棄現實世界，即等於厭棄我們「精神生命」要表現自我之境地，等於厭恨「精神生命」之本身，否定人性善美之本質。

　　當我們把握了「現實世界」之真義後，便不會視有形身軀及環境中之物質為下流卑賤，在平常生活中對最平凡的一切事物都可以賦予神聖崇高之意義及價值了。由此，唐先生作出結論說：「心本體」之無限與身體之有限是一不可分之結。他說：「無限之所以是無限，即在它之破除有限。它必有限可破，然後成其無限。於是⋯⋯善之所以為善，即在它之惡惡，真之所以為真，即在它之非錯，樂之所以是樂，即在它之苦苦，正面之所以是正面，即在它之反反面。正必有可反，而後成其為正，所以正不離反。正不離反，不是因反中有正，卻是因反中無正，所以反反乃歸正。反與正必同時存在，他們是相對。然而正又反反，所以相對者永歸回絕對，只有正是絕對。」（《人生之體驗續篇》）這裏說明人毋須絕去一切「現實生命」之欲望，

只是認為我們不應當為滿足欲望而去滿足欲望。例如，飲食是延續我們道德生活之必要條件，我們必須要有飲食男女。換言之，假若我們要維持「自然生命」及滿足其所需要來實現我們之道德生活，則滿足「自然生命」之欲望是必需的，因為這欲望也是來自自我之道德命令。

5.3.4 順應自我道德精神生命之召喚

我們有善美之「精神生命」，但我們亦須準備它會受俗情世間之牽扯拖帶而一念陷溺，執著外在之物而要為我所有，為我所佔，遮撥了其美善之本性。所以，人首先當從「當下一念之自覺」，從「自覺」中順應自我道德精神生命之召喚，遵從「應然之命令」。唐先生說：「論道德生活欲求擴大，必須加強應該之意識」，意即自覺「此反乎我們之陷溺之念之另一種活動」。當這「應該之意識」發用時，即能超越自然界一切因果法則，以義行當行之事了。

再者，此內省反觀之活動，則源於精神之求上升、求超越。此求上升挺拔之路當受阻時，自有「不安」之感；亦可以說，當見我或他人自陷溺犯罪時，自感「不安」而必求其「安」。這「不安而求其安」是即時之感，見於「精神生命」即時從陷溺之中昂揚挺拔出來。所以，當人因貪慾而互相仇怨爭奪時，在剎那間仍有愛及義正嚴辭，以及良心悔責之一刻。這「宇宙之神聖定律」使人於爭名、爭權、奪利時，自有其忐忑不安之感，這正表示了「一念陷溺」之所致，但這是一艱苦

之歷程，其路漫漫卻又可成就於「一念之自覺，通於一切之善」。

唐先生說：要起不陷溺之念，心須常清明不昧，當與外物相接，而不妄加執著，陷溺之念即不能起。由此可忘物我之對峙，一切只順乎「精神生命」之所令，一切依理而行，即「天理流行，依乎天機而動」，精神方可上提而不牽制於俗情世間中。

當自我精神從一念超拔於現實世界時，這即可通於一切之善，這一切可從人之「反省自覺」而求得。由此，我們毋須將善之德目一一羅列出來，因為善行之方式紛紜各異，這與各人萬殊不同之氣質及環境，全然相應。縱使每人精神上升之路因人格之不同而有異，然大家最終目標共同表現於統一之「形而上的精神實在」（即至善）上，它是最高理想之人格及至善之體現，這亦是「自我道德之建立」。

同時，我們亦有提升他人精神之冀盼，從而互相輝映，以他人之長，補自己之短。由此，大家互相了解，互相認識人格之真實無妄，從互相欣賞中見人格之美而敬重讚美之，成就了善之交流。這心心之相映，將社會衍化為真美善之社會，這亦是「成己成物，立己立人」之偉大精神處，也是我們實現理想人格世界之終極追求。

6. 自我之完成

當道德為我建立時，我在道德性及品格上有所完成。而「我」之完成，不須靠勢位權力，更毋須依仗外在之神祇。我之所以為我，不在於專業或財富或權勢上有大成就，因為未必人人皆能得之。在中國，有「立德、立功、立言」三不朽之說。然立功須有際遇，立言須有條件，只有立德，不為條件際遇所限，所限者乃自己能否「率性」而行，而此「性」乃在人性中，人人均可順之而行並見之於道德行為上。故每一個人均可「立德」。所以，「立德」與否，不在上帝，不在他人，乃在於己。堯舜之道德生命之完成，是堯舜之所得者，但亦為人人所能得者。

所以，我之成為我，當使我成君子、成大人，而這是人人所能企及的，一切只要建立於道德生活之基礎上，處處「反省」，「自覺」到我自己可以決定自己之行為，並為此負上絕對之責任。由此，人方可得到絕對之自由，發覺「在道德生活中應該之命令與自主自由，永是互為基礎。」（《道德自我之建立》）在這自己可以自由創造未來之可能上，發現「感該作而作之活動」及其價值就在自身。由此，人可以破除「現實自我」之遮蔽，而對美善作出無捨之追求。但當下之道德實踐，並不能保證日後之我具備踐行道德之努力，縱使行惡犯錯，不斷悲憫懺悔自己之過錯，亦可能無補於事。於此，唐先生說：「那麼你便要知道道德生活之本質，即在超越。你所超越的，

愈是難超越的，則你之超越之活動，所含之力愈大，即你道德生活內容愈豐富。罪惡之翻轉，則為更大之善。」（《道德自我之建立》）惡可以轉為善，但在現實生活裏，很多時善又轉為惡，更往往轉為偽善而犯大惡。正因如此，我們對善美須永不自滿。只要我們一朝肯定道德自覺之自由，我們對道德生活之發展便會有一絕對之自信。我們只要能夠嚴肅反省自己有一超越之自我，便能超越現實之自己而實踐道德生活，完成「道德自我之建立」。

參考書目

1. 唐君毅：《道德自我之建立》，唐君毅全集 卷一之二。台灣：台灣學生書局，2014。

2. 唐君毅：《人生之體驗》，唐君毅全集 第一卷 甲篇。台灣：台灣學生書局，2014。

3. 唐君毅：《人生之體驗續篇》，唐君毅全集 卷三之一。台灣：台灣學生書局，2014。

4. 唐君毅：《青年與學問》，唐君毅全集 卷二之一。台灣：台灣學生書局，2014。

5. 唐君毅：《中國文化精神之價值觀》，唐君毅全集 卷四。台灣：台灣學生書局，2014。

6. 唐君毅：《人文精神之重建》，唐君毅全集 卷五。台灣：台灣學生書局，2014。

7. 唐君毅：《文化意識與道德理性》，唐君毅全集 卷二十。台灣：台灣學生書局，2014。

8. 唐君毅：《生命存在與心靈境界》，唐君毅全集 卷二十三。台灣：台灣學生書局，2014。

9. 唐君毅：《致廷光書》，唐君毅全集 卷二十五。台灣：台灣學生書局，2014。

10. 唐君毅：《說中華民族之花果飄零》唐君毅全集 卷七。台灣：台灣學生書局，2014。

11. 梁瑞明：《心靈九境與人生哲學》。香港：志蓮淨苑，2006。

12. 梁瑞明：《〈圓覺經〉解》。香港：志蓮淨苑，2019。

13. 楊立華：《宋明理學十五講》。香港：香港中和出版，2017。

14. 唐端正：《千古有餘情之哲人：唐君毅傳略》。香港：法住出版社，2006。

15. 黎景鎏：《老莊哲學——無為而為，遊心天地》。香港：明報出版社，2017。

16. 黎景鎏：《開顯與退斂的人生觀——中國儒家與道家思想之會通》。香港：明報出版社，2018。

17. 何美嬋：《孔子與論語：溫潤生命之學》。香港：志蓮淨苑，2009。

18. 萬麗華、蘭旭譯注：《孟子》。台灣：中華書局，2012。

19. 牟宗三：《中國哲學的特質》。台灣：台灣學生書局，1983。

20. 錢穆：《人生十論》。台灣：東大圖書公司，1974。

人生三書

唐君毅先生之《人生之體驗》、《人生之體驗續篇》及
《道德自我之建立》之會通

作　　者：黎景鎏

責任編輯：林沛暘　　揚帆

美術設計：張思婷

出　　版：明報出版社

發　　行：明報出版社有限公司

　　　　　香港柴灣嘉業街 18 號明報工業中心 A 座 15 樓

電　　話：2595 3215

傳　　真：2898 2646

網　　址：http://books.mingpao.com

電子郵箱：mpp@mingpao.com

版　　次：二〇二三年十月初版

ISBN：978-988-8828-94-4